Sir Edmund Hillary

Die Abenteuer meines Lebens

Der Himalaja und andere Herausforderungen

Aus dem Englischen
von Gertrud Bauer

Ullstein

Die Originalausgabe erschien 1999 unter dem Titel
View from the Summit
bei Doubleday, Transworld Publishers c/o Random House
New Zealand

Der Ullstein Verlag ist ein Unternehmen der
Econ Ullstein List Verlag GmbH & Co. KG

ISBN 3-550-07152-3

Lektorat: Margret Plath
Gesetzt aus der Sabon bei Franzis print & media GmbH, München
Druck und Bindung: GGP Media, Pößneck

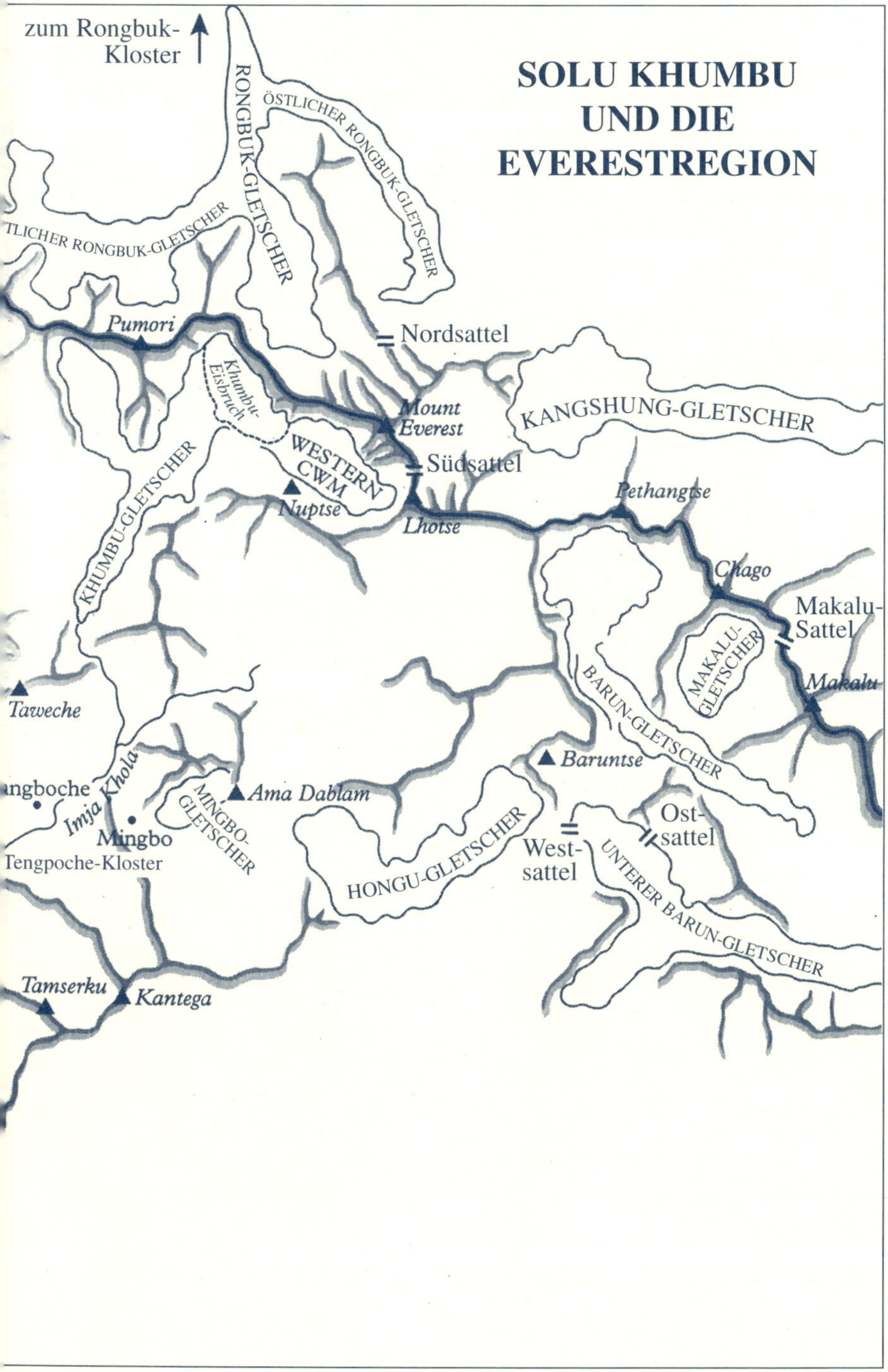
SOLU KHUMBU UND DIE EVERESTREGION
zum Rongbuk-Kloster
RONGBUK-GLETSCHER
ÖSTLICHER RONGBUK-GLETSCHER
TLICHER RONGBUK-GLETSCHER
Pumori
Nordsattel
Khumbu-Eisbruch
Mount Everest
KANGSHUNG-GLETSCHER
WESTERN CWM
Südsattel
KHUMBU-GLETSCHER
Nuptse
Lhotse
Pethangtse
Chago
Makalu-Sattel
MAKALU-GLETSCHER
Makalu
Taweche
BARUN-GLETSCHER
Baruntse
ngboche
Imja Khola
Ama Dablam
MINGBO-GLETSCHER
Mingbo
Tengpoche-Kloster
HONGU-GLETSCHER
West-sattel
Ost-sattel
UNTERER BARUN-GLETSCHER
Tamserku
Kantega

Sir Edmund Hillary

Die Abenteuer meines Lebens

Inhalt

Vorwort

Dies ist die Geschichte meines Lebens. Neunundsiebzig bewegte und ereignisreiche Jahre drängen sich auf ein paar hundert Seiten zusammen. Meine Schilderungen decken sich vielleicht nicht immer mit den Berichten meiner Gefährten, sie geben eben meine Sicht der Dinge wieder.

Ich habe viel Glück gehabt und einige Erfolge erzielt, bin aber auch von Leid nicht verschont geblieben. Seit ich vor über fünfundvierzig Jahren als Erster auf dem Gipfel des Mount Everest stand, haben die Medien mich als Helden behandelt, ich selbst aber halte mich für einen Menschen mit durchschnittlichen Fähigkeiten. Was ich erreicht habe, verdanke ich meiner lebhaften Fantasie und meiner großen Ausdauer.

Als Junge war ich ein Träumer, las Abenteuerbücher und streunte durch die Gegend, den Kopf in den Wolken. Ich ahnte noch nicht, dass eine Fülle von aufregenden und verlockenden Aufgaben vor mir lag und dass viele Ehrungen und Auszeichnungen auf mich warteten. Ich hatte das Glück, Königinnen und Prinzen, Präsidenten und Regierungschefs kennen zu lernen, aber fast noch mehr bedeutet es mir, dass viele Menschen aus den unterschiedlichsten Kulturkreisen meine Freunde geworden sind.

Erfolge sind wichtig, und ich habe einige großartige Abenteuer erlebt; aber viel größere Befriedigung habe ich aus dem gezogen, was ich für meine Freunde im Himalaja tun konnte. Auch das waren große Herausforderungen, wenn auch anderer Art: der Bau von Flugplätzen, Schulen und Krankenhäusern und die Renovierung entlegener buddhistischer Klöster. Das sind die Dinge, an die ich mich immer erinnern werde.

Sir Edmund Hillary

I

Das Gebrüll von tausend Tigern

Tensing nannte es das Gebrüll von tausend Tigern. Unablässig und unbarmherzig fegte der Sturm, von Westen kommend, heulend und kreischend über uns hinweg, mit solcher Gewalt, dass die Leinwand unseres Pyramidenzelts knatterte wie Gewehrsalven. Wir befanden uns in 7900 Meter Höhe auf dem Südsattel, einem gottverlassenen Platz zwischen den Gipfeln des Everest und des Lhotse. Anstatt sich zu legen, nahm der Sturm immer noch an Wucht zu, und ich bekam langsam Angst, unser flatterndes und knatterndes Obdach könne aus seiner Verankerung gerissen werden und uns schutzlos den Elementen preisgeben. Ich lag zwischen Tensing Norgay und der Zeltwand eingequetscht und hatte nicht genug Platz, um mich ganz auszustrecken. In dieser Enge war es schon schwierig, sich bloß umzudrehen, und die Anstrengung raubte einem den Atem. Die flatternde Zeltwand schlug mir unentwegt gegen die Rippen, und immer, wenn die Leinwand meinen Kopf traf, hatte ich das Gefühl, an meinem Gehirn sei ein Pressluftbohrer angesetzt. Um Gewicht zu sparen, hatten wir die Einlagen unserer Schlafsäcke zurückgelassen, was sich nun als schwerer Fehler erwies. Obwohl ich meine gesamte Daunenkleidung trug, drang mir die Eiseskälte bis auf die Knochen. Ein Gefühl äußerster Angst und Einsamkeit überkam mich. Was für einen Sinn hatte das alles? Man musste doch verrückt sein, um sich so etwas anzutun! Als ich endlich einschlief, war es nur ein leichtes Wegtauchen in einen Zustand zwischen schlafen und wachen, der den Lärm und die Kälte nicht auszuschalten vermochte. Dann verlor meine Luftmatratze ihre ganze Luft, und ich erfror mir die Hüfte, die jetzt direkt auf dem Eis lag. Es war die schlimmste Nacht, die ich je auf einem Berg verbracht habe.

Auf der anderen Seite von Tensing lagen mein alter Bergkamerad George Lowe, ein Neuseeländer, und der englische Bergsteiger Alf Gregory. Auch sie krümmten sich in ihren Schlafsäcken zusammen und versuchten vergeblich, eine weniger unbequeme Lage oder ein bisschen Schutz vor der Kälte zu finden. Über Gummimasken führten wir uns Sauerstoff in niedriger Dosierung zu, um ein wenig dösen zu können. Doch in dieser Höhe sabbert man im Schlaf, und wenn der Speichel dann gefriert und die Sauerstoffzufuhr verschließt, schreckt man auf, und die Gummimaske ist kalt und steif. Die ganze endlose Nacht über starrte ich auf meine Uhr und hatte schon den Verdacht, sie sei kaputt, weil sich die Zeiger gar nicht bewegen wollten. Als der Stundenzeiger endlich auf vier Uhr deutete, entzündete ich ein Streichholz und schaute auf das Thermometer an der Zeltwand. Es zeigte minus 25 Grad an, und es war immer noch stockdunkel. Ich stupste Tensing an, und er war sofort wach und wie immer bereit, etwas zu tun, um unsere Situation zu verbessern. Er zündete den Primuskocher an, und das Zelt erwärmte sich ein bisschen. Ich rutschte noch tiefer in meinen Schlafsack und dachte an die Ereignisse des vergangenen Tages. Welch ein bedeutender Tag war das gewesen!

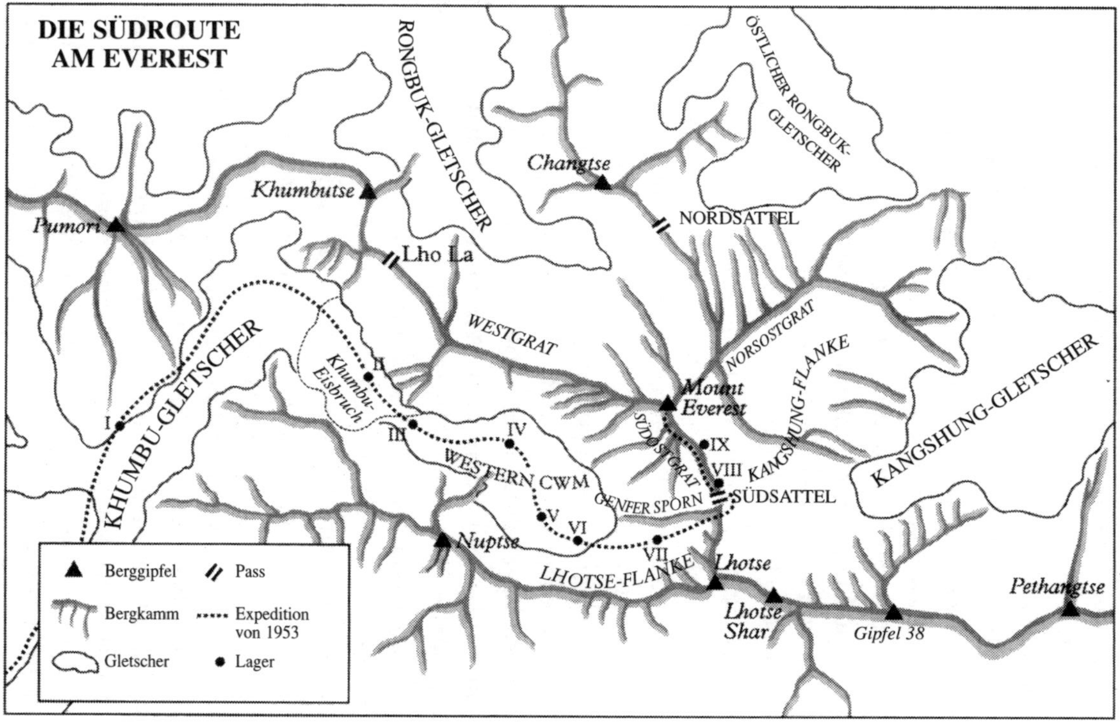
DIE SÜDROUTE
AM EVEREST
RONGBUK-GLETSCHER
ÖSTLICHER RONGBUK-
GLETSCHER
Changtse
Khumbutse
Pumori
NORDSATTEL
Lho La
WESTGRAT
NORSOSTGRAT
KANGSHUNG-FLANKE
KANGSHUNG-GLETSCHER
KHUMBU-GLETSCHER
Khumbu-
Eisbruch
Mount
Everest
SÜDOSTGRAT
WESTERN CWM
GENFER SPORN
SÜDSATTEL
I
II
III
IV
V
VI
VII
VIII
IX
Nuptse
LHOTSE-FLANKE
Lhotse
Lhotse
Shar
Gipfel 38
Pethangtse
Berggipfel
Pass
Bergkamm
Expedition
von 1953
Gletscher
Lager

Der 26. Mai 1953 war kalt, hell und klar heraufgekommen. Wir befanden uns in Lager VII, auf einer Höhe von 7300 Metern mitten in der Lhotse-Flanke. Hoch oben fegte der Wind den Schnee in Schwaden vom Everest, aber es sah nicht schlecht aus. Die Bedingungen für das erste Gipfelstürmerpaar, Charles Evans und Tom Bourdillon, waren gut. Sie befanden sich in Lager VIII auf dem Südsattel und würden an diesem Tag den Südgipfel in Angriff nehmen. Hoffentlich hatte ihr Tag besser angefangen als der unsere. Hier in Lager VII dauerte es eine Ewigkeit, bis die nötigen Arbeiten erledigt waren. In dieser Höhe braucht man für jede Tätigkeit unverhältnismäßig lang, weil der Sauerstoffmangel die Konzentration und die Koordination der Bewegungen beeinträchtigt. Um 8.45 Uhr, nach einem Frühstück aus Keksen und lauwarmem Tee, brachen Tensing und ich, die zweite Gipfelmannschaft, endlich auf. George Lowe und Alf Gregory, die uns unterstützen sollten, folgten an einem zweiten Seil. Dahinter kamen unsere drei Hochträger, die uns behilflich sein sollten, Lager IX auf dem Südostgrat zu errichten. Die Nachhut bildeten fünf weitere Sherpas, die ihre Lasten nur bis zum Südsattel bringen sollten. Charles Evans und Tom Bourdillon waren für den ersten Gipfelangriff ausgewählt worden, weil sie ein eingespieltes Team waren und außerdem mehr Erfahrung mit den modernen Sauerstoffgeräten hatten. Diese Geräte mit ihrem geschlossenen Kreislauf boten eine größere Chance, schnell und mit geringem Sauerstoffverbrauch auf den Südgipfel zu kommen – und vielleicht auch noch weiter. Wenn das Wetter es erlaubte, konnten sie auch den Hauptgipfel in Angriff nehmen. Inzwischen hatten Tensing und ich uns als zweites Gipfelteam empfohlen, weil wir kräftig waren und uns gut akklimatisiert hatten. Wir würden mit unseren schwerfälligen, aber vertrauten alten Sauerstoffgeräten den beiden dichtauf folgen und warten, bis wir an der Reihe waren.

Wir überquerten eine Gletscherspalte auf einer Furcht erregend unsicher wirkenden Schneebrücke und stiegen an der langen, steilen Lhotse-Flanke auf. Wir waren noch nicht weit gekommen, als George uns etwas zurief und zum fernen Südostgrat hinaufdeutete. Dort bewegten sich zwei winzige Figuren aufwärts in Richtung Südgipfel. Das konnten nur Evans und Bourdillon sein. Ihr Ziel war, den Südgipfel zu erreichen, aber sie konnten selbst entscheiden, ob sie sich zutrauten, noch bis zum Hauptgipfel weiterzugehen. Weiter unten auf dem Südostgrat sahen wir ein zweites Paar, zweifellos Hunt und Da Namgyal. Sie trugen Material für die Gipfelstürmer möglichst weit den Grat hinauf. Es war ein erregender Anblick – endlich wurde es ernst!

Tensing und ich eilten voraus und erreichten den höchsten Punkt des Genfer Sporns. Immer wieder sahen wir das Gipfelteam, bis es schließlich in der Wolke verschwand, die den oberen Teil des Berges verhüllte. Ich bemerkte, dass Tensing ein verdrossenes Gesicht machte. Wir stiegen die 60 Meter vom Genfer Sporn ab und kamen zum zweiten Mal zum Südsattel. Das erste Mal hatten wir den Transport angeführt, der die ganze Ausrüstung, die für den Gipfelangriff nötig war, auf den Sattel brachte. Die Zelte im Lager stemmten sich gegen den Wind und wirkten recht verlassen; wir verkrochen uns in einem von ihnen, um vor dem Wind geschützt zu sein.

Ich schaute immer wieder hinaus und entdeckte bald zwei Gestalten, die sich sehr langsam das Große Couloir hinunterbewegten. Ich lief eilig über den Sattel, um sie abzuholen. John Hunt und Da Namgyal waren völlig erschöpft. Sie hatten ihre Lasten den Grat hinaufgeschleppt, so weit sie konnten, und sie dann abgelegt. John hatte auch seine halb volle Sauerstoffflasche dort deponiert, war ohne Sauerstoff hinuntergestiegen und am Ende seiner Kräfte. Ich half ihm über den Sattel, so gut ich konnte, aber er brach immer wieder zusammen. Erst als ich ihm aus dem Lager ein Sauerstoffgerät holte, wurde ihm besser, und er schaffte den Weg zum Zelt und kroch dankbar hinein.

Inzwischen war auch George mit seinem Team angekommen, und plötzlich schrie er auf. Durch einen Spalt in den Wolken hatte er mit seinen Adleraugen die winzigen Gestalten von Evans und Bourdillon entdeckt. Sie waren immer noch in 8300 Meter Höhe, aber bereits auf dem Abstieg zum Großen Couloir. Die Wolken schlossen sich wieder, doch nur zehn Minuten später war der Himmel klar. Mit Erstaunen sahen wir, dass sich unsere beiden Freunde nun unterhalb des Großen Couloirs befanden. Offenbar waren sie ausgeglitten und über hundert Meter tief abgerutscht. Nur der Schnee am unteren Ende des Couloirs hatte sie davor bewahrt, in eine Gletscherspalte zu fallen oder die Furcht erregende Kangshung-Flanke hinunterzustürzen. Auch sie waren völlig erschöpft und konnten immer nur wenige Schritte gehen, bevor sie wieder in sich zusammensackten und nach Luft rangen. George und ich eilten ihnen entgegen. Eisbedeckt von Kopf bis Fuß, gaben sie ein seltsames Bild ab. Es war nicht einfach, sie zu den Zelten zu bringen und hineinzuschaffen.

Mit froststarren Lippen erzählten sie ihre Geschichte. Ihre neuen, noch nicht richtig erprobten Sauerstoffgeräte hatten ihnen von Anfang an Schwierigkeiten gemacht. Wenn sie mit ihnen zurechtkamen, hatten sie ein gutes Tempo vorgelegt, doch hoch oben auf dem Südostgrat bekam Evans erhebliche Probleme mit dem Sauerstoff, und sie erreichten den Südgipfel mit defekten Geräten und am Ende ihrer Kräfte. Bourdillon wollte ungeachtet des Risikos weitergehen, aber Evans war überzeugt, dass sie den Rückweg dann nicht mehr schaffen würden. »Wenn du weitermachst, Tom«, sagte er, »wirst du Jennifer nie wiedersehen.« Also stiegen sie ab.

Das war eine scheußliche Nacht auf dem Südsattel! Charles und Tom hatten sich tapfer geschlagen und trotz technischer Probleme ihr Hauptziel, den Südgipfel, erreicht. Und ich hatte inzwischen herausgefunden, weshalb Tensing schlechter Laune gewesen war – er hatte gefürchtet, Charles und Tom würden es bis zum Hauptgipfel schaffen. Ihm lag viel daran, dass beim ersten Gipfelteam ein Sherpa dabei wäre, und er war überzeugt davon, der Richtige für diese Aufgabe zu sein. Auch ich hatte Grund für ein schlechtes Gewissen. Ich würdigte die Leistung von Charles und Tom voll und ganz, aber im Innersten fühlte ich doch eine gewisse Befriedigung. Sie waren nicht ganz hinaufgekommen – also gab es für Tensing und mich noch etwas zu tun. Aber der Sturm tobte weiter und wurde immer heftiger, und es war höchst unwahrscheinlich, dass ein Aufstieg am nächsten Morgen möglich sein würde.

Als es dämmerte, fegte der rasende Sturm noch immer den Schnee vor sich her. Nach ein paar Stunden besserte sich das Wetter ein wenig, aber an seiner Spitze war der Berg noch immer von Wolken verhüllt. Ich sprach mit Charles über die Anstiegsroute, und er beurteilte unsere Chancen, den Gipfelgrat zu bezwingen, skeptisch. Aber ich machte mir nicht viel daraus, denn ich war überzeugt davon, ein gewiefterer Schnee- und Eiskletterer zu sein als unsere beiden Vorgänger, und vermutlich war ich auch besser in Form. Es würde sich ja zeigen.

Doch zunächst bestand unsere Hauptsorge darin, wie wir Charles und Tom nach unten und in Sicherheit bringen könnten. Gegen Mittag krochen sie aus ihrem Zelt, und Sherpa Ang Temba schloss sich ihnen an. Er war eigentlich mit heraufgekommen, um Lasten in große Höhen zu bringen, aber es war ihm die ganze Nacht über schlecht gewesen. Also musste auch er hinunter. Um uns so viel wie möglich zu überlassen, beschlossen sie großmütig, ohne Sauerstoff abzusteigen. Ich beobachtete besorgt, wie sie den Hang zur Spitze des Genfer Sporns hinaufwankten, den man überwinden muss, bevor man über die Lhotse-Flanke absteigen kann. Mit Schrecken sah ich, dass Tom torkelte und der Länge nach in den Schnee fiel. Er rappelte sich wieder auf, machte ein paar unsichere Schritte und stürzte erneut. Ohne Sauerstoff würde er keine Chance haben, den Abstieg zu schaffen. Charles folgte mir zum Lager, und wir richteten schnell ein Sauerstoffgerät her. Ich brachte es Tom, der nun auf allen vieren kroch. Mit Hilfe des voll aufgedrehten Sauerstoffgeräts war er imstande, aufzustehen und seinen Weg fortzusetzen.

Ich kehrte zu den Zelten zurück und gestand John Hunt und George Lowe, ich hätte erhebliche Zweifel, dass die drei heil hinunterkommen würden. John stimmte mir zu, dass sie Begleitung brauchten. Er erklärte ziemlich gewunden, er halte es für seine Pflicht als Expeditionsleiter, die Vorgänge am Gipfel vom Südsattel aus zu beobachten. Wenn etwas schief ging, würde er vielleicht oben am Berg gebraucht. Also müsse George mit hinuntergehen. Ich war bestürzt, weil ich mir von George wesentliche Unterstützung erhofft hatte, aber ich bemerkte auch, dass John trotz seiner Erschöpfung unbedingt auf dem Südsattel bleiben wollte. Wie also sollte ich reagieren? George dagegen hatte keinerlei Skrupel. Mit deutlichen, ja zornigen Worten erklärte er, wieviel besser seine Verfassung sei als die Johns und wie wichtig er für den Erfolg der Expedition sein könnte. John habe seine Kräfte verbraucht, sagte er, als er die Last auf den Südostgrat geschleppt hatte, und würde im Notfall keine Hilfe sein. Doch John blieb unerbittlich – George müsse gehen! Ich weiß nicht, warum niemand auf Alf Gregory kam. Irgendwie war er in Krisensituationen nie greifbar. Verärgert machte sich George daran, seinen Abmarsch vorzubereiten, doch nur wenige

Minuten später hatte Johns Verantwortungsgefühl den Sieg davongetragen, und er gab zu, dass es das Klügste war, wenn er selbst die Leute hinunterbrachte.

Nie habe ich John mehr bewundert als in diesem Augenblick. Er sah grau und mitgenommen aus, aber seine blauen Augen waren fester denn je, als er mich beim Arm nahm und mir erklärte, wir hätten die Pflicht, den Berg zu besteigen. Viele tausend Menschen hätten ihre Hoffnung in uns gesetzt, und wir dürften sie nicht enttäuschen.

»Das Wichtigste ist, dass ihr heil wieder herunterkommt. Vergiss das nicht«, schärfte er mir ein. »Aber wenn es irgend möglich ist, steigt ganz hinauf!«

Ich trug Johns Gepäck bis zur Höhe des Genfer Sporns und sah mit Sorge, wie er beim Gehen vor Schwäche schwankte. Als wir oben ankamen, mussten wir feststellen, dass Tom wieder zusammengebrochen war, obwohl er Sauerstoff bekam. Es sah aus, als wäre die Expedition dabei zu scheitern. Charles konnte meine Besorgnis nachfühlen und beruhigte mich: »Mach dir keine Sorgen, Ed. Ich krieg sie schon runter.«

John wollte das Ende des Seils und damit die wichtige Ankerrolle übernehmen, aber Charles machte eine Schlinge in der Mitte des Seils, gab sie ihm und sagte: »Leg dir die um, John.« John gehorchte, und sie schlurften davon. Es brach mir fast das Herz, als wir sie aus den Augen verloren und ich mir vorstellte, dass sie über die steile und schwierige Lhotse-Flanke hinuntermussten. Ich hatte ein schlechtes Gewissen, dass ich die erschöpften Männer ohne Hilfe hatte gehen lassen, und weil George bei mir war, ließ ich meine Schuldgefühle an ihm aus und fuhr ihn an: »Wenn sie nicht runterkommen, bist du schuld, George!«

Den Rest des Tages verbrachten wir damit, Sauerstoffgeräte, Lebensmittel und sonstige Ausrüstung für den Gipfelsturm am nächsten Tag vorzubereiten. Gelegentlich schlüpften wir ins Zelt, um uns aufzuwärmen. Dann überquerten wir mit dem Wind im Rücken den Südsattel und schauten hinunter auf die Ost- oder Kangshung-Wand, die von hier aus noch kein Mensch gesehen hatte. Es war ein eindrucksvoller Anblick.

Beim Rückweg zu den Zelten mussten wir mit aller Kraft gegen den scharfen Wind ankämpfen, aber wir waren froh darüber, dass wir uns so stark fühlten und in einer Höhe von über 7900 Metern noch leicht ohne Sauerstoff arbeiten konnten. Wir machten uns immer noch Sorgen um die Absteigenden, aber wir wussten, dass sie mit jedem Meter Höhe, den sie verloren, an Kraft gewinnen würden. Je mehr der Tag vorrückte, desto stärker drängten sich die Gedanken an den morgigen Tag in den Vordergrund, ganz jedoch wurde ich die Sorge um die Kameraden nicht los. Ich fragte mich, wo Alf und Tensing gewesen waren, als wir die wichtigen Entscheidungen trafen (wie ich unseren erbitterten Streit schönfärberisch umschrieb). Tensing hatte sich vermutlich in weiser Absicht herausgehalten. Und wo war die nötige Hilfe geblieben, als ich Lasten und Menschen den Genfer Sporn hinaufschleppte und -zog? Ich hätte wetten können, dass Alf sich gemütlich in seinem Schlafsack ausruhte und seine Kräfte schonte für das, was uns bevorstand. Es war ein langer und schwerer Tag gewesen, und die Höhe zeigte bei uns allen Wirkung.

Am Abend zog ich mit Tensing in eins der vergleichsweise komfortablen Meadezelte um. Ich war den ganzen Nachmittag über mit einem Schraubenschlüssel herumgelaufen, hatte die Flaschen überprüft – George spottete, ich sähe mehr wie ein Mechaniker aus als wie ein Bergsteiger – und wusste genau, wie viel Sauerstoff wir noch hatten. Ich entschied, dass wir ein bisschen davon in der Nacht verbrauchen durften.

Es stürmte immer noch heftig, trotzdem schlief ich anfangs recht gut. Allerdings wachte ich von Zeit zu Zeit steif und kalt auf, weil meine Luftmatratze mit ihrem vereisten Ventil die Luft nicht hielt.

Früh am Morgen weckte mich plötzliche Ruhe, und mir wurde klar, dass sich der Wind gelegt hatte. Er frischte zwar bald wieder auf, aber nur in kurzen Schüben, was ein gutes Vorzeichen war. Wir trafen langsam unsere Vorbereitungen, und um halb acht ging ich zu George und Alf ins Pyramidenzelt hinüber. Wir waren uns einig, dass wir es wagen wollten. Wir würden schwer schleppen müssen, denn der arme Pemba, einer der zwei Höhenträger, die uns begleiten sollten, hatte sich die ganze Nacht lang erbrochen und musste absteigen. So blieb uns nur noch Ang Nyima.

Gottlob war Tensing noch fit und bei Kräften. Welch ein großartiger Mann! Er vertrug nicht nur die sogar für einen Sherpa gewaltige Höhe erstaunlich gut, sondern war noch dazu ein geschickter Kletterer und brannte darauf, auf den Gipfel zu kommen. Damals, 1953, war das Tragen von Lasten auf hohe Berge für normale Sherpas nichts als ein gut bezahlter Job. Kaum einer wollte höher hinauf als unbedingt nötig. Heutzutage ist das anders; viele Sherpas sind geübte Führer mit viel Bergerfahrung und großem Ehrgeiz, was die Gipfel betrifft. Damals aber war uns nur noch ein einziger Träger geblieben statt der ursprünglich geplanten drei.

Unsere Situation war nicht gerade günstig, aber George und ich waren uns einig, dass wir auf keinen Fall aufgeben wollten. Er, Alf und Ang Nyima sollten vorausgehen, um uns den Weg zu bahnen, während Tensing und ich eine Stunde später aufbrechen würden, um uns so gut wie möglich für den nächsten Tag zu schonen.

Als alles bereit war, überquerte George mit seiner kleinen Gruppe den Südsattel und stieg in den steilen Hang unterhalb des Großen Couloirs ein. Dieses Couloir führte mehr als 300 Meter über uns zum Südostgrat. Um zehn

Uhr schulterten Tensing und ich unsere schweren Rucksäcke, drehten die Sauerstoffgeräte auf und setzten uns in Bewegung. Als der Sauerstoff in unsere Lungen strömte, wurde uns das Gepäck sofort leichter. Ohne große Mühe kamen wir über den vereisten Südsattel und stiegen dann mit Steigeisen im festen Schnee. Hoch über uns konnten wir unsere Kameraden als kleine Punkte erkennen. Sie erreichten gerade den Eingang des Couloirs.

Der Hang wurde steiler, als ich erwartet hatte, und wir mussten in Serpentinen gehen, um ohne große Anstrengung an Höhe zu gewinnen. Eine breite Gletscherspalte zog sich quer über den gesamten Hang, aber eine feste Eisbrücke geleitete uns gut hinüber. Als der Hang noch steiler wurde, stießen wir glücklicherweise auf Georges Spuren, in denen wir schneller vorwärts kamen. Alle zehn bis zwölf Meter blieben wir stehen, um Luft zu schöpfen. Wir rückten den anderen näher, und ich konnte den geübten Schwung von Georges Pickel sehen, mit dem er Stufen ins Eis hackte. Bald sauste ein Hagel von kleinen Eisstücken auf uns nieder, und wir wichen hastig zur Seite, bis Georges Team sich seinen Weg aus dem Couloir geschlagen hatte. Während wir warteten, drehten wir den Sauerstoff ab, um ihn für größere Höhen zu sparen. Aber bald brachen wir wieder auf, freuten uns über Georges Stufen und blickten auf die winzigen Zelte am Südsattel hinunter, die beinahe senkrecht unter uns lagen. Wir hielten uns rechts, kletterten über Fels und Schnee und trafen ein paar Minuten später George, Alf und Ang Nyima auf dem Südostgrat.

Trotz der großen Anstrengung waren wir alle sehr heiter. Die Aussicht war spektakulär. Der schroffe Gipfel des Lhotse überragte uns noch, aber wir konnten schon über den gewaltigen Nuptse hinwegschauen und die wunderbaren Gipfel des Ama Dablam und des Kangtega sehen. Fast 2000 Meter unter uns erblickten wir das vorgeschobene Basislager im Western Cwm, und auf der anderen Seite noch weiter unten lag der Kangshung-Gletscher. Wir kamen gut voran, waren uns aber immer bewusst, wie steil es auf beiden Seiten in die Tiefe ging. Plötzlich bot sich uns ein Bild der Verlassenheit: die verbeulten Stangen des Zeltes, das Tensing und Raymond Lambert als Teilnehmer der Schweizer Expedition von 1952 hier aufgeschlagen und in dem sie eine äußerst unbehagliche Nacht verbracht hatten, ohne etwas zu essen oder zu trinken und ohne Schlafsäcke. Es waren zähe Burschen, aber die Organisation hatte zu wünschen übrig gelassen.

Seltsam berührt von unserer eigenen Kraft, stiegen wir weiter über Fels und Schnee des Grats. In fast 8400 Meter Höhe fanden wir das Depot, das John Hunt und Da Namgyal unter solch großen Mühen für uns eingerichtet hatten. Es waren jede Menge Sachen, und wir würden alles davon für das letzte Stück zum Gipfel brauchen. Aber wir wussten nicht, ob wir überhaupt fähig waren, das alles zu schleppen, Sauerstoff hin oder her.

George und ich hielten Rat. Es gab zwei besonders problematische Gegenstände – ein Meadezelt, das nahezu sieben Kilo wog, und eine schwarze Sauerstoffflasche mit neun Kilo. Ich kann eine Menge tragen, also sagte ich zu George, ich würde das Zelt übernehmen. George hatte Bedenken, weil ich damit insgesamt auf eine Last von 26 Kilo kam, aber es gab keine andere Möglichkeit. Dann schauten wir beide Alf Gregory an. Alf war klein, drahtig und sehr gut in Form, aber er hatte bisher wenig Enthusiasmus für das Lastentragen gezeigt. Diesmal ließen wir ihm keine Wahl. Ich reichte ihm die schwarze Sauerstoffflasche und nahm ihm dafür Lebensmittel und den Kocher ab. George packte sich noch eine dritte Flasche auf, und Tensing bekam auch noch eine. Jeder von uns trug jetzt gute 22 Kilo, und ich hatte mehr als 26.

Wir stiegen weiter, aber unser Tempo war deutlich

geringer geworden. Wohl noch nie hatte jemand in 8300 Meter Höhe solche Lasten getragen. Anstatt frei zu steigen, kämpften wir um jeden Schritt. Wir kamen an eine steile Klippe, die wir mit großer Mühe überwanden. Der Grat verbreiterte sich zu einem steilen Schneehang, auf dem Georges Eispickel wieder zum Einsatz kam. Wir waren jetzt schon sehr weit oben, und der Gipfel des Lhotse lag bereits unter uns. Wir hielten angestrengt Ausschau nach einem geeigneten Biwakplatz, fanden aber keinen. Wir waren jetzt schon beinahe auf der Höhe, die Tensing und Lambert im Vorjahr erreicht hatten, aber ich rechnete nicht damit, dass Tensing sich noch an die Örtlichkeit erinnern könne. Doch ich täuschte mich. Er glaubte einen passenden Platz weiter links, oberhalb des Western Cwm, zu kennen. Wir stapften durch knietiefen Schnee, immer in dem Bewusstsein, wie ungeheuer tief es neben uns hinabging. Tensings Platz erwies sich als schlecht geeignet, aber 15 Meter weiter oben sah es recht vielversprechend aus. Wir kämpften uns hinauf und erkannten mit Erleichterung, dass wir endlich einen einigermaßen günstigen Platz für Lager IX gefunden hatten, bei weitem nicht eben, aber dem Anschein nach doch so groß, dass wir unser kleines Zelt aufstellen konnten. Wir befanden uns jetzt in 8500 Meter Höhe.

Es galt, keine Zeit zu verlieren. George, Alf und Da Namgyal mussten noch zum Südsattel zurück. Sie luden ihre riesigen Lasten ab, drückten uns die Hand und wünschten uns Erfolg. Wir vertrauten darauf, dass sie die Zelte am Südsattel unversehrt erreichen würden.

Tensing und ich nahmen die Sauerstoffmasken ab und waren froh, dass wir nicht sofort Probleme bekamen. Ideal war unser Lagerplatz nicht. Er erwies sich als zu klein, um das Zelt aufzustellen, also beschloss ich, zwei Schlafplätze zurechtzuschaufeln und das Zelt darüberzubreiten, was wir dann auch taten. Schwieriger war es, das Zelt zu befestigen. Oberhalb war eine kleine Felswand, aber wir hatten dummerweise keine Felshaken dabei, mit denen wir uns hätten sichern können. Stattdessen schlug ich ein paar Zeltheringe in Risse im Fels und hoffte, sie würden halten. Wir hatten zwei leere Sauerstoffflaschen, die grub ich in den Schnee, band die Zeltschnüre darum und stampfte den Schnee ringsherum fest. Tensing kroch ins Zelt, um Schnee zu schmelzen, und ich überprüfte unsere Sauerstoffvorräte. Das verlangte einiges an Kopfarbeit, weil ich nach dem angezeigten Druck ausrechnen musste, wie viel Liter sich noch in den Flaschen befanden. Ich kam zu dem Ergebnis, dass wir während der Nacht über vier Stunden hinweg Sauerstoff in niedriger Dosierung entnehmen könnten. Damit würden wir wenigstens ein bisschen Schlaf finden.

Die untergehende Sonne tauchte die gewaltigen Gipfel des Makalu und des Lhotse in ein warmes, rotes Licht. Sie schienen zum Greifen nah. Weit unten glitten Wolken über Täler, die schon im Schatten lagen. Ich schlüpfte zu Tensing ins Zelt. Er kochte Hühnersuppe mit Nudeln. Trotz der Höhe waren wir erstaunlicherweise recht hungrig. Wir packten alle möglichen Delikatessen aus und gönnten uns als Nachspeise noch Aprikosen aus der Dose. Wir tranken auch viel. Es war sehr eng im Zelt, besonders als wir in unsere Schlafsäcke krochen. Ich zog meine Stiefel aus und legte sie unter das Fußteil meines Schlafsacks, wo sie weniger Platz wegnahmen und als Isolierung gegen das Eis dienten.

Tensing lag auf dem unteren Platz, direkt über dem Abhang, und ich streckte mich auf dem oberen aus. Am Fußende überkreuzten sich unsere Beine. Der Wind wurde stärker, und ich hoffte nur, das Zelt würde nicht davonfliegen. Als ich die Sauerstoffventile öffnete, wurde uns schnell warm, und wir schliefen mit Unterbrechungen vier Stunden lang friedlich. Doch beim Aufwachen waren wir steif vor Kälte und fühlten uns ziemlich elend.

Es war vier Uhr morgens, ich schaute aus dem Zelt und bemerkte die ersten Anzeichen der Morgendämmerung. Tensing spähte mir über die Schulter und sagte: »Tengpoche.« Und tatsächlich, dort unten, viereinhalbtausend Meter unter uns, lag das Kloster Tengpoche. Die Außentemperatur betrug minus 27 Grad, und in unserem dürftigen Zelt war es nicht viel wärmer. Wir trafen langsam unsere Vorbereitungen, aßen kräftig und tranken viel, weil Flüssigkeit in dieser Höhe sehr wichtig ist. Meine Stiefel waren steif gefroren, und ich hielt sie über den Primuskocher, bis sie weich genug zum Anziehen waren. Wir trugen alle Kleidungsstücke, die wir besaßen. Ich prüfte meine Kamera zum letzten Mal, stellte sie auf eine durchschnittliche Belichtungszeit ein und barg sie behutsam in meiner Daunenjacke. Um halb sieben krochen wir aus unserem Zelt und waren abmarschbereit.

Gleich über unserer Schlafstatt erhob sich ein großer, steiler Schneebuckel, und weil meine Füße noch kalt waren, bat ich Tensing, die Führung zu übernehmen. Er legte sich schwer ins Zeug und pflügte eine knietiefe Spur nach oben. Als der Buckel überwunden war, befanden wir uns in 8400 Meter Höhe. Meine Füße waren inzwischen warm geworden, und ich übernahm die Führung. Über unseren Köpfen ragte der Südgipfel auf, und rechts über uns hingen riesige Schneewechten drohend über die Kangshung-Flanke. Vor mir lag ein scharfer Grat; auf der rechten Seite war er vereist, auf der linken sah er etwas besser aus. Also hielt ich mich links und kam anfangs auch gut voran, aber dann kamen wir in Bruchharsch – mit das Schlimmste, was einem Bergsteiger passieren kann. Die Kruste hielt mein Gewicht immer nur wenige Sekunden lang, dann brach sie ein, und ich steckte knietief im Pulverschnee. Eine halbe Stunde ging das so weiter, und ich war mit unseren Fortschritten in diesem schwierigen Terrain ganz zufrieden. Ich überquerte einen kleinen Buckel und bemerkte vor mir eine Höhlung, in der die zwei Sauerstoffflaschen lagen, die Evans und Bourdillon zurückgelassen hatten. Ich wischte den Schnee von den Scheiben und sah, dass die Flaschen nur mehr zu einem knappen Drittel gefüllt waren. Aber auch so konnten sie uns noch sehr nützlich werden; es bedeutete immerhin eine weitere Stunde Überleben beim Rückweg.

Wir hatten bereits beträchtlich an Höhe gewonnen, aber es lag noch weit mehr vor uns. Ein 120 Meter langer Schneehang schwang sich steil zum Südgipfel auf. Wir wechselten uns bei der Führung ab und stiegen beharrlich weiter, aber es war alles andere als angenehm. Eine dünne Eisschicht bedeckte den lockeren Schnee. Einmal gab es ein dumpfes Bruchgeräusch, und eine fast zwei Meter breite Eisplatte rings um mich herum löste sich und raste mit zunehmender Geschwindigkeit den Berg hinunter. Ich rutschte ein paar Schritte ab, kam aber dann glücklicherweise zum Stehen. Der Schreck fuhr uns in die Knochen, doch wir hatten keine Wahl – wir mussten weiter. Unter großer innerer Anspannung bahnten wir uns den Weg; schließlich wurde der Schnee besser, und wir betraten erleichtert den Südgipfel. Höher als bis zu diesem Punkt war noch kein Mensch gekommen. Es war ganz unmöglich, sich hier nicht dankbar an all die Unterstützung zu erinnern, die wir von unseren Kameraden erfahren hatten – John Hunt und Da Namgyal hatten das Depot am Südostgrat angelegt, George Lowe, Alf Gregory und Ang Nyima hatten uns bis zum Lager IX geholfen, und Charles Evans und Tom Bourdillon waren als Pioniere auf den Südgipfel vorausgegangen. Sie alle hatten dazu beigetragen, dass wir so schnelle Fortschritte machten. Aber ab jetzt kam es ganz allein auf uns an.

Ich schaute mir den Gipfelgrat genau an. Er hatte schon etwas Imponierendes, schien mir aber nicht unbezwingbar – trotz allem, was Evans gesagt hatte. Auf jeden Fall würden wir es versuchen. Wir tranken etwas, und ich überprüfte unsere Sauerstoffvorräte. Unsere Flaschen waren fast leer, deshalb tauschte ich sie gegen volle aus, um Gewicht zu sparen. Wir waren jetzt für knapp vier Stunden mit Sauerstoff versorgt. Wenn wir unser Tempo beibehielten, musste das reichen.

Mit steigender Erregung bahnte ich mir den Weg vom Südgipfel zu dem kleinen Sattel am Fuß des Gipfelgrats. Ich schlug Stufen auf der linken Seite unter den großen Wechten und hielt mich direkt über der Felswand, die zum Western Cwm hin abfiel. Wir gingen sehr vorsichtig, und immer nur einer zur Zeit. Ich hackte eine Reihe Stufen, vielleicht zwölf Meter lang, dann rammte ich meinen Eispickel als Sicherung in den Schnee und ließ Tensing nachkommen. Nach ein paar Seillängen bemerkte ich überrascht, dass Tensing sich ziemlich langsam bewegte. Als er zu mir aufschloss, untersuchte ich sein Sauerstoffgerät. Der Druck war normal, aber dann sah ich, dass seine Atemmaske mit Eis verstopft war. Ich quetschte die Maske zusammen, um das Eis zu entfernen, und stellte zu meiner größten Erleichterung fest, dass Tensing nun wieder frei atmete. Ich prüfte daraufhin meine Maske – auch da war ein bisschen Eis, das ich herausräumte. Und weiter ging es mit dem Stufenschlagen.

Vor mir stand drohend die hohe Felsstufe, die wir schon von weit unten gesehen hatten. Wir wussten, dass sie zu einem Problem werden konnte. Besorgt blickte ich an der zwölf Meter hohen Wand hinauf. Sie in dieser Höhe direkt zu ersteigen, wäre ein beträchtliches Risiko. Ich schaute nach rechts, und dort schien sich eine Chance zu eröffnen. Von der Felswand hing eine riesige Wechte über die Kangshung-Wand. Unter dem eigenen Gewicht hatte sich das Eis vom Fels losgerissen, und zwischen Fels und Eis lief ein schmaler Spalt nach oben. Ich war ziemlich nervös. Ob die Wechte unter meinem Gewicht wegbrechen würde? Es gab nur einen Weg, das herauszufinden.

Obwohl es im Ernstfall nicht viel genützt hätte, veranlasste ich Tensing, sich zu sichern. Dann zwängte ich mich in die Spalte. Mit dem Gesicht zum Felsen stieß ich die Steigeisen in das Eis hinter mir, suchte mit den Fingern jede kleinste Unebenheit im Stein und schob mich langsam aufwärts. Ich rang nach Atem, kam aber voran – das Eis hielt –, und schließlich kroch ich aus der Spalte auf die Oberkante der Felswand. Ich hatte es geschafft! Zum ersten Mal während der ganzen Expedition hatte ich das sichere Gefühl, wir würden den Gipfel erreichen. Ich gab Tensing ein Zeichen und holte das Seil ein, als auch er sich durch den Spalt quälte und sich keuchend neben mir herausschob.

Wir hatten keine Zeit zu verlieren. Ich schlug wieder Stufen und hielt allmählich etwas besorgt nach dem Gipfel Ausschau. Es schien ewig so weiterzugehen, und wir waren müde und bewegten uns schon langsamer. In der Ferne breitete sich die kahle Hochebene Tibets aus. Ich blickte nach rechts oben und sah eine schneeige Wölbung. Das musste der Gipfel sein! Wir rückten enger zusammen, als Tensing das Seil zwischen uns straffte. Wieder schlug ich eine Reihe Stufen ins Eis. Und im nächsten Augenblick war ich auf einer Schneefläche angekommen, auf der es nichts gab als Luft – in jeder Richtung. Tensing kam mir schnell nach, und wir schauten uns staunend um. Mit ungeheurer Befriedigung stellten wir fest, dass wir auf dem höchsten Punkt der Erde standen.

Es war 11.30 Uhr am 29. Mai 1953. In typisch angelsächsischer Manier streckte ich den Arm aus, um Tensing die Hand zu schütteln, aber das war meinem Kameraden nicht genug. Er schlang die Arme um mich und drückte mich gewaltig, und ich erwiderte seine Umarmung. Ich war überrascht, als mir klar wurde, dass Tensings Begeisterung über unseren Erfolg vielleicht noch größer war als meine.

Aber wir hatten nicht viel Zeit. Ich schloss die Sauerstoffzufuhr und nahm meine Maske ab. Sofort prickelten mir die winzigen Eissplitter, die der scharfe Wind vor sich herfegte, im Gesicht. Ich holte meine Kamera aus dem Schutz meiner Daunenjacke, ging ein paar Schritte zurück und fotografierte Tensing mit erhobenem Pickel auf dem Gipfel, neben ihm die Fahnen, die im Wind flatterten – die der Vereinten Nationen, die indische und die nepalesische Flagge sowie der Union Jack. Tensing hatte keine Kamera, und ich kam, ehrlich gesagt, auch gar nicht auf die Idee, für ein Bild von mir selbst zu sorgen. Wichtiger war mir, durch Fotos zu belegen, dass wir auf dem Gipfel waren. Also machte ich schnell Aufnahmen von jedem Grat und nach allen Seiten. Gen Osten war der Blick am spektakulärsten: Makalu und Kangchenjunga beherrschten den Horizont und vermittelten einen Eindruck von den Größenverhältnissen im Himalaja. Der Makalu mit seinen steilen Felswänden, nur wenige Kilometer entfernt, war ein eindrucksvoller Anblick. Ich konnte seine gesamte Nordseite überblicken und glaubte eine Möglichkeit zu entdecken, wie man hinaufkäme. Begeistert machte ich noch eine Aufnahme, mit der ich mich nach meiner Rückkehr in die Zivilisation beschäftigen konnte, denn ich war mir sicher, dass der Everest nicht mein letztes Bergabenteuer sein würde.

Der Blick nach Norden bot einen vollständigen Kontrast; über Hunderte von Kilometern erstreckte sich die unfruchtbare tibetische Hochebene. Ein Ausblick war besonders interessant: Direkt unter uns lagen der Nordsattel und der östliche Rongbuk-Gletscher, wo frühere britische Everest-Expeditionen ihre legendären Leistungen an Mut und Ausdauer vollbracht hatten. Ein Teil des Grats, auf dem sie ihre Hochlager errichtet hatten, war zu sehen, aber die letzten 300 Meter, die sich als unüberwindlich erwiesen hatten, waren unseren Blicken entzogen, weil die Felswände nahezu senkrecht von der Schneepyramide des Gipfels abfielen. Der Gedanke, wie oft diese Männer ohne die Segnungen unserer modernen Ausrüstung und ohne taugliche Sauerstoffgeräte auf über 8400 Meter vorgedrungen waren, war ernüchternd. Ich dachte an Mallory und Irvine, die vor dreißig Jahren an diesem Berg ums Leben gekommen waren. Ohne große Hoffnung hielt ich nach Anzeichen dafür Ausschau, dass sie den Gipfel erreicht hatten, doch es waren keine zu finden.

Tensing grub ein kleines Loch in den Schnee und legte ein wenig Schokolade und anderes Essbares hinein, als Geschenk für die Götter, die sich, wie er glaubte, auch hier heroben aufhielten. Und da fiel mir John Hunt ein, der mich gebeten hatte, hier etwas niederzulegen. Bevor er vom Südsattel abgestiegen war, hatte er mich in sein Zelt gebeten und mir etwas verlegen eine kleine Geschichte erzählt. Kurz vor seiner Abreise aus seiner Heimatstadt Henley hatte ihn ein alter Priester aufgesucht und ihm ein kleines Kruzifix überreicht mit der Bitte, es auf dem Gipfel des Mount Everest niederzulegen. Nachdem John nun keine Gelegenheit mehr dazu haben würde, hatte er mich gefragt, ob ich das Kruzifix mitnehmen wolle. Ich hatte gerne zugesagt, weil ihm viel daran zu liegen schien. Also kramte ich jetzt in meinen Taschen, fand das Kreuz, drückte es in den Schnee am Gipfel und war zufrieden, mein Wort gehalten zu haben. Einige Monate später zurück in Auckland, bekam ich einen Brief aus Europa mit einem kleinen Medaillon, das mir ein Vertreter des Papstes in Würdigung meiner Geste auf dem Everest übersandte.

Seit einer Viertelstunde waren wir nun auf dem Gipfel. Tensing hatte die Flaggen von seinem Pickel gelöst, und weil nichts da war, wo man sie hätte anbinden können, stampfte er sie in den Schnee. Es war Zeit zu gehen. Ich setzte meine Maske wieder auf und öffnete die Zufuhr. Sofort wurde ich klarer im Kopf. Ich hatte bewiesen, dass ein Mensch auch hier oben ohne zusätzlichen Sauerstoff atmen konnte – das hatte man vorher nicht mit Sicherheit sagen können. Gewiss war der Sauerstoff eine große Hilfe, aber das enorme Zutrauen, mit dem ich von unserem letzten Lager aus hochgestiegen war, hatte das seinige getan.

Der Abstieg war deutlich einfacher, weil wir unserer eigenen Spur folgten, und bald fanden wir uns wieder an der zwölf Meter hohen Felsstufe. Nicht ohne leise Besorgnis ließ ich mich in die enge Spalte zwischen Fels und Eis gleiten. Unter mancherlei Verrenkungen kam ich durch, und Tensing folgte. Auf den vorbereiteten Stufen kamen wir schnell voran, und schon nach einer Stunde waren wir wieder auf dem Südgipfel.

Unsere Sauerstoffvorräte neigten sich dem Ende zu, und so mussten wir aufs Tempo drücken. Der steile Hang unterhalb des Südgipfels war sehr fest, und ich ließ Tensing mit dem Stufenschlagen anfangen. Doch Tensing war zwar ein guter Kletterer, aber kein besonders geübter Stufenschläger. Als er eine Seillänge geschafft hatte, kam ich ihm nach und schlug seine Stufen wütend zurecht. Dann übernahm ich wieder die Führung und stellte eine saubere, 100 Meter lange Stufenleiter her. Ich bewegte mich nach links in Richtung auf den weicheren Schnee am oberen Ende des riesigen Hangs, der auf den Kangshung-Gletscher abfiel. Dies war eine äußerst gefährliche Stelle, und wir stampften abwechselnd feste Tritte in den Schnee. Wenn hier einer ausglitt, war es vorbei mit uns.

Es schien sehr viel Zeit vergangen, bis wir uns wieder nach rechts wandten, der kleinen Felswand zu, die sich über unserem letzten Lagerplatz befand. Wir kamen an die Stelle, wo die Sauerstoffflaschen von Evans und Bourdillon lagen, luden sie uns auf, gingen noch das letzte Stück und warfen uns dann erschöpft ins Zelt. Es war zwei Uhr Nachmittag. Wir bereiteten uns reichlich heißen Zitronensaft mit viel Zucker zu. Unsere eigenen Sauerstoffflaschen waren jetzt leer; ich schraubte sie ab und ersetzte sie durch jene von Evans und Bourdillon, die ja noch beinahe zu einem Drittel gefüllt waren. Das würde fast bis zum Südsattel reichen. Wir stopften unsere Schlafsäcke und sonstigen Besitztümer in die Rucksäcke; das Zelt und die leeren Sauerstoffflaschen ließen wir zurück. In jenen Zeiten dachte man noch nicht an die Umwelt. Wir waren müde und stiegen langsam und mit größter Vorsicht am Südostgrat entlang ab, kamen an dem alten Schweizer Lagerplatz vorbei und erreichten schließlich das obere Ende des großen Schneecouloirs, das zum Südsattel hinunterführt.

Ich hatte gehofft, die Stufen wiederzufinden, die George am Vortag geschlagen hatte, aber ich musste zu meinem größten Verdruss feststellen, dass der harsche Wind sie alle zugeweht hatte. Also schlug ich wieder eine Serpentine nach der anderen in den steilen Hang. Tief unter uns sah ich eine Gestalt sich über den Südsattel bewegen. Das musste George sein. Weiter unten wurde der Schnee weicher, und man konnte Tritte hineinstampfen. Dabei wechselten wir uns ab. Der Sauerstoff war verbraucht, aber wir kamen auch so ganz gut zurecht. Als wir uns dem Ende des Couloirs näherten, kam George uns entgegen, und ich fühlte eine Welle warmer Zuneigung zu diesem alten Freund in mir aufsteigen.

»Hi, George«, rief ich hinüber. »Wir haben den Bastard drangekriegt.«

»Das hab ich mir schon gedacht«, antwortete er gelassen und schenkte uns heiße Tomatensuppe aus seiner Thermosflasche ein. Schnell waren wir bei den flatternden Zelten am Südsattel, wo Wilf Noyce und Pasang Phutar uns begrüßten und sich rührend um uns kümmerten.

Mit unseren einfachen Walkie-Talkies war vom Südsattel aus das vorgeschobene Basislager nicht zu erreichen, und so konnten wir John Hunt und der übrigen Mannschaft nicht von unserem Erfolg berichten.

Und noch einmal eine kalte, elende Nacht auf dem Südsattel. Ich wälzte mich ruhelos hin und her und fand kaum Schlaf. Ich war nicht so glücklich über unseren Erfolg, wie man denken könnte. Es war nicht das Gefühl, etwas Großartiges geleistet zu haben, das mich erfüllte, sondern nur der Eindruck, eine große Aufgabe anständig gelöst zu haben. Anfangs war mir einigermaßen warm und gemütlich in meinem Schlafsack, und allerhand Gedanken gingen mir durch den Kopf – wie gut die Zusammenarbeit mit Tensing geklappt hatte, und wie froh ich war, dass ein Sherpa bei der ersten Gipfelbesteigung dabei gewesen war. Ich wusste, dass er noch viel aufgeregter gewesen war als ich. Und dann George Lowe, der jetzt mit mir im Zelt lag – welch gute Arbeit hatte er geleistet! Er musste gesehen haben, wie wir den Südostgrat herunterkamen. Er hatte sich die Mühe gemacht, Schnee aufzutauen und uns eine Suppe zu kochen, dann war er uns bis zum Couloir entgegengegangen. Wie nett von ihm, dachte ich und versuchte die Überlegung beiseite zu schieben, dass wir genauso erfolgreich gewesen wären, wenn George mich begleitet hätte. Aber der Gedanke an gleich zwei Neuseeländer auf dem Gipfel hatte für unsere britischen Mannschaftskameraden durchaus keinen Reiz gehabt. Schade! George und ich waren schon seit langen Jahren gute Freunde. In einem früheren Stadium der Expedition hatte er eine volle Woche auf die Ausgestaltung der Route durch die Lhotse-Flanke verwandt, und die Medien hatten ihn »Held der Lhotse-Flanke« getauft. Aber seinen wichtigsten Beitrag hatte er auf dem Südsattel und darüber geleistet. Ich krümmte mich in meinem

Schlafsack zusammen, ohne richtig warm zu werden, bis wir den Primuskocher in Gang setzten, um Schnee zu schmelzen. Ich war ungeheuer durstig und hätte ohne Unterlass trinken können.

Endlich wurde es Morgen. Ich schaute aus dem Zelt, und der Südsattel sah so öde und unerfreulich aus wie immer. Wir trafen die nötigen Vorbereitungen und packten unsere Habseligkeiten zusammen. Zwei Flaschen Sauerstoff waren noch übrig, und es wurde beschlossen, dass Tensing und ich sie aufbrauchen sollten, obwohl wir sie eigentlich nicht mehr benötigt hätten. Und so hatte ich noch mehr zu tragen. Ich fühlte mich schwächer als am Vortag, als wir vom Gipfel hinuntergekommen waren, und die 60 Meter Steigung bis zur Höhe des Genfer Sporns machten mir schwer zu schaffen. Dann aber begaben wir uns erleichtert auf die noch gut sichtbaren Spuren der Evans-Gruppe in die Lhotse-Flanke. Vorsichtig überquerten wir die breite Gletscherspalte oberhalb von Lager VII und rechneten damit, die Zelte verlassen zu finden. Aber zu unserem freudigen Erstaunen empfingen uns Charles Wylie und ein halbes Dutzend Sherpas. Sie freuten sich riesig über unsere guten Nachrichten. Ihre Anwesenheit in Lager VII war typisch für die verlässliche Unterstützung, die uns die Expeditionsmannschaft die ganze Zeit über gewährt hatte – das war noch eine andere Einstellung, als sie heutzutage gelegentlich zu beobachten ist.

Wir brachen wieder auf. Auch jetzt waren wir wieder angeseilt, George in Führung, Tensing und ich hinterher, denn nun ging es in die steilen Eispartien der Lhotse-Wand. In der geringeren Höhe fiel uns das Gehen immer leichter. Die Strecke war zwar schwierig und gefährlich, aber wir kannten sie schon gut und bewältigten die eisigen Stellen mit Hilfe der Steigeisen und der Fixseile. Den großen Eisbuckel unterhalb von Lager VI behandelten wir mit dem gebührenden Respekt. Dann kamen wieder 120 Meter Fixseile, und schon waren wir am Fuß der Lhotse-Wand und auf sicherem Grund. In Lager V wurden wir von glücklichen Sherpas begrüßt und von unseren Lasten befreit. Dann trotteten wir durch weichen Schnee das Western Cwm hinunter.

Im vorgeschobenen Basislager war ein bisschen Bewegung zu sehen, aber sie hatten sichtlich keine Ahnung, was oben am Berg geschehen war. Es war so ruhig, dass wir den Eindruck hatten, sie hätten sich schon mit einem Misserfolg abgefunden. Schließlich hielt George es nicht mehr aus; er hob seinen Pickel und wies damit eindringlich auf den Gipfel. Die Leute im Basislager erstarrten erst, dann kamen sie uns zögerlich entgegen. Als die Botschaft schließlich zu ihnen durchdrang, fielen sie in Trab, ungläubige Freude auf den Gesichtern. Im nächsten Augenblick hatte John Hunt tief bewegt die Arme um mich gelegt, und mir wurde zum ersten Mal bewusst, wie viel der Erfolg am Everest ihm bedeutete. Sogar ein paar Tränen liefen ihm über die Wangen. Auch die anderen Kameraden begrüßten uns überschwänglich, obwohl bei manchem ein durchaus verständlicher Neid zu spüren war. Die Begeisterung der Sherpas dagegen war ungetrübt. Diese tüchtigen Burschen, die so viel für uns getan hatten, scharten sich lachend um uns, umarmten uns und schüttelten uns die Hände. Tensing betrachteten sie mit Ehrfurcht und Bewunderung. All die Mühen, die exakte Planung, die gute Kameradschaft waren von Erfolg gekrönt, und der Mount Everest zum ersten Mal bezwungen.

Vierzig Jahre später standen John Hunt und ich am Tengpoche-Kloster und ließen den wunderbaren Anblick des Everest und des Lhotse auf uns wirken. Und mit einem verlegenen Lächeln entschuldigte sich John für seinen Gefühlsausbruch in jenem unvergesslichen Moment.

2

Ein neuer Overall

Wir ruhten uns im vorgeschobenen Basislager aus und tranken becherweise heißen Tee. James Morris, unser *Times*-Korrespondent, ließ sich eilig das Nötigste erzählen. Er hatte ausgerechnet, dass die Nachricht rechtzeitig zu den Krönungsfeierlichkeiten für Elisabeth II. am 2. Juni in London eintreffen konnte, wenn er die kleine Armee-Radiostation in Namche Bazar schnell erreichte. Am frühen Nachmittag hatte er seine Story fertig, nahm sich zwei tüchtige Sherpas als Führer, durchquerte den Eisbruch und eilte das Tal entlang nach Namche. Er transkribierte seine Nachricht in einen besonderen Code und sandte sie an die Britische Botschaft in Katmandu. Dort wurde sie von Botschafter Summerhayes entschlüsselt und unverzüglich über Diplomatenfunk nach London weitergeleitet. Am Abend des 1. Juni kam sie dort an und wurde der *Times* überbracht, die sie – anstatt ihren Vorteil auszunutzen – umgehend den anderen Medien mitteilte. Als sich am Morgen der Krönung dann Millionen begeisterter Menschen in Londons Straßen versammelten, titelten alle Zeitungen mit riesigen Lettern: »Und den Everest noch obendrein!«, und das Freudengeschrei der Menge war ungeheuer.

Wir stiegen ins Basislager ab und hatten noch immer keine Ahnung, was in der Welt da draußen los war. Dann schaltete jemand ein kleines Radio an, und wir hörten, wie die BBC unseren Erfolg verkündete. Und seltsamerweise wurde mir erst in diesem Moment so richtig klar, welch eine Sensation das war. Ich hatte in meiner Arglosigkeit angenommen, dass unser Triumph vor allem die Bergsteiger interessieren würde und nicht die ganze Welt – aber da hatte ich mich gründlich getäuscht.

John Hunt beschloss, auf dem schnellsten Weg nach Katmandu zu gehen, um die Abreise der Teilnehmer vorzubereiten, und bat mich, mit dem schwerfälligen Tross nachzukommen. Ich willigte ein.

Wenig später stiegen wir über den Khumbu-Gletscher ab, kampierten auf einer grünen Wiese und ergötzten uns an Blumen und sauerstoffreicher Luft. An dem Fluss Dudh Kosi entlang gelangten wir nach Ghat und wandten uns nach Westen, wo wir auf den Hauptweg nach Katmandu kamen. Von nun an erreichten uns täglich Postläufer, die uns Briefe, Telegramme und Zeitungsausschnitte von John Hunt überbrachten – Beweise dafür, welches Aufsehen unser Erfolg in der Welt erregt hatte.

Auf halbem Weg nach Katmandu kam uns wieder einmal ein Postläufer entgegen und händigte George Lowe seine Tasche aus. Der prüfte den Inhalt flüchtig und überreichte mir schmunzelnd einen Brief von John, der an »Sir Edmund Hillary, KBE« adressiert war. Ein schlechter Witz, dachte ich, aber George schien das anders zu sehen. Verunsichert öffnete ich den Brief, in dem John mir mitteilte, die Königin habe mich tatsächlich zum Knight of the British Empire ernannt. Ich war ziemlich bestürzt, denn ich kam mir nicht gerade wie ein Ritter vor. Vor allem war ich viel zu arm, um eine solche Rolle zu spielen, und sah mich vor meinem geistigen Auge, wie ich in einem dreckigen Overall durch meinen Heimatort Papakura, ein Nest südlich von Auckland, spazierte. Mein Gott, murmelte ich, ich werde mir einen neuen Overall kaufen müssen. George fand das ungeheuer komisch und lachte aus vollem Hals.

Als wir noch zwei Tagesmärsche von Banepa am Rand des Katmandu-Tals entfernt waren, begegnete uns eine schmuddelig wirkende Gruppe von Nepalesen, die sich ganz offensichtlich sehr für Tensing interessierten. Sie nahmen ihn zur Seite und redeten lang auf ihn ein. Sie wollten, dass er ein Dokument unterzeichnete, und obwohl er damals noch gar nicht lesen konnte, kapitulierte er schließlich und unterschrieb. Hocherfreut zogen die Nepalesen ab.

Am nächsten Abend, in unserem letzten Camp vor Banepa, stieß John zu uns, um uns auf dem letzten Tagesmarsch zu begleiten. Er erzählte, ein paar Nepalesen seien nach Banepa gekommen und hätten ein Dokument in der Luft geschwenkt, in dem stand, Tensing habe den Gipfel als Erster erreicht. Unterzeichnet von Tensing. Aber das war nicht das einzige Problem. Ein Reporter hatte John gebeten, sich über Tensings bergsteigerische Qualitäten zu äußern, und er hatte, nüchtern und korrekt, wie er war, erwidert: »Tensing ist ein hervorragender Bergsteiger, wenn auch mit begrenzter Erfahrung.« Das war eine Aussage, die auf uns andere ebenso gut passte, aber es war gewiss nicht die Art von Antwort, die man einer emotional aufgeheizten, nationalistisch gesinnten Öffentlichkeit geben sollte. Ich hielt Tensing für einen hervorragenden und im Himalaja auch erfahrenen Bergsteiger, und es wäre sicher diplomatischer gewesen, dies ohne Einschränkung zu sagen.

Und auch ein weiteres Erlebnis ganz anderer Art konfrontierte uns plötzlich mit der Zudringlichkeit der Öffentlichkeit. Ein gut gekleideter indischer Reporter trat an mich heran und sagte, er vertrete eine große englische Zeitung. Man biete mir 10 000 Pfund für eine Schilderung des Gipfelsturms. Ich wies barsch darauf hin, dass wir, wie er sehr wohl wisse, einen Vertrag mit der Londoner *Times* hätten. Was würden meine Kameraden denken, wenn ich mich nicht an diese Abmachung hielte und für eine andere Zeitung schriebe? Er sagte ohne Umschweife, die Summe, die sein Blatt biete, sei durchaus geeignet, etwaige Empfindlichkeiten auszugleichen. Als ich die Faust ballte – ich hatte in jenen Tagen eine gewisse Neigung zu Tätlichkeiten –, zog er sich schleunigst zurück.

Am nächsten Morgen stiegen wir nach Banepa hinauf und wurden von einer riesigen Menschenmenge samt Reportern und Kameraleuten empfangen. Sie gerieten völlig außer sich, als sie Tensing sahen, doch John hatte mich vorgewarnt, die Gegend zwischen Banepa und Katmandu sei ziemlich nationalistisch gesinnt, und er bat mich, den Enthusiasmus der Bevölkerung geduldig hinzunehmen. Wusste er bereits, dass dies nur der Anfang war? Das offizielle Empfangskomitee schob Tensing, John und mich in einen offenen Jeep. John und ich wurden auf die Rücksitze gedrückt, Tensing stand aufrecht. Dann erhob sich rings um uns ein gewaltiges Geschrei: »*Shri Tensing. Zindabar! Shri Tensing. Zindabar!*« (Verehrter Tensing! Er ist groß!) Wir freuten uns, dass Tensing jetzt in seiner Heimat ein Held war.

So fuhren wir eine Ewigkeit. Der Lärm war ohrenbetäubend. Allmählich fiel mir auf, dass viele Fahnen über die Straße gespannt waren, und auf allen war das gleiche Bild zu sehen: Tensing auf dem Gipfel eines Berges, die nepalesische Flagge in der Hand; in der anderen hielt er ein Seil, an dessen Ende eine Gestalt hing, die auf dem Rücken lag und Arme und Beine von sich streckte. Das war ich! Zuerst fand ich es komisch, aber bald ging es mir auf die Nerven, und als ein junger Mann hinten auf den Jeep sprang und brüllte: »*Shri Tensing. Zindabar!*«, gab ich ihm einen kräftigen Schubs, so dass er in den Dreck flog. Er fand keine Nachahmer.

Wir näherten uns Katmandu, wo es etwas geordneter zuging und wir von hohen Regierungsvertretern herzlich willkommen geheißen wurden. John Hunt, Tensing und ich waren noch dabei, die Szene am Gipfel durchzusprechen. Ich fand die Frage, wer der Erste gewesen war, gänzlich unerheblich, und wir einigten uns auf die Darstellung, als Team alle Schwierigkeiten gemeinsam gemeistert und den Gipfel auch gemeinsam betreten zu haben. Tensing wurde die Ehre eines Empfangs beim König zuteil, und vor einer riesigen Menschenansammlung auf dem Hauptplatz hielt der König eine kurze Rede, in der er uns alle ehrte. Als er jedoch fortfuhr zu behaupten, Tensing habe ihm gesagt, er sei der Erste auf dem Gipfel gewesen, war ich doch etwas verstimmt. Die Menge aber jubelte laut.

Die Frage der Reihenfolge unserer Ankunft auf dem Gipfel ist jahrelang weltweit diskutiert worden und wird es vermutlich auch am Jüngsten Tag noch werden. Glücklicherweise spielt dies überhaupt keine Rolle, denn der Erfolg gehört uns gemeinsam. Für mich, der ich heute sehr freundschaftliche Beziehungen zum ganzen nepalesischen Volk unterhalte, ist der Rückblick auf jene Tage interessant, denn damals mochten mich die Nepalesen nicht, und auch meine Sympathie für sie hielt sich in engen Grenzen.

Als wir nach Indien hinunterkamen, wurden die Menschenmengen noch viel größer, und die Ehrungen verteilten sich ein bisschen gleichmäßiger. Auf dem Flugplatz in Delhi säumten Zehntausende von Menschen die Landebahn. Als wir die Flugzeugtreppe hinunterstiegen und die

Menge Tensing entdeckt hatte, durchbrach sie die Absperrung und stürmte mit dem Schrei »Tensing!« auf uns zu. Tensing sah so erschrocken aus wie nie zuvor, doch wir schlüpften durch die Menschenansammlung und überließen ihn seinem Schicksal – das natürlich gar nicht so schrecklich war.

Premierminister Pandit Nehru gab einen riesigen Empfang zu unseren Ehren. Ich freute mich, ihn kennen zu lernen, und war sehr beeindruckt von ihm. Dutzende von Fotografen scharten sich um uns, und alle wollten ein Bild von mir und Tensing zu beiden Seiten des Premiers. Er sagte: »Ihr bekommt genau zehn Minuten!« Ich wusste aus Erfahrung, dass die indische Presse sich um Vorschriften nicht scherte, aber nach zehn tumultuösen Minuten klatschte Nehru in die Hände und sagte sehr bestimmt: »Genug jetzt!« Und zu meinem Erstaunen verschwand die Meute der Fotografen ohne Widerspruch. Nehrus Charisma war einzigartig.

John hatte Tensing eingeladen, mit uns nach London zu kommen, und er sagte zu, als auch seine Frau und die beiden Töchter Pem Pem und Nima mitkommen durften. Doch zunächst musste die Frage, welchen Pass Tensing bekommen sollte – einen nepalesischen oder einen indischen – geklärt werden. Tensing hatte zwar seine Jugend in Nepal verbracht, lebte aber nun schon siebzehn Jahre in Darjeeling, also in Indien. Pandit Nehru nahm sich persönlich des Problems an. Tensing bekam einen indischen Ausweis, und Nehru schenkte ihm für offizielle Anlässe noch zwei von seinen schönen Nehru-Anzügen. Er war außerordentlich freundlich zu Tensing. Die nepalesischen Offiziellen vergaben es Tensing zwar nie, dass er nicht den nepalesischen Pass genommen hatte, aber die einfachen Leute in Nepal liebten ihn.

Wir flogen nach London, wo der Empfang genauso

tumultuös war. Unser guter Freund Eric Shipton, ein berühmter Himalaja-Erforscher und Everest-Veteran, begrüßte uns am Flughafen. Es war schön, ihn zu sehen. Weil er meine Schwäche für Bananen kannte, hatte er ein ganzes Bündel dabei, und ich aß einen Großteil davon schon auf dem Weg in die Stadt. Vier Wochen lang wurden wir von Empfang zu Empfang, von Party zu Party weitergereicht, und ich lebte praktisch von Champagner und Räucherlachs – Dinge, die ich vorher nicht einmal gekannt hatte. Morgens hatte ich dann gelegentlich einen Kater – auch das war eine neue Erfahrung.

Der berühmte Sprinter Roger Bannister, der als Erster eine Meile unter vier Minuten gelaufen war, arbeitete jetzt als Physiologe in Oxford und bat mich, zu ihm ins Labor zu kommen. Er wollte herausfinden, warum ich am Everest geschafft hatte, woran so viele andere gescheitert waren. Ich plagte mich schnaufend auf seiner Tretmühle, und er führte währenddessen eine Vielzahl von Tests an mir durch. Als er fertig war, berechnete er die Ergebnisse und schüttelte ratlos den Kopf. »Ich weiß auch nicht, warum du es geschafft hast«, sagte er.

Eric Shipton lud uns nach Eskdale ein, wo er eine Outward-Bound-Schule betrieb. Es goss in Strömen, und der Esk führte gewaltiges Hochwasser. George und ich fanden, es müsse doch Spaß machen, den schäumenden Esk in Zweierkanus hinunterzupaddeln. Die anderen waren sofort bereit mitzumachen. Es war eine recht bewegte Fahrt, und wir kenterten alle – George und ich allerdings hätten es beinahe bis zum Landeplatz geschafft. Als wir ans Ufer schwammen, schrie George: »If habe meine Fähne verloren!« Seine Gaumenplatte war ihm in den schäumenden Fluss gefallen. Das war für George eine mittlere Katastrophe, weil er in ein paar Tagen in London einen wichtigen Vortrag halten sollte. Irgendwie musste er einen Ersatz für die fehlenden Zähne herbekommen. Wir brüllten vor Lachen, als George am Telefon versuchte, unseren Londoner Freunden sein Problem zu erklären. Ich hatte nicht gewusst, dass es so schwierig ist, ohne Zähne verständlich zu sprechen.

Schwitzend und ziemlich entnervt kam George zum Essen, wo er sich auf Suppe und Kartoffelbrei beschränken musste. Wir amüsierten uns prächtig auf seine Kosten. Während der Mahlzeit kam ein Angestellter mit einer Nachricht für Shipton herein. Ein Bauer aus der Gegend sei da und wolle ihn dringend sprechen. Er wurde hereingeführt und präsentierte stolz eine Reihe falscher Zähne. »Das hat der Esk angespült«, sagte er. »Vielleicht kann's jemand brauchen.« Ein erleichterter George schob sich die Prothese in den Mund und eilte davon, um in London anzurufen und alle Notmaßnahmen abzublasen.

An einem anderen Wochenende waren die Expeditionsteilnehmer zu einem Treffen mit den Vorstandsmitgliedern des Alpinklubs in Nordwales eingeladen, wo wir im hübschen Hotel Pen-y-Gwryd Quartier beziehen sollten. Ich kam etwas später an und erfuhr, dass alle anderen auf Snowdon-Tour waren. Ich hatte weder Stiefel noch sonst etwas Bergtaugliches dabei, aber ich wollte natürlich hinterher. Also lief ich in Strandschuhen und Freizeitkleidung los. Ich war ungefähr auf halber Höhe des Snowdon und kam prima voran, als plötzlich ein Herr mittleren Alters in ordentlichen Bergstiefeln und mit einem Abzeichen des Alpinklubs aus dem Nebel trat. Er blieb wie angewurzelt stehen, musterte meine Aufmachung mit Abscheu und verpasste mir eine gründliche Abreibung. Unerfahrene und schlecht ausgerüstete Leute wie ich seien es, so wütete er, die den Bergsport in Misskredit brächten. Immer noch vor Wut schäumend, verschwand er bergab und aus meinen Augen.

Nach einer netten Bergtour kehrte ich ins Pen-y-Gwryd zurück und betrat die warme und gemütliche Bar, wo mich die Kameraden begrüßten und unseren Gastgebern vom Alpinklub vorstellten. Ich schüttelte die etwas lahme Hand des Herrn, der mich am Berg abgekanzelt hatte. Ich habe selten einen verlegeneren Menschen begrüßt.

Dann wurden wir von der BBC interviewt, und der Journalist fragte George nach meinen ersten Worten, als ich vom Berg gekommen war und ihn am Südsattel getroffen hatte. Ich war nicht gerade glücklich, als George genüsslich meine Worte wiedergab: »Hi, George! Wir haben den Bastard drangekriegt!« Diese Äußerung ging per Radio schnell um die Welt, und ich musste später von meiner Mutter hören, sie sei entsetzt gewesen.

Ich bekam eine erstaunliche Anzahl an Briefen von Frauen, die Heiratsanträge enthielten. Eine von meinen weiblichen Fans legte sogar ein Foto bei. Am Ende des Briefes schrieb sie: »Wenn Sie mich nicht heiraten wollen, schicken Sie bitte mein Foto zurück.« Das tat ich ganz schnell. Ich glaube, George und ich hatten Glück, dass wir Neuseeländer waren, denn im Gegensatz zu manchen englischen Mitgliedern der Expedition, die den ständigen Umgang mit Lords und Herzögen überwältigend fanden, wussten wir zwar die Ehre zu schätzen, blieben aber realistisch. Wir amüsierten uns über den ganzen Auftrieb und hatten eine Menge Spaß. Wir lernten derart viele Adlige und Hochadlige kennen, dass George, als er wieder einmal eine Einladung zu einer größeren Festivität bekam, scherzte: »Wenn keine Herzöge da sind, geh ich gar nicht erst hin.«

Unsere wichtigste Einladung war die zu einem Gartenfest im Park von Buckingham Palace. Ausstaffiert mit Frack und Zylinder, mischten sich die Expeditionsteilnehmer unter die Hunderte von Würdenträgern und taten, als liefen sie immer so herum – oder zumindest fast immer. Zum Schluss wurden wir in einen eher kleinen, aber hübsch eingerichteten Raum tief im Innern des

Palasts geführt. Dort warteten wir nervös, bis ein Lakai eintrat und schallend verkündete: »Ihre Majestät, die Königin.« Und herein kam Elisabeth II., gefolgt von einem Großteil der königlichen Familie, und wir wurden alle persönlich und eher informell begrüßt. Die Königin war liebenswürdig und benahm sich genau so, wie man es damals von ihr erwartete. Dann war der Augenblick gekommen, der für mich der wichtigste war. Ein kleiner Schemel wurde vor die Königin gestellt. Ich kniete darauf nieder, ein juwelenbesetztes Schwert wurde ihr gereicht, sie berührte mich damit leicht an der Schulter und sagte: »Erheben Sie sich, Sir Edmund.« Ob es mir passte oder nicht, von nun an war ich ein Ritter und sollte mich entsprechend benehmen. Was hatte sich nicht alles verändert seit meinen frühen Tagen als Imker in Neuseeland!

Was mir die Freude an diesem großen Augenblick ein wenig trübte, war, dass Tensing nicht auch zum Ritter geschlagen wurde. Er bekam die George Medal, die höchste nichtmilitärische Tapferkeitsauszeichnung in Großbritannien, aber in Anbetracht seiner Verdienste um den Erfolg der Expedition wäre es nicht unpassend gewesen, wenn er die gleiche Auszeichnung erhalten hätte wie ich. Auch ich hatte ja nicht viel von einem Ritter, und der Behauptung, Inder und Nepalesen dürften keine fremden Auszeichnungen annehmen, die man damals gelegentlich vernahm, schenkte ich keinen Glauben. Wenn Tensing das KBE bekommen hätte, wäre der Beifall überall in Indien und Nepal sicher groß gewesen.

Sechs Wochen lang wurden wir in Großbritannien gefeiert und geehrt, dann flogen George Lowe und ich Anfang August heim nach Neuseeland. Aber zuvor machten wir noch Zwischenlandung in Sydney, und zwar aus einem ganz speziellen Grund. Ich war seit Jahren mit dem

Anwalt Jim Rose befreundet, dem Präsidenten des neuseeländischen Alpinklubs. Ich war oft bei ihm zu Gast gewesen, und dabei fiel mein Blick häufig auf seine hübsche junge Tochter Louise, eine Musikerin, die immer in der Nähe zu sein schien, wenn ich da war. Manchmal war sie dabei, wenn ich Wochenendführungen auf den Mount Ruapehu unternahm, und ich bemerkte bald, dass sie zwar keine herausragende Alpinistin war, aber schon einige Bergerfahrung hatte und leidenschaftlich gern wanderte und kletterte. Sie war jedoch elf Jahre jünger als ich und musste mich für uralt halten. Ende 1952 hatte Louise ein Stipendium für das Musikkonservatorium in Sydney erhalten, und als ich ihr Schiff ablegen sah, kam es mir vor, als gehe die Welt unter. Außerdem hatte ich das Gefühl, dass auch Louise traurig war über den Abschied, und sie hatte mich dringlich eingeladen, sie im März auf dem Weg zum Everest in Sydney zu besuchen.

Wir schrieben uns oft; es waren keine besonders gefühlvollen, aber sehr freundschaftliche Briefe. Als ich auf meiner Reise nach Indien in Sydney Stopp gemacht hatte, hatte ich zwei Tage mit Louise verbracht, und es waren vielleicht die zwei glücklichsten in meinem Leben. Wir saßen in der Sydney Domain im Gras und lauschten genussvoll den Open-Air-Konzerten. Wir gingen Hand in Hand über die Brücke von Sydney, und mitten auf der Brücke küsste ich Louise zum ersten Mal. Am Ende dieser zwei Tage waren wir übereingekommen, dass wir uns in Zukunft sehr viel öfter sehen wollten. In Singapur schrieb ich ihr einen Brief, konnte mich aber immer noch nicht überwinden, meine Gefühle für sie deutlich zum Ausdruck zu bringen.

Hallo, mein Wirbelwind,
ich wälze seit einiger Zeit allerhand Pläne in Bezug auf dich, und meine wichtigste Aufgabe wird sein, dich dazu

zu bewegen, dass du einigen davon zustimmst. Wie stehen die Chancen? Wenn du mich abweist, werde ich furchtbar enttäuscht sein und mich ganz sicher verbittert in eine Einsiedlerklause zurückziehen … Da nehme ich nun an einem Unternehmen teil, bei dem jeder neuseeländische Bergsteiger rasend gern dabei wäre, und denke die ganze Zeit an etwas völlig anderes – nämlich an dich! Ich bin entschlossen, mich hier zu bewähren, denn ich wollte schon immer ganz nach oben kommen, und wenn ich wirklich Erfolg habe, dann kann ich mit meinem Buch eine Menge Geld machen … Richte dich auf eine lange Belagerung ein; ich habe nicht vor, aufzugeben. Denn schließlich – wenn nicht ich dich über meine Gefühle aufkläre, wird es keiner tun. Wenn ich dich dazu bringe, dass du ab und zu an mich denkst, dann ist schon mal ein Anfang gemacht.

So begab ich mich also zum Everest, der mir einen gewissen Ruhm einbrachte, aber vorläufig noch keine Reichtümer. Als ich wieder unten war, schrieb ich Louise einen sehr offenen Brief über die Nachwirkungen dieser Unternehmung.

Ganz Nepal und Indien sind völlig aus dem Häuschen wegen Tensings Erfolg, und er ist beinahe ein Gott geworden. Leider haben die Kommunisten Tensing dazu überredet, zu sagen, er sei als Erster auf den Gipfel gekommen und habe mich hinter sich hergezogen. Man hat das mächtig aufgebauscht und versucht, die Expedition zu diskreditieren und politisches Kapital daraus zu schlagen. Du weißt, dass es ganz egal ist, wer tatsächlich als Erster den Gipfel betritt – es ist so unwichtig, dass wir nie einen Gedanken darauf verschwenden, aber hier ist es das große Thema. Tatsächlich habe ich die letzten zwei Stunden ununterbrochen geführt und den Gipfel eine Seillänge vor

Tensing erreicht. Zuerst ist mir das ganze falsche und oft feindselige Geschwätz in den Zeitungen auf die Nerven gegangen. Aber nach einer Diskussion mit Tensing, der in einer ziemlich unangenehmen Lage ist, haben wir beide einen Kompromiss vereinbart. Wir wollen sagen: »Wir haben den Gipfel beinahe gleichzeitig betreten.« Und Schluss.

George und ich landeten also in Sydney, und ich freute mich riesig, Louise wiederzusehen. Die Journalisten kamen plötzlich auf den Gedanken, ich könnte eine Freundin in Sydney haben, und gaben sich größte Mühe, sie aufzuspüren. Das Versteckspiel machte uns Spaß, und es gelang ihnen nicht, Louises Namen oder Adresse herauszufinden. Wir hatten genügend Zeit, um uns gegenseitig zu versichern, dass wir irgendwann einmal heiraten wollten. Aber was war mit ihrem Musikstudium? Und was mit meiner Vortragsreise rund um die Welt? Wir waren zu durcheinander, um vernünftige Entscheidungen zu treffen.

Nur ungern bestieg ich das Wasserflugzeug, das George und mich nach Auckland brachte. Wir landeten im Hafen von Waitemata und fuhren im Taxi zur Mechanics-Bucht, wo uns eine riesige Menschenmenge erwartete. Zu jener Zeit hatten die Neuseeländer noch keinen Sinn für Massenveranstaltungen – außer beim Rugby. Und das hier wirkte tatsächlich wie ein Rugbymatch mit all dem Jubel, und George und ich kamen uns vor, als hätten wir gerade unserer Mannschaft zum Sieg verholfen. Der Bürgermeister von Auckland war zu unserer Begrüßung gekommen und unsere Familien natürlich auch. Es war eine Wohltat, als wir uns in den Frieden unserer Häuser zurückziehen konnten.

Am Abend gab es einen Empfang im Rathaus der Stadt. Das Gebäude war überfüllt; die Leute standen bis auf die

Straße. George kann sehr komisch sein, wenn er gut aufgelegt ist, und er gab eine großartige Vorstellung. Das Publikum war begeistert, und mir schenkte man einen eigens für mich entworfenen weißen Sessel, der dem Everest nachempfunden war. Er sollte noch einige Zeit lang das einzige Möbelstück sein, das ich besaß.

Am nächsten Tag besuchte ich Phyl und Jim Rose, und Phyl fragte mich nach meiner Beziehung zu Louise. Ich zählte die Probleme auf – mein hohes Alter, Louises musikalische Karriere, meine lange Vortragsreise –, doch Phyl tat alles mit einem Achselzucken ab. Es gebe eine Menge Ehepaare mit großem Altersunterschied, belehrte sie mich, und Louise habe noch viel Zeit, sich mit Musik zu beschäftigen. Warum holte ich sie nicht einfach herüber und heiratete sie – dann könnten wir doch gemeinsam auf Weltreise gehen! Was für eine großartige Idee – aber wenn sie nun nein sagte? Doch Phyl zeigte sich auch diesem Problem gewachsen. »Soll ich sie anrufen?« fragte sie. Und so machte meine zukünftige Schwiegermutter an meiner statt Louise den Heiratsantrag und bekam glücklicherweise ein begeistertes Ja zur Antwort. Mein Gott, war ich ein Feigling! Aber das Ergebnis beglückte mich sehr.

Louise kam nach Auckland, und die Hochzeitsvorbereitungen wurden getroffen. Inzwischen tourten George und ich durch Neuseeland und hielten in überfüllten Sälen Vorträge.

Die Hochzeit fand am 3. September 1953, Louises dreiundzwanzigstem Geburtstag, statt, und zwar in der hübschen kleinen Kapelle von Louises alter Schule. Es hatte den ganzen Morgen über sehr nach Regen ausgesehen, aber als wir die Kirche verließen und unter einem Bogen aus Eispickeln hindurchgingen, kam eine wässrige Sonne heraus und badete uns in ihrem Licht. Kaum war die strahlende Braut zu sehen, da durchbrach die jubelnde

Menge die polizeiliche Absperrung und brachte die Autokolonne der Hochzeitsgäste zum Stehen. Auf der ganzen Strecke bis zum Haus der Roses in Remuera, wo das Hochzeitsmahl stattfinden sollte, standen Leute am Straßenrand oder lehnten sich über ihre Zäune und winkten.

Das Himalaja-Komitee hatte für George und mich Flugtickets nach London besorgt, aber nun brauchte ich auch ein Ticket für Louise. Ich hatte praktisch keinen Pfennig Geld mehr, aber einen unterzeichneten Verlagsvertrag über eine beträchtliche Summe für ein Buch über die Everestbesteigung in der Tasche. Damit ging ich zur örtlichen Bank und beantragte einen Kredit von 400 Pfund. Der Bankdirektor unterzog mich mit sichtlichem Genuss einem Kreuzverhör über meine finanzielle Situation und gewährte mir, nachdem er mich ausgiebig gepeinigt hatte, höchst widerwillig einen Vorschuss. Ich war inzwischen schon ein bisschen daran gewöhnt, mit Achtung behandelt zu werden, aber dieser Mensch brachte mich wieder auf den Boden der Tatsachen zurück. Seitdem kann ich mich für Banker nicht mehr so recht begeistern.

Am nächsten Tag flogen George, Louise und ich nach Sydney, und am Tag darauf weiter nach Singapur, wo wir herzlich begrüßt wurden und Gäste des Generalgouverneurs waren. George und ich hielten zwei Vorträge, wieder vor vollen Häusern, aber ich muss zugeben, dass die hübsche Louise uns mit ihrer heiteren und herzlichen Art ziemlich die Schau stahl. In London mieteten wir eine Wohnung mit zwei Schlafzimmern, in der auch George unterkommen konnte. Das war eine glückliche Zeit für uns alle drei.

Bevor die große Vortragstour begann, waren Louise und ich noch in Brüssel zu einer bedeutenden Präsentation neuer englischer Filme eingeladen. Unsere Gruppe wurde von einer berühmten englischen Schauspielerin angeführt, einer außerordentlich liebenswürdigen Frau. Die Veranstalter wollten unbedingt, dass ich ein paar Worte auf Französisch sagte, also schrieb ich mir den folgenden Satz auf: »*Je suis très heureux d'être ici et de pouvoir vous remercier pour tous les félicitations que l'expédition Hunt a reçu du Belgique.*« Das musste ich nun auswendig lernen, und ich übte es immer im Lift. Die Schauspielerin konnte es zuerst, dann lernte es Louise, und mir blieb der dritte Platz. Aber als ich schließlich auf die Bühne trat, brachte ich es ohne Stocken vor und erntete stürmischen Beifall.

Dann wurde es ernst. George und ich hatten Dutzende von Vorträgen zu halten, in London und im ganzen Vereinigten Königreich. Wir riefen die Mannschaft zusammen und kamen überein, dass bei jeder Veranstaltung drei Expeditionsmitglieder auftreten sollten und dass jeder pro Veranstaltung mit 25 Pfund entlohnt werden sollte. Auf diese Weise konnten alle Mitglieder am finanziellen Erfolg teilhaben, aber es brachte auch John Hunts Auffassung zum Ausdruck, dass die Besteigung eine Mannschaftsleistung gewesen sei und keiner – namentlich ich – mehr davon profitieren sollte als die anderen. Einige hundert Vorträge lang nahm ich mich zurück, um den Teamaspekt unserer Unternehmung zu betonen. Doch eines Tages sagte ich zu mir: He, Ed, du hast deine Sache gut gemacht. Stell dein Licht nicht unter den Scheffel. Und von da an hatte ich keine Skrupel mehr, mich als sehr nützliches Mitglied der Mannschaft darzustellen.

Keines der Expeditionsmitglieder verdiente besonders viel an diesen Vorträgen, aber das Komitee, das sich später Mount Everest Committee nannte, häufte ein schönes Vermögen an. Das Geld sollte dazu dienen, weitere Expeditionen finanziell zu unterstützen, und diesen Zweck erfüllte es auch. Doch als ich Jahre später einen Zuschuss für den Bau einer Schule, um den mich die Sherpas in einem hoch gelegenen Dorf gebeten hatten, beantragte, wurde meine Bitte abgelehnt mit dem Hinweis, eine solche Verwendung der Gelder entspreche nicht der Satzung. Im Hinblick darauf, wie viel die Sherpas zum Erfolg der britischen Himalaja-Expeditionen beigetragen hatten, hielt ich diese Antwort für ziemlich schäbig, und ich habe dem Komitee bis heute nicht verziehen.

Wir wurden nach Paris eingeladen und sollten in der Salle Pleyel vor dem französischen Präsidenten sprechen. John Hunt besaß ein Übersetzerdiplom in Französisch, und Alf Gregory war mit einer Französin verheiratet, sprach also auch beinahe fließend französisch. Ed Hillary dagegen hatte nur seine Kenntnisse vom Gymnasium in Auckland. Ich sollte zum Schluss zwanzig Minuten lang über den Gipfelanstieg sprechen. Ich wählte passende Dias aus und schrieb meinen Vortrag auf Englisch nieder. Den ließ ich dann von einem Übersetzer ins Französische übertragen, fand aber das Ergebnis schwer verständlich. Also übersetzte ich die Geschichte selbst mit meinem Schulfranzösisch und ließ sie von dem Übersetzer nur noch so weit korrigieren, dass sie auch verständlich war. Als ich an der Reihe war, konnte ich die Geschichte nahezu auswendig und präsentierte sie recht schwungvoll in meinem Auckland-Schulfranzösisch. An manch unpassender Stelle gab es großes Gelächter – mein Französisch war offenbar doch nicht ganz so, wie es sein sollte. Doch zum Schluss erhielt ich enthusiastischen Beifall. Meine französischen Bergfreunde sagten mir, mein Akzent sei äußerst ungewöhnlich, aber man habe mich gut verstanden.

Ende des Jahres absolvierten Charles Evans, George Lowe und ich eine umfangreiche Vortragsreihe in den Vereinigten Staaten. In New York waren wir Ehrengäste des exklusiven Explorers Club, und John Hunt und ich wurden zu Ehrenmitgliedern ernannt; inzwischen bin ich seit vielen Jahren Ehrenpräsident.

Dann ehrte uns die National Geographic Society mit ihrer höchsten Auszeichnung, der Hubbard Medal. Sie sollte uns von Präsident Eisenhower im Weißen Haus überreicht werden. John Hunt kam für diesen Anlass eigens aus London herüber, und als wir durch das Tor fuhren, waren wir ziemlich aufgeregt. Nach einer kurzen Führung durch das Gebäude wurden wir ins Oval Office gebracht und in Reih und Glied aufgestellt. John stand an der Spitze, dann kam ich. Nach kurzer Wartezeit öffnete sich eine Tür und Präsident Eisenhower trat ein, gefolgt von einem Adjutanten. Er blickte uns etwas überrascht an – er hatte offenbar keine Ahnung, wer wir waren –, beugte sich zu seinem Adjutanten, der ihm etwas ins Ohr flüsterte, und dann richtete er sich auf und kam lächelnd auf uns zu. Er schüttelte John die Hand und begrüßte dann der Reihe nach alle anderen. Danach folgten wir ihm in einen großen Raum, in dem sich Kameraleute und Journalisten mit ihrer Ausrüstung drängten – es ging um eine landesweit ausgestrahlte Sendung.

Wir stellten uns auf, John und ich zu Seiten Eisenhowers. Der Präsident der National Geographic Society nutzte die Gunst der Stunde und sprach ausführlich über seinen Verein, dann bat er den Präsidenten, die Hubbard-Medaillen zu überreichen. Eisenhower wandte sich John zu und sagte mit klarer Stimme: »Sir Edmund Hunt.« Ich wusste, wie peinlich das für John sein musste, deswegen beugte ich mich vor und flüsterte dem Präsidenten zu: »Sir *John* Hunt.« Er korrigierte sich schnell und überreichte John seine Medaille. Dann wandte er sich mir zu, und augenblicklich gingen alle Scheinwerfer an, und die Kameras begannen zu laufen. Später fragte ich einen der Kameraleute, warum sie gewartet hätten, bis ich dran war, und er antwortete: »Schließlich waren ja Sie auf dem Gipfel.«

Der Präsident sagte ein paar passende Worte und heftete mir die Medaille an. Dann standen wir einen Augenblick mit einem etwas gequälten Lächeln da. Ich hatte mich auf einen sehr erhebenden Moment eingestellt, und dies entsprach nicht ganz meinen Erwartungen. Aber es kam noch schlimmer. Aus der Schar der Presseleute kam eine Stimme: »Geben Sie ihm das Ding noch mal!« Immer noch lächelnd trat der Präsident vor, nahm mir die Medaille ab und überreichte sie mir ein weiteres Mal. Vermutlich hatte er jede Woche ein paar solcher Veranstaltungen zu absolvieren – doch ich war ziemlich desillusioniert.

Unsere vielleicht denkwürdigste Veranstaltung erlebten wir in Toronto. Es hatte sich so eingespielt, dass George zuerst sprach, und aus der Reaktion auf seine Scherze konnten wir erkennen, mit was für einem Publikum wir es zu tun hatten. Dann folgte in der Regel Charles, und schließlich kam ich mit der Gipfelstory. Ich stand also hinter dem Vorhang und hörte George zu. Er war gut in Form und wurde mit schallendem Gelächter belohnt. Plötzlich bemerkte ich den Geruch von Rauch, spähte durch einen Spalt im Vorhang zum Projektor hinauf und sah ein rötliches Glühen. Ich schlich mich auf die dunkle Bühne und flüsterte George zu: »Der Projektor fängt Feuer. Sieh zu, dass du schnell fertig wirst, damit wir eine Pause machen können.« George reagierte sofort, brachte seine Rede schnell zu Ende und kündigte die Pause an. Schaudernd sah ich, wie der glühende Projektor fortgebracht wurde, kurz bevor die Lichter angingen.

Die Organisatoren versicherten, sie würden einen neuen Apparat herbeischaffen, doch da wir die Pause nicht ewig dauern lassen konnten, beschlossen wir, Charles solle seinen Teil ohne Dias beginnen. Als er beinahe fertig war, sah er trotz der schwachen Beleuchtung, dass ein neuer Projektor aufgestellt wurde, und erleichtert bat er: »Das nächste Bild, bitte!«

Doch der Apparat schien noch nicht einsatzfähig, denn eine Stimme rief durch den Saal: »Sir Edmund sagt, es gibt erst wieder Bilder, wenn er dran ist.«

Die Leute brüllten vor Lachen. Charles beendete seine Ausführungen tapfer ohne Fotos, und ich hielt meinen Diavortrag, als ob nichts gewesen wäre.

Unsere Vortragsreise dauerte mehrere Monate und war sehr anstrengend, aber auch befriedigend. Louise nahm mit ihrem Charme und ihrer Freundlichkeit alle Menschen für sich ein. Ich glaube, sie verkörperte für die Amerikaner die Idealvorstellung von einer Tochter. Ich selbst war von ihrer Ruhe und Vernunft schon gänzlich abhängig. Aber nun war endgültig Schluss mit der Reise. Fröhlich gingen wir an Bord des Flugzeugs und begaben uns auf die lange Fahrt nach Neuseeland, um zum ersten Mal miteinander allein zu sein.

3

Von Bienen zu Flugbooten

Ende des 19. Jahrhunderts war Neuseeland ein entlegener Winkel des Britischen Empire, von Großbritannien so weit entfernt wie nur möglich. Die Gesellschaft war von der gewissen Rückständigkeit entlegener Kolonien geprägt, hatte aber durchaus auch liberale Züge. Neuseeland war das erste Land auf der Welt, in dem Frauen das Wahlrecht erhielten. Das Leben war hart in jenen Tagen, ein ständiger Kampf ums Überleben, aber es brachte Menschen hervor, die nicht nur tüchtig, sondern auch erfinderisch waren. Meine Familie kam aus dem Distrikt Nord-Wairoa, einer abgelegenen Gegend 160 Kilometer nördlich von Auckland. Die Familie meiner Mutter besaß eine Farm und einen großen Laden in Whakahara; es waren angesehene und wohlhabende Leute. Meine Mutter und ihre Schwestern wurden vornehm erzogen und spielten Klavier, wie es sich für junge Damen damals gehörte. Meine Mutter wurde Lehrerin, was ein sehr angesehener Beruf war, und trat ihre erste Stelle in Te Awamutu an. Sie wohnte bei der Familie des dortigen Bankdirektors, der zu den einflussreichsten Männern der

Stadt gehörte. Der Umgang mit den richtigen Leuten war meiner Mutter immer wichtig.

Mein Vater dagegen hatte es etwas schwerer. Seine Mutter war aus Irland emigriert und war eine bemerkenswerte Frau voller Energie und Ideen. Sie hatte das Pech, meinen Großvater kennen zu lernen, der aus Yorkshire stammte und Uhrmacher war. Er reiste nach Indien, freundete sich mit einem reichen Maharadscha an und kam selbst zu Geld. Als vermögender Mann fuhr er weiter nach Neuseeland. Unglücklicherweise verlor er einen Großteil des Geldes bei Pferdewetten, und meine Großmutter musste für die vier Kinder allein aufkommen. Obwohl sie keine künstlerische Ausbildung besaß, begann sie zu malen und fand auch Käufer für ihre Bilder. Dazu war sie sehr geschickt in allen Handarbeiten und verkaufte selbst genähte Kleider. So ermöglichte sie ihren Kindern den Schulbesuch und sorgte für eine gute Erziehung.

Mein Vater vereinigte konservative Moralvorstellungen mit einem entschiedenen Streben nach Unabhängigkeit. Die Armut der Familie empfand er als persönliche Kränkung, und so entwickelte er ein lebhaftes Interesse für die sozialistischen Ideen, die damals in Neuseeland populär wurden. Seine erste Anstellung bekam er bei der lokalen Zeitung; bald beförderte man ihn zum Reporter, und er wurde auch ein guter Pressefotograf. Als der Erste Weltkrieg ausbrach, meldete er sich sofort freiwillig. Er ging als Sergeant nach Europa, nahm an der Schlacht um Gallipoli teil, erlitt eine Schussverletzung an der Nase und bekam schließlich eine schwere Dysenterie. Er wurde als dienstuntauglich entlassen, kehrte nach Hause zurück und heiratete 1916 meine Mutter. Sie ließen sich in der kleinen Provinzstadt Tuakau 60 Kilometer südlich von Auckland nieder, wo mein Vater eine Zeitung gründete, die *Tuakau District News*. 1917 wurde meine Schwester

June geboren, und ich kam am 20. Juli 1919 in Auckland zur Welt. Ein Jahr später folgte mein Bruder Rex.

Mein Vater war ein geschickter Mann, aber er brachte nicht immer zu Ende, was er angefangen hatte. Das Haus, das er in Tuakau zu bauen begann, war noch nicht fertig, als wir sechzehn Jahre später nach Auckland zogen. Für meine Mutter, die bessere Verhältnisse gewohnt war, muss dies einer Prüfung gleichgekommen sein. Vater war sehr streng mit uns, als wir klein waren, aber abends vor dem Zubettgehen wurde er weicher gestimmt und erzählte uns Geschichten über einen Jungen namens Jimmy Job, der in einem hohlen Baum wohnte. Diese Geschichten erfand er, während er sprach, und wir liebten sie heiß und innig. Das war immer die schönste Zeit des Tages. Aber als wir älter wurden, lehnten wir uns gegen Vaters rigide Ansichten auf. Das einzige Heilmittel gegen Krankheiten, das er gelten ließ, war strenges Fasten. Das fanden wir furchtbar und gaben nie zu, krank zu sein, wenn es nicht wirklich schlimm um uns stand. Ich bekam als Kind kein Taschengeld und beneidete die Glücklichen, denen es da besser ging. Ich wusste, dass Vater seine Hose beim Schlafengehen über das Bettende hängte, und so schlich ich eines Nachts, als die Eltern schliefen, in ihr Schlafzimmer und klaute eine halbe Krone aus der Hosentasche. Am darauf folgenden Samstag kaufte ich mir in Tuakau ein dickes Comicheft und las es mit großem Genuss. Natürlich fragte meine Mutter, woher ich das Heft hätte, und ich erzählte ihr, ich hätte es in einer Hecke gefunden. Ich wette, sie glaubte mir nicht, aber glücklicherweise sagte sie meinem Vater nichts, und ich war vernünftig genug, es nicht noch einmal zu machen.

Zur Grundschule von Tuakau war es nicht einmal ein Kilometer. Das ganze Jahr über, bei Regen, Frost und Sonnenschein, lief ich barfuß zur Schule, wie die meisten anderen Landkinder auch. Meine Mutter, die ja Lehrerin war, förderte mich nach Kräften, und so konnte ich zwei Klassen überspringen. Das brachte es mit sich, dass ich immer viel jünger war als meine Klassenkameraden und in der Schule kaum Freunde fand. Hinzu kam, dass meine Mutter, so liebenswert sie eigentlich war, der Meinung anhing, man könne Menschen nach ihrem Umgang beurteilen. Den Umgang mit meinen Klassenkameraden fand sie nicht erstrebenswert, und so war ich in der Schule still und schüchtern. Das wurde noch schlimmer, als ich in die vierte Klasse kam und der Lehrer, ein ziemlich unangenehmer Mensch, mich in der Geografiestunde aufforderte, Asien auf der Weltkarte zu zeigen. Ich hatte keine Ahnung, was Asien war, geschweige denn wo es lag, und stand mit verlegenem Grinsen vor der Karte. »Grins nicht so blöd!« schrie er mich an, und die Klasse brüllte vor Lachen. Ich krümmte mich innerlich zusammen, und ich habe die Szene noch heute so deutlich vor Augen, als wäre es gestern passiert.

Das Größte in Tuakau war das Kino. Am Samstag gab es Wildwestfilme, und mittwochs lief immer ein langer Film für Erwachsene. Wenn mein Vater nicht da war, ging Mutter ins Kino und nahm June mit, weil man, wie sie meinte, ein Mädchen nie allein zu Hause lassen durfte. Das empörte Rex und mich, und wir fielen ihr so lange mit Protestgeschrei auf die Nerven, bis sie nachgab und auch uns mitnahm. Diese Filme machten mir eine riesige Freude. Sonst war ja bei uns die ganze Woche nichts los.

Als Junge war ich ein großer Träumer. Ich streunte in der Gegend herum, rannte über Weiden, sprang über Zäune und war mit meinen Gedanken immer weit weg. Ich dachte an Abenteuer und aufregende Heldentaten. Der Stock in meiner Hand war mein Schwert, und ich focht mit ihm große Kämpfe aus.

Mein Vater hielt viel von gerechter Strafe und glaubte an die heilsame Wirkung von Prügeln. Deshalb hatte ich manche unerfreuliche Begegnung mit ihm im Holzschuppen. Mein Problem war, dass ich es niemals zugeben wollte, wenn ich etwas ausgefressen hatte. Das erboste meinen Vater gewaltig. Mir scheint, ich bin ein schwieriges Kind gewesen. Ich weiß noch gut, dass ich die Strafen oft ungerecht und zu hart fand, aber ich kann mich nicht erinnern, dass ich je etwas eingestanden hätte.

Ich war elf, als ich die Grundschule beendete – zwei Jahre jünger als die anderen. Meine Mutter war entschlossen, mich auf eine gute Oberschule zu schicken, und es gelang ihr, mich in der Auckland Grammar School unterzubringen, einem der besten Gymnasien Neuseelands.

Nie werde ich meinen ersten Schultag vergessen. Ich fuhr mit dem Rad zum Bahnhof, nahm den Zug, stieg an der Station Newmarket aus und folgte dann der langen Reihe von Schuljungs bis in die große Aula. Man sagte uns, wo wir zu sitzen hatten, und der Direktor begann, die Namen jedes einzelnen Schülers vorzulesen und ihn einer Klasse zuzuteilen. Einer nach dem anderen wurde aufgerufen, nur mein Name fiel nicht. Schließlich kam das Signal, alle verließen den Raum und strömten in die Klassenzimmer. Ich blieb allein zurück in der riesengroßen Aula. Endlich kam ein Lehrer, prüfte die Liste und brachte mich zu meiner Klasse.

Ich glaube nicht, dass ich in der ersten Woche mit irgendjemandem auch nur ein Wort gewechselt habe. In der Pause verzog ich mich in eine entlegene Ecke am hinteren Ende des Schulhofs und aß mein Sandwich. Zu den Ameisen, die scharenweise dort herumkrochen, habe ich in dieser Zeit eine engere Beziehung entwickelt als zu meinen Klassenkameraden. Und auch der Sportunterricht hat nicht gerade dazu beigetragen, mein Selbstvertrauen zu stärken. Mit den Worten »Was werden sie mir in Gottes Namen noch alles schicken?!« und der Bemerkung, meine Rippen stünden unnatürlich heraus, mein Rücken benötige einiges an Stärkung, und meine Schultern hingen herab, schlug mich unser muskulöser Lehrer der unsportlichen Gruppe zu, in der alle von der Natur Benachteiligten versammelt waren. Ich bin dieses Gefühl der körperlichen Unterlegenheit nie losgeworden. Dabei ging es nicht um meine Leistungen, vielmehr schämte ich mich für mein Äußeres. Aber schon am Ende des ersten Kurses hatte ich mich in die zweitbeste Gruppe hinaufgearbeitet.

Dreieinhalb Jahre lang fuhr ich mit dem Siebenuhrzug nach Auckland. Um Viertel nach sechs am Abend kam ich zurück. Das war ein langer Tag für einen kleinen Jungen, aber ich begann zu wachsen – zwölf Zentimeter im ersten Jahr, zehn im zweiten. Die Zugfahrten wurden zu einem wichtigen Teil meines Lebens. Wenn ich mich an den Haltegriffen festklammerte und neben dem Zug herlief, um dann im letzten Moment aufzuspringen, fühlte ich, dass ich lebte! Ich wurde immer kräftiger und entwickelte Techniken, die die meisten meiner Kameraden nicht beherrschten und die mir im Gerangel mit ihnen einen Vorteil verschafften.

Aber ich habe auch eine Menge gelesen im Zug und viel vor mich hin geträumt. Meine Leistungen waren ganz passabel, und so fand ich im letzten Jahr sogar noch Gefallen an der Schule. In diese Zeit fiel auch unsere Klassenfahrt zum Mount Ruapehu in der Mitte der Nordinsel. Das war im Winter 1935. Ich konnte meinen Vater überreden, mir das Geld dafür zu geben. Der Zug kam um Mitternacht am Bahnhof des Nationalparks an. Überall lag Schnee – auf den Schienen, den Bäumen und den hohen, mondbeschienenen Bergen. Ich hatte noch nie zuvor Schnee gesehen und erlebte zehn wunderbare Tage, in denen ich Ski fuhr und auf den schneebedeckten Bergen herumkletterte. Es war das Schönste, was ich je erlebt hatte; damals entstand meine Begeisterung für Schnee und Berge.

Seit Jahren schon hielt mein Vater Bienen, erst als Hobby, dann als Nebenerwerb. Und auch meine Mutter, mein Bruder und ich hatten viel Arbeit damit. Jedes Wochenende, die ganzen Schulferien, ja sogar an den langen Sommerabenden war ich mit den Bienen beschäftigt. Schließlich kündigte Vater seinen Job bei der Zeitung, weil er sich mit den Herausgebern zerstritten hatte, und wurde Vollzeit-Imker. Das bedeutete, dass Rex und ich noch mehr helfen und noch schwerer arbeiten mussten. Wir schleppten Vierzigkilobehälter mit Honigwaben zum Schleudern und sogar 60 Kilo schwere Kisten voller Honigbüchsen. Mit sechzehn war ich bereits so stark wie ein Erwachsener und leistete mehr als die meisten anderen. Aber ich bekam nie auch nur einen Penny für meine Arbeit.

Inzwischen waren wir nach Auckland gezogen. Ich kam auf die Universität, obwohl ich erst sechzehn war, und was folgte, waren zwei elende Jahre. Ich war linkisch, viel zu jung und in jeder Beziehung überfordert. Mein Verstand schien einfach nichts aufnehmen zu wollen. Am Ende hatte ich keine einzige Prüfung bestanden und keine einzige Freundschaft geschlossen. Es kommt mir einigermaßen komisch vor, dass ich heute fünf Ehrendoktorhüte besitze, ein paar Bücher geschrieben und mich bei der Organisation von Expeditionen bewährt habe.

Während meiner Jahre an der Universität gab mir mein Vater nichts als die wenigen Pence, die ich für die Busfahrt benötigte, und so joggte ich zum Campus, sparte das Geld und nahm dafür Jiujitsu- und später Boxstunden. Als ich es jedoch einmal mit dem neuseeländischen Meister im Weltergewicht aufnehmen wollte, der unserer Boxschule einen Besuch abstattete, musste ich so schwere Prügel einstecken, dass ich mich seitdem von professionellen Boxern fernhalte.

Nach der Universität kehrte ich zur Arbeit mit den Bienen zurück. Mein Vater hatte 1600 Bienenvölker, das ist eine ganze Menge, und Rex und ich wurden immer noch nicht entlohnt. Die meiste Zeit über machte mir die Arbeit Spaß, besonders wenn das Honigsammeln in vollem Gang war, aber langsam bekam ich es satt, sieben Tage die Woche ohne Bezahlung zu schuften. Doch die Jahre zogen ins Land, und alles blieb beim Alten.

Als 1939 der Zweite Weltkrieg ausbrach, meldete ich mich sofort zu den Fliegern, erfuhr aber, dass ich frühestens in einem Jahr zur Ausbildung zugelassen werden würde. Ich war frustriert und unzufrieden mit meinem Leben und brauchte dringend Veränderung. Nach langen Debatten bekam ich ein paar Tage frei und verwendete meine geringen Ersparnisse für einen Trip zu den Bergen auf der Südinsel.

Das Wetter war herrlich, und voll Begeisterung blickte ich auf die Berge. Ich quartierte mich im Hotel Hermitage ein und machte mich dann sofort auf ins Freie. Hoch oben in einer kleinen Mulde sah ich Schnee liegen und lief in meinen leichten Schuhen ungeduldig das Kar hinauf. Ich erreichte den Schneefleck und trampelte lustvoll darauf herum. Meine Hochstimmung war noch nicht verflogen, als ich abends in der Hotelhalle saß. Doch plötzlich verstummten die Gespräche um mich herum, und ich sah zwei junge Männer hereinkommen. Sie waren kräftig und gebräunt und sahen sehr tüchtig aus. Die anderen Gäste flüsterten sich zu: »Die haben heute den Mount Cook bestiegen«, und im Nu waren die beiden von einer Schar von Bewunderern umringt, und hübsche Mädchen umkreisten sie wie Motten eine Lampe.

Ich zog mich in einen Winkel zurück und haderte mit meinem ereignislosen, eintönigen Dasein. Die beiden hatten was vom Leben! Morgen musste ich auch auf einen Berg! Ich konnte einen ältlichen und etwas beleibten Führer engagieren, mich auf den wenig anspruchsvollen Mount Oliver zu bringen, doch es stellte sich bald heraus, dass er viel zu langsam für mich war. So stieß ich selbst die Stufen in den Schnee, und als wir zum Gipfelfelsen kamen, war ich im Nu hinaufgekraxelt. Hoch über mir ragte der Mount Cook auf, und ich schwor mir, auch ihn eines Tages zu besteigen. Es war der aufregendste Tag, den ich bis dahin erlebt hatte.

Mein Vater war immer dagegen gewesen, dass ich zur Luftwaffe ging. Er fand, ich könne mich in seiner Firma nützlicher machen, und Imker wurden, wie andere Farmer auch, nicht zum Militär eingezogen. Ohne mein Wissen beantragte er, mich wegen meiner Arbeit bei ihm freizustellen. Sein Gesuch wurde sofort bewilligt, und so blieb ich Imker. Aber mit der Zeit setzte sich der Gedanke an die Fliegerei immer mehr in meinem Kopf fest, und ich plagte meinen Vater so lange, bis er schließlich nachgab. Aber es wurde Anfang 1944, bis ich endlich zur New Zealand Air Force einberufen wurde und ein neues Leben begann.

Ich genoss meine Zeit bei der Air Force. Hier herrschte weit weniger Disziplin als bei uns zu Hause, und man hatte mehr Freizeit. Die Grundausbildung fand in verschiedenen Camps im Wairautal statt, das heute eine der besten Weinregionen Neuseelands ist. Im ersten Lager wurden wir in Platoons eingeteilt, und es war das erste Mal, dass ich mit einer Gruppe von jungen Männern zusammenlebte. Ich war der Älteste und genoss die Zeit. Zum Kopf der Gruppe wurde ein Mann bestimmt, den ich für ungeeignet hielt, und als er einmal mit einem anderen aggressiven Rekruten eine Schlägerei anzettelte, warf ich mich dazwischen. Verblüfft ließen sie voneinander ab.

Doch nun kam ein weiterer Mann dazu und wollte sich mit mir prügeln. Angewidert wandte ich mich ab, und das ganze Platoon folgte mir gleichsam unterwürfig zum Bus. Mir war es eine Lehre, mich in derartige Auseinandersetzungen nicht mehr einzumischen, und ich war erleichtert, als die aggressiven Unruhestifter das Gruppenziel nicht erreichten und ausschieden.

Nach der Grundausbildung kam ich ins Cheshire Camp, das Zentrum der Luftwaffenausbildung. Dort wurden wir fünfeinhalb Tage die Woche gedrillt, aber von Samstagmittag bis Sonntagabend hatten wir frei. Am meisten schätzte ich die Lage des Camps. Das Tal war von interessanten, wenn auch nur mäßig hohen Bergen umgeben, und obwohl der Winter bereits heranrückte, nahm ich mir fast jedes Wochenende einen davon vor. Nachts waren die Temperaturen schon sehr niedrig, aber die Tage waren sonnig und klar, und ich konnte meinen Blick nicht von dem schneebedeckten Gipfel des 2885 Meter hohen Mount Tapuaenuku lassen. Den wollte ich erklimmen, wenn ich die Zeit dazu fände. Leider war es schwierig, einen Begleiter für meine Touren zu finden. Ein guter Freund sagte nach einem besonders schwierigen Gang: »Das war wirklich ganz prima, Ed, aber einmal reicht mir.« Also musste ich meist allein gehen, bis ich Jack McBurney, einen Waffeninspekteur, kennen lernte, der die Berge genauso liebte wie ich. Von da an unternahmen wir vieles gemeinsam.

Wir mussten uns im Camp psychologischen Tests unterziehen, mit denen unsere Tauglichkeit als Flieger festgestellt werden sollte. Als der Psychologe herausfand, dass ich den Mount Tapuaenuku in Angriff nehmen wollte, erklärte er, er wolle mitkommen. Das kam mir vor allem deshalb gelegen, weil er ein Fahrzeug besorgen konnte und der Berg 130 Kilometer entfernt war. Es gelang mir, am Wochenende drei freie Tage zu bekommen, aber dann rief der Doktor an und sagte, er sei verhindert. Also war es nichts mit dem Auto. Ich hatte den starken Verdacht, dass er nur kniff, und beschloss, die Tour allein zu machen.

Ich hatte einen ziemlich verrückten Freund im Cheshire Camp, der ein altes Motorrad besaß und mir schon des Öfteren angeboten hatte, mich in die Berge zu fahren. An den wandte ich mich nun, und er erbot sich, mich über den Pass ins Awatere-Tal zu bringen.

Am späten Freitagnachmittag fuhren wir los, aber schon der Start verhieß nichts Gutes. Am Campausgang war die Straße vereist; wir gerieten heftig ins Schleudern und rutschten in den Straßengraben. Doch es war uns nichts passiert, also saßen wir wieder auf und fuhren auf der unbefestigten Straße über den Pass. Es war eine Höllenfahrt. Wir kamen zwar nicht mehr von der Straße ab, waren aber häufig nah dran. Als wir über den Pass waren und ins Tal hinunterfuhren, hatte ich genug. Ich bedankte mich, und mein Freund fuhr zurück ins Camp, während ich zu Fuß weiterging. Nach acht Kilometern erreichte ich eine Schaffarm, wo die Frau des Besitzers mich hineinbat, mich großzügig verpflegte und mir ein bequemes Bett im Quartier der Schafscherer zuwies.

Am Samstagmorgen brach ich früh auf und hoffte, dass mich irgendein Fahrzeug mitnehmen würde. Aber das geschah nur zweimal, und jeweils nur für eine kurze Strecke. Ich musste beinahe 25 Kilometer zu Fuß gehen, was mit meinem schweren Rucksack kein Vergnügen war. Die wenigen Leute, denen ich begegnete, warnten mich davor, die Tour im Alleingang zu versuchen, aber der schneebedeckte Tapuaenuku wurde immer prächtiger, und meine Erregung stieg. Ich erreichte den Hodder, der am Tapuaenuku entspringt, und stieg im kiesigen Bachbett auf, wobei ich oft durch das eisige Wasser von der einen Seite auf die andere wechseln musste. Schließlich langte ich an der Shinhütte an, die im Sommer den Hirten als Unterkunft diente.

Um vier Uhr früh am Sonntagmorgen, nach nur vier Stunden Schlaf, stand ich wieder auf, machte mir schnell Frühstück und war um fünf schon unterwegs. Ich überquerte den Bach und stieg am Hauptkamm bis zur Schneegrenze auf 1500 Meter Höhe, dann kam ich in weichen Schnee, und das Gehen wurde mühsam. Mit Schrecken vernahm ich etwas, was wie ein schwacher menschlicher Hilferuf klang, aber dann merkte ich, dass es der klagende Ruf des Kea, des einheimischen Papageis, war. Als ich über 2000 Meter kam, schlossen sich Wolken um den Gipfel und bald auch um mich, aber ich stieg weiter. 300 Meter weiter oben war der Himmel wieder klar. Die Kletterei wurde schwieriger, es kam ein langer, scharfer Grat und dann ein steiler Eishang. Es zogen wieder Wolken auf, aber ich stieg einfach weiter, bis es nicht mehr weiterging – ich war auf dem Gipfel. Ich machte sofort wieder kehrt und tauchte in den Nebel ein, dankbar dafür, dass ich beim Aufstieg mit dem Kompass die Richtung gepeilt hatte. Um sieben Uhr abends, lange nach Einbruch der Dunkelheit, erreichte ich die Shinhütte wieder, nachdem ich vierzehn Stunden auf den Beinen gewesen war. Ich kroch nur noch in meinen Schlafsack und schlief sofort ein.

Am Montag war ich um vier Uhr früh schon wieder unterwegs, weil ich ja noch am selben Tag im Camp eintreffen musste. Ich wanderte mindestens 30 Kilometer talabwärts; kein einziges Fahrzeug fuhr in meine Richtung. Zwei Autos kamen mir entgegen, und die Fahrer hielten an und erzählten mir, alle im Tal seien überzeugt, dass ich bereits tot sei. Dann aber war mir das Glück gnädig, und ein Auto nahm mich den ganzen Weg nach Blenheim mit, von wo aus ich den Air-Force-Bus zum Camp nehmen konnte. Die jungen Soldaten im Bus sprachen über ihre jüngsten Eroberungen, doch ich empfand durchaus keinen Neid. Mich erfüllte eine ungeheure Befriedigung. Ich hatte endlich einen anständigen Berg bestiegen!

Die Abschlussprüfungen kamen, und weil ich gute Ergebnisse erzielte und schon fünfundzwanzig Jahre alt war, schickte man mich auf die Navigationsschule in New Plymouth. Das Navigieren machte mir Spaß; außerdem gab es in der Nähe einen Vulkankegel, den Mount Egmont, den ich fast jedes Wochenende bestieg.

Nach der Ausbildung wurden wir auf den Fidschiinseln stationiert, wo wir mit unseren Catalina-Wasserflugzeugen als Such- und Rettungseinheit fungierten. Die Catalina war ein feines Flugzeug, robust und verlässlich, aber sehr langsam. Deswegen war eine präzise Navigation sehr wichtig. Ich mochte vor allem die langen Nachtflüge, bei denen ich fast ausschließlich nach den Sternen navigieren musste. Besonders ein elfstündiger Flug ist mir in Erinnerung geblieben, bei dem ich unser Flugzeug einzig mit Hilfe des Sextanten leitete. Wir überflogen eine kleine Vulkaninsel namens Tanna, auf der ein Krater glühte wie ein Zigarettenende und rot leuchtende Brocken in den Nachthimmel schleuderte.

Alles in allem kam ich mit dem Navigieren gut zurecht, aber einmal beging ich einen folgenschweren Fehler. Wir waren bei einer sechsstündigen Übung, die uns im Auffinden von Flugzeug- oder Schiffwracks schulen sollte. Es war ein stürmischer Tag, das Flugzeug wurde hin- und hergeworfen, als wir von der Kandavu-Insel starteten, und wir mussten immer wieder den Kurs wechseln. Den meisten von uns war schlecht, aber die Piloten und ich als Navigator konnten uns keine Schwäche erlauben. Als es Zeit war, die Lathala-Bucht anzusteuern und ich mich schon erleichtert auf festen Boden unter den Füßen freute, rief der Chefpilot plötzlich: »Kandavu voraus!« Ich war verwirrt – meinen Angaben nach hätten wir eigentlich 50 Kilometer weiter sein müssen. Hastig verwarf ich meine Berechnungen und begann noch einmal von vorn mit Kandavu als Ausgangspunkt. Eine Stunde später war immer noch nichts von der Bucht zu sehen. Schließlich erfuhr der Pilot über Funk, dass wir nach 90 Grad Steuerbord fliegen mussten. Am nächsten Morgen ging ich mit dem Navigationslehrer meine Aufzeichnungen durch, und es stellte sich heraus, dass es nicht Kandavu war, das der Pilot gesehen hatte, sondern irgendeine andere Insel 50 Kilometer weiter. Ich hatte mit meinen Berechnungen richtig gelegen. »Hör niemals auf den Piloten, sondern vertrau auf deine Navigation«, schärfte mir mein Lehrer ein, und daran habe ich mich bis heute gehalten.

Nach einiger Zeit wurden wir auf die Solomonen verlegt, auf die Halavo-Base auf der Insel Florida, gegenüber von Guadalcanal. Unser Captain wollte mit unserer Ankunft Eindruck machen. Wir legten mit unserem Wasserflugzeug eine glatte Landung hin und beglückwünschten uns bereits, als wir plötzlich auf ein Riff fuhren und jäh zum Halten kamen. Durch ein Loch im Bug drang Wasser ein, und der Captain schrie, zwei Mann sollten über Bord springen und die Maschine vom Riff heben. Der Funker Ron Ward, der mir an Körpergröße und -kraft ähnlich war, und ich sprangen in voller Montur ins Wasser und machten das Flugzeug ohne Schwierigkeiten wieder flott. »Alle Mann an Bord«, schrie der Captain, und wir krabbelten über die Bordwand hinein. Dann gab er Gas, so dass das Loch im Rumpf über der Wasserlinie lag, und brauste in Richtung Rampe. Dort zog man uns schnell an Land. Das war nicht die Art von Ankunft, die wir uns ausgemalt hatten.

Das Leben in dem kleinen Fliegerhorst von Halavo war angenehm. Jeden zweiten Tag flogen wir Einsätze – Such-, Patrouillen- oder Rettungsflüge. Aber wir hatten auch viel Freizeit. Ron Ward und ich entdeckten schnell, dass wir gleiche Interessen hatten, was die Freizeitgestaltung anbetraf – es musste immer etwas los sein. Ron hatte Segel und einen Mast aus Fidschi mitgebracht, und als wir den Rumpf eines Viermeterbootes fanden, bezogen wir ihn mit Leinwand, ließen uns von den Ingenieuren einen Motor und eine Schraube einbauen und setzten den Mast ein. Es wurde ein erstaunlich tüchtiges Boot, und wir erforschten damit alle Buchten und die vielen kleinen Inseln rund um die Halavo-Base.

Als wir hörten, dass es in der Gegend Krokodile gab, erwachte bei uns der Jagdinstinkt, und wir nahmen immer Gewehre mit. Einmal fuhren wir in eine schmale Bucht und sahen einen Holzklotz auf dem Wasser treiben. Das musste doch ein Krokodil sein! Wir rissen unsere Gewehre in die Höhe und schossen gleichzeitig. Es gab einen Riesenaufruhr, und das Wasser spritzte hoch. Als wieder Ruhe einkehrte, näherten wir uns vorsichtig der Stelle und waren uns wohl bewusst, wie schwach die Wände unseres Boots waren. Ich stocherte mit einer langen Harpune im Wasser herum, bis ich auf einen langsam sich krümmenden Körper traf. Ich zog ihn heraus, und es war tatsächlich ein Krokodil, zwar nur zweieinhalb Meter lang, aber doch mit sehr gefährlich aussehenden Zähnen. Wir zogen es hinter uns her zum Fliegerhorst und hängten es an einem Kran auf. Unsere Kameraden ließen sich fast ausnahmslos mit dem Krokodil fotografieren, in lässiger Haltung und mit dem Gewehr in der Hand. Ich wüsste gern, wie viele farbige Schilderungen von Krokodiljagden zugleich mit den Fotos nach Hause geschickt wurden. Ron und ich bekamen nie heraus, wessen Schuss das Tier erlegt hatte.

Das Ende des Krieges mit Japan hatte zur Folge, dass die Aktivitäten der Luftwaffe im Pazifik heruntergefahren wurden. Die Catalinas waren nun vor allem damit beschäftigt, unsere Männer zurück nach Neuseeland zu holen. Uns fiel die Aufgabe zu, uns in Havalo für Such- oder Rettungseinsätze bereit zu halten. Das bedeutete, dass wir das Camp nicht mehr ohne triftigen Grund verlassen konnten, und so brachen langweiligere Zeiten an. Da war es schon ein Ereignis, als jemand ein verlassenes Motorboot mit offensichtlich frisierter Maschine fand. Unsere Flugzeugmonteure brachten den Motor wieder zum Laufen, während wir den Rumpf abdichteten und strichen. Wir ließen das Boot zu Wasser und waren begeistert. Die Maschine hatte 180 PS und brachte es auf mehr als 30 Knoten; damit war das Boot noch schneller als das Motorboot des Kommandeurs. Wir nannten es *Jolly Roger*. An einem Sonntagmorgen waren wir schon früh unterwegs, weil wir einen der Flieger über die Bucht zum amerikanischen Fliegerhorst von Tulagi bringen wollten. Es war ein schöner, sonniger Morgen mit einer frischen Brise und kabbeliger See. Wir hatten die *Jolly Roger* ausgepumpt und die zwei Tanks mit Treibstoff gefüllt. Diese Tanks waren über dem Motor befestigt, und ich bemerkte, dass einer ein bisschen wacklig aussah, kümmerte mich aber nicht weiter darum. Wir schossen mit Höchstgeschwindigkeit über die Bucht und schafften die sechseinhalb Kilometer in acht Minuten.

Nachdem wir unseren Fahrgast in Tulagi an Land gesetzt hatten, drehten wir nach Halavo ab. Jetzt fuhren wir direkt gegen die Wellen an, und da es eine sehr holperige Fahrt war, nahm ich ein bisschen Gas weg. Aber als wir in den Windschatten von Palm Island kamen und das Wasser ganz ruhig wurde, gab ich wieder Vollgas. Und so rasten wir, als wir aus dem Schutz der Insel kamen, mit voller Wucht und gewaltigen Stößen in die hohen Wellen einer rauen See. Plötzlich hörten wir hinter uns einen lauten Krach, und Flammen schossen aus dem Motorraum in die Höhe – der Treibstofftank war weggebrochen! Löschungsversuche wären sinnlos gewesen, dabei brauste das Boot munter weiter. Ron und ich hatten uns schon Verbrennungen zugezogen, und ich wusste, dass wir aussteigen mussten, bevor der zweite Tank explodierte. Ich schrie Ron zu, er solle abspringen, dann ließ ich das Steuer los und stieg auf meinen Sitz. Genau in diesem Augenblick raste das Boot in eine hohe Welle und brach seitlich aus. Ich verlor das Gleichgewicht und fiel auf die Motorabdeckung, die schon ringsherum brannte. Ich trug kein Hemd und konnte mein Fleisch zischen hören. Der Schmerz war ungeheuer. Ich konnte gerade noch genug Energie aufbringen, um mich über Bord und ins Meer rollen zu lassen. Die *Jolly Roger* rumpelte noch 30 Meter weiter, bevor sie explodierte und gänzlich in Flammen aufging.

Das Salzwasser schmerzte furchtbar in meinen Brandwunden, und wir waren noch weit vom Ufer entfernt, wohl fast einen halben Kilometer. Ich paddelte eine Weile ziellos herum, bis Ron mir zuschrie, ich sollte sehen, dass ich ans Ufer käme. Immer wenn mich die Kräfte verließen, drehte ich mich um und versuchte es mit Rückenschwimmen, aber so kam ich nicht voran: Ich schwamm immer nur im Kreis herum. Ron, der nicht so schwer verbrannt war wie ich, wenn auch schlimm genug, schrie mich dann immer an, und ich drehte mich wieder herum und schwamm weiter. Ich entledigte mich aller entbehrlichen Kleidungsstücke, um mir das Schwimmen zu erleichtern, und nach einer Ewigkeit, als mir eigentlich alles schon gleichgültig war, fühlte ich endlich Grund unter den Füßen. Wir taumelten den Strand hinauf und brachen im Sand zusammen. Die Sonne brannte herunter und schmerzte unerträglich auf unseren Brandwunden, also rafften wir uns wieder auf und stolperten die etwa 800 Meter über das Riff und die Straße zur nächsten Behausung auf der Insel Tanenhoga. Die Sonne auf dem Rücken war so quälend, dass wir zeitweise rückwärts gingen.

Die einzigen Menschen, die wir antrafen, waren zwei US-Matrosen, die noch im Bett gelegen hatten und uns erstaunt ansahen. Wir versuchten ihnen klar zu machen, dass wir Verbrennungen erlitten hatten und Hilfe brauchten, aber sie saßen nur mit offenem Mund da. Schließlich fragten wir, ob sie Brandsalbe hätten, und sie brachten eine große Tube an. Ich schmierte Ron ein und er mich, und das linderte den Schmerz ganz beträchtlich. Inzwischen hatten sie verstanden, dass wir ein Problem hatten, und sagten, sie würden uns in ihrem Boot zur Tulagi Naval Base hinüberbringen. Es waren vielleicht eineinhalb Kilometer bis dahin, aber mir kam es erheblich länger vor, denn ich fühlte mich schon ziemlich schlecht. Die Amerikaner hatten uns per Funk angekündigt, und so wartete schon eine Ambulanz am Kai, und wir wurden schnell ins Lazarett gebracht. Um uns herum brach hektische Betriebsamkeit aus. Der Doktor gab jedem von uns dreieinhalb Liter Blutserum und jede Menge Morphium, Penicillin und Glukose. Er sah ziemlich besorgt aus, weil er bei mir nur mit größter Mühe eine Vene für seine Nadel fand.

Unser neuseeländischer Arzt erschien auch, und ich sah ihm an, dass er über meinen Zustand nicht gerade glücklich war. Zu mir sagte er nichts, aber er schickte eine Nachricht an meine Eltern mit dem Wortlaut: »Sergeant Hillary hat Verbrennungen zweiten Grades erlitten. Er wurde ins Lazarett der US-Navy in Tulagi eingeliefert und als schwer krank eingestuft.« Die Ärzte in Tulagi beschlossen, uns in das besser ausgestattete US-Hospital auf Guadalcanal zu überführen, und weil ein Zerstörer gerade am Auslaufen war, wurden wir an Bord gebracht und im Schatten einer Kanone abgestellt. Ich erinnere mich noch genau, wie ständig Leute vorbeikamen, um sich uns anzusehen. Dann schlief ich ein.

Ich wachte im Hospital von Guadalcanal auf, als ich in den Operationssaal gebracht wurde. Dort muss ich ziemlich lang gewesen sein. Der Doktor war ein sympathischer Mensch und machte einen sehr kompetenten Eindruck. Er erzählte mir, dass 40 Prozent meiner Haut verbrannt seien und ich von Glück sagen könne, dass ich noch am Leben sei. Wenn es ihnen gelänge, eine Infektion zu verhindern, würde ich davonkommen. Ich war von Anfang an überzeugt, dass ich überleben würde. Trotzdem war die erste Woche eine Qual – dicke Verbände in der schwülen Hitze, und Tag und Nacht wurde man in regelmäßigen Abständen geweckt, weil die nächste Penicillinspritze fällig war. Insgesamt waren es hundertvierzig an der Zahl.

Der Arzt sagte mir, ich würde viele Monate im Krankenhaus bleiben müssen, und in der ersten Woche ging es mir so schlecht, dass ich ihm unbesehen glaubte. Aber in der zweiten Woche heilten meine Verbrennungen recht gut, und ich unternahm ein paar wacklige Spaziergänge. In der dritten Woche langweilte ich mich schon zu Tode und ging den Leuten allmählich auf die Nerven. Ich konnte nicht begreifen, dass die meisten Patienten die Bequemlichkeit des Krankenhauses und die Fürsorge des Personals genossen. Ich war bestimmt ein ziemlich lästiger Kandidat.

Ich bedrängte den Arzt unaufhörlich und erreichte schließlich mein Ziel. Er zeigte sich erstaunt über meine raschen Heilungsfortschritte und gab zu, dass er mich nicht ungern loswürde. Nach drei Wochen konnte ich also das Hospital verlassen, weite Teile des Körpers immer noch in Verbände gewickelt, ein bisschen wacklig auf den Beinen und stark abgemagert, aber ohne Anzeichen einer Infektion.

Und jetzt wollte ich nur noch nach Hause. Zu meiner größten Freude wurde ich nach Auckland geflogen und mit Krankenurlaub aus dem Militärdienst entlassen. In dem kühleren Klima und bei gesunder Ernährung erholte ich mich schnell. Und ich hatte 100 Pfund in der Tasche, was damals eine Menge Geld war.

Zurück in Neuseeland, hatte ich zwei Ziele: Ich wollte wieder Bienenzucht betreiben und möglichst viele Berge besteigen. Doch zuerst wollte mich mein Vater gar nicht wieder bei sich arbeiten lassen. Er hatte inzwischen Personal eingestellt, und außerdem nahm er es mir immer noch übel, dass ich unbedingt hatte weggehen wollen. Aber ich war inzwischen erwachsener geworden und trug es mit Fassung. Und weil ich Geld hatte, fuhr ich erst einmal mit meinem Freund Jack McBurney in die Alpen der Südinsel zum Bergsteigen. Wir waren gut in Form, hatten aber noch nicht viel Geschick beim Klettern. Mit der Routenbeschreibung in einer Hand und dem Pickel in der anderen bestiegen wir eine große Anzahl von prächtigen Bergen. Es war ein wunderbarer Urlaub.

Bei meiner Rückkehr nach Auckland erfuhr ich, dass die Honigernte schlecht ausgefallen war und mein Vater froh war, dass er die bezahlten Leute entlassen konnte. Da hatte ich nun wieder meinen unbezahlten Job, aber von nun an nahm ich mehr Einfluss aufs Geschäft und zog nach und nach die alleinige Verantwortung für die Geschäftsführung an mich. Das Geld von der Air Force hielt ich zusammen und verwendete es nur für meine Bergurlaube. Und so erlebte ich noch viele Abenteuer im Gebirge, sammelte Erfahrung mit Schnee und Eis und bahnte mir, ohne es zu wissen, den Weg zum Himalaja.

4

Mit Shipton südlich vom Everest

Mit meinem Bruder Rex habe ich immer gern zusammengearbeitet. Aber warum ausgerechnet bei unserem Vater, der viel verlangte und wenig bezahlte, und mit dem es so oft Meinungsverschiedenheiten gab? Der Hauptgrund war, dass wir die Arbeit mochten. Unsere fünfunddreißig Bienenhäuser waren in weitem Umkreis auf verschiedenen Farmen verteilt, bis zu 60 Kilometer von zu Hause entfernt, und so waren wir ständig unterwegs. Die Zeit der Honigernte im Frühling und Sommer war immer besonders aufregend und anstrengend. Rex und ich genossen die schwere körperliche Arbeit, und nach einer gewissen Zeit lagen die Außenarbeiten allein in unseren Händen.

Von 1946 an hatte ich mein Leben ganz zufrieden stellend geregelt. Mein Vater hatte eingesehen, dass er uns bezahlen musste – wenn auch nicht üppig –, und weil wir über Weihnachten und Neujahr, im neuseeländischen Hochsommer, besonders viel zu tun hatten, gab er mir Ende Januar unbezahlten Urlaub, damit ich auch einmal im Sommer ins Gebirge kam. Im Winter hatte ich häufiger die Gelegenheit dazu.

Die vielleicht wichtigste Wende in meinem Bergsteigerleben trat ein, als ich Harry Ayres kennen lernte, den bekanntesten Bergführer Neuseelands. Sein Können beeindruckte mich, besonders das Geschick, mit dem er an steilen Eishängen den Pickel einsetzte. Als ein Kunde absagte und Harry eine Woche frei hatte, tat ich mich mit ihm zusammen und wir bestiegen den Mount Cook, der mit 3764 Metern Neuseelands höchster Berg ist. Ich bin danach noch oft mit Harry auf Tour gegangen, habe eine Menge von ihm gelernt und bin ein recht brauchbarer Stufenschläger geworden.

Ich begann immer mehr im Winter zu klettern und wurde mit der Zeit ein erfahrener Ski-Bergsteiger. Einmal habe ich im Winter einen ganzen Monat mit Jack McBurney in den Bergen zugebracht. Erst gingen wir auf die Jagd und verkauften die Felle der erlegten Tiere für eine ganz passable Summe. Dann versuchten wir uns als Goldwäscher – im tiefsten Winter. Die Ausbeute war höchst unbefriedigend, also beschlossen wir, bei starkem Schneefall und geringer Sicht, den Copeland-Pass zu überqueren und ins Hooker-Tal abzusteigen. Mitten im Schneesturm betrat ich eine Schneebrücke über eine Gletscherspalte. Sie brach ein, und ich stürzte in die Tiefe – die sich gottlob nur auf vier Meter belief. Dort unten war es vergleichsweise behaglich, weil kein Schneesturm tobte, und so schrie ich Jack zu, er solle auch herunterkommen. Was er dankbar tat. Wir machten gemütlich Brotzeit, aber dann wurden wir schläfrig. Das war ein schlechtes Zeichen, und so packten wir unsere Sachen zusammen und kletterten wieder hinaus in den Sturm. Wenn wir dort unten eingeschlafen wären, wären wir nie wieder aufgewacht.

Im Februar 1948 machten Harry Ayres und ich unsere schwierigste Bergtour. Der Südgrat des Mount Cook bietet vom Nationalpark aus einen höchst eindrucksvollen Anblick. Viele hatten sich schon an ihm versucht, aber noch keiner hatte ihn bezwungen. Harry und ich wollten einen Versuch wagen. Wir verbrachten einige Tage im Hotel, bis das Wetter besser wurde, dann stiegen wir über den Hooker-Gletscher zu der kleinen Gardiner-Hütte auf. Wir glaubten die beste Chance zu haben, wenn wir hoch oben auf der Flanke des Berges biwakierten. Und so stiegen wir eines Nachmittags bei angenehmem Wetter den Noeline-Gletscher hinauf und kamen schließlich zum Gipfel des Nazomi, knappe 2700 Meter hoch. Von dort lief ein Grat auf den Südgrat des Mount Cook zu.

Wir errichteten ein sehr einfaches Biwak und verbrachten eine kalte und ungemütliche Nacht auf dem harten Fels. Am Morgen war das Wetter immer noch gut, also setzten wir unsere steif gefrorenen Glieder wieder in Bewegung, machten Frühstück, packten unsere Habe ein und zogen los. Der Kamm erhob sich in drei großen Felsstufen von zunehmender Schwierigkeit vor uns. Die erste Stufe bestand aus brüchigem Fels, war aber nicht besonders schwierig zu nehmen. Die zweite war schon sehr viel anspruchsvoller, und wir mussten eine nahezu senkrechte Stelle umgehen, indem wir eine lange Reihe Stufen in das angrenzende steile Eis schlugen. Aber wir kamen schnell hindurch. Das größte Problem war die dritte Felsstufe. Wir plagten uns gewaltig und erreichten schließlich einen schmalen Sims auf halber Höhe. Ich bewegte mich vorsichtig nach rechts um eine Kante herum und entdeckte eine tiefe Spalte in Brusthöhe. Ich schlug den Pickel hinein, und er ergab eine gute Sicherung. Aber wir befanden uns an einer höchst exponierten Stelle – direkt unter mir, mindestens 1000 Meter tiefer, konnte ich den Ball-Gletscher sehen.

Harry kam herum, sprang mit Schwung auf den Pickel und klammerte sich an der Wand fest. Er tastete mit den Fingern nach oben, aber die nächste größere Spalte war

45 Zentimeter außerhalb seiner Reichweite. Wir steckten in der Klemme. Ein Rückzug wäre höchst knifflig gewesen, und so mussten wir diese nächste waagrechte Spalte erreichen. Ich klammerte mich mit dem linken Arm an dem Pickel fest, streckte die rechte Hand nach oben aus und forderte Harry auf, auf meine Hand zu steigen. Verständlicherweise zögerte Harry, weil er der Sache nicht recht traute. Schließlich setzte er doch einen Fuß auf meine Hand und schwang sich so schnell in die Höhe, dass ich sein Gewicht kaum bemerkte. Seine Finger waren fest in der Spalte, und mit einigen Verrenkungen und viel Gestöhne arbeitete er sich hinauf und verschwand aus meinen Augen. Schließlich kam seine Stimme von oben herunter: »Ich habe einen sicheren Stand, Ed, aber du musst am Seil heraufklettern.«

Hand-über-Hand-Klettern an dünnen Seilen war noch nie meine Stärke gewesen. Langsam zog ich mich nach oben; meine Arme zitterten vor Anstrengung, und der schwere Rucksack machte die Sache auch nicht besser. Endlich erreichte ich Harrys Spalte, schaffte auch noch den Rest der Wand und traf meinen Kameraden, der einen sicheren Stand gefunden hatte. Um Atem ringend, betrachtete ich die fantastische Szenerie. Dann kletterten wir vorsichtig über 30 Meter hohe steile Felsen und erreichten schließlich den Gipfelkegel, dessen Eis von Felsbändern durchzogen war. Hier legten wir die Steigeisen wieder an, schlugen Stufen, wo es nötig war, und stiegen den letzten Schneehang hinauf. Scheinwerferlichter blitzten von weit unten, vom Hermitage Hotel, zu uns herauf, wo alle unsere letzten Anstrengungen verfolgten. Und dann waren wir oben – der Südgrat war endlich bezwungen.

Das Jahr 1949 brachte für unsere Familie allerhand Veränderungen mit sich. Meine Schwester war zum Studium nach England gegangen und wollte einen englischen Arzt heiraten, und es hatte eine sehr gute Honigernte gegeben, so dass reichlich Geld vorhanden war. Für meinen Vater schien die Gelegenheit günstig, sich aus dem Geschäft zurückzuziehen. Mutter war sehr dafür, weil sie unbedingt bei der Hochzeit ihrer Tochter dabei sein und außerdem etwas von Europa sehen wollte. Nach langen Diskussionen überließ uns Vater das Geschäft unter der Bedingung, dass er einen Teil der Bienen, alle Gebäude und Fahrzeuge sowie den gesamten Grundbesitz behielt.

So fuhren also meine Eltern nach England und nahmen an der Hochzeit meiner Schwester teil. Sie kauften sich ein Auto, und wir rechneten damit, etwas von ihren Reisen zu hören, aber es geschah nichts. Schließlich bekam ich einen Brief von Mutter: Dad habe keine Lust, irgendwohin zu fahren oder irgendetwas sonst zu unternehmen. Ob ich nicht kommen und sie in Europa herumfahren könne? Die Ernte war gut gewesen, ich hatte Geld, und so beschloss ich kurzerhand, zu fahren. Ich buchte die billigste Schiffspassage von Sydney nach London auf einem Dampfer namens *Otranto*. Zwei meiner Freunde fuhren gleichzeitig zum Studium nach Cambridge, und wir machten aus, dass wir uns irgendwo treffen und zusammen Bergtouren unternehmen würden. Ich packte meine Bergstiefel und den Pickel ein und brach auf in die weite Welt.

Ende Mai begann ich mit meinen Eltern eine Reise durch Frankreich, Italien, die Schweiz, Österreich, Deutschland und Holland. Ich war darauf gefasst, mich zu langweilen – wer möchte sich schon Europa in Begleitung seiner betagten Eltern anschauen? Aber zu meiner größten Überraschung genoss ich es von Anfang bis Ende. Mutter war in ihrem Element, und auch Vater lebte auf. Man durfte aus Großbritannien nur begrenzte Mengen Geld mitnehmen, so dass wir stets ein bisschen klamm waren. Morgens kaufte Mutter auf den Märkten ein – sie konnte zwar immer nur ein paar Wörter in der jeweiligen Landessprache, aber das reichte ihr völlig. Mittags suchten wir uns ein hübsches Fleckchen und bereiteten auf unserem Campingkocher ein einfaches Mahl zu. Meist schliefen wir in billigen Pensionen, und ab und zu gönnten wir uns ein Essen in einem guten Restaurant. Besonderes Glück aber hatten wir mit dem herrlichen Frühlingswetter. Ich kann mich an keinen einzigen Regentag erinnern. In London besichtigte ich schließlich die ganzen Überbleibsel vergangener Macht, und in Westminster Abbey hatte ich, als Kind eines jungen Landes mit kurzer Geschichte, das warme Gefühl, in eine lange Ahnenreihe aufgenommen zu werden. Damals fühlten sich die Neuseeländer noch in erster Linie als Briten und erst in zweiter als Neuseeländer. Aber es sollte nicht mehr lange dauern, bis wir das elterliche Nest verließen.

Jetzt wollte ich mein zweites Vorhaben verwirklichen und mit meinen zwei Landsleuten, Cecil Segedin und Bruce Morton, in Österreich und in der Schweiz zum Klettern gehen. Die Stubaier Alpen hatten einen großen Vorteil gegenüber den unerschlossenen Bergen unserer Heimat: Am Ende einer Tour konnte man überall kühles Bier bekommen. Aber wir fühlten uns in Österreich weder physisch noch technisch genügend herausgefordert und wechselten erwartungsvoll in die Schweiz über. Wir begannen in Grindelwald, unter der großen Eigernordwand. Cecil Segedin wollte vor seiner Abreise unbedingt noch auf die Jungfrau. Die Besteigung der Jungfrau wird deutlich erleichtert durch die Bergbahn, die mitten durch den Berg geht und am Jungfraujoch herauskommt. Auch diese Bergtour bewältigten wir problemlos, und danach setzten wir Cecil, der zurück nach Cambridge musste, an der Bahnstation ab. Bruce und ich liefen die acht Kilometer über den Aletsch-Gletscher hinunter zur Concordia-Hütte.

An zwei aufeinander folgenden Tagen bestiegen wir das Finsteraarhorn und den Mönch, dann mussten wir wegen schlechten Wetters einen Tag aussetzen. Zum Abschluss wollten wir das Dreieckhorn überschreiten und dann das höhere Aletschhorn – 4195 Meter – erklimmen. Wir brachen um drei Uhr in der Früh von der Hütte auf und waren nach einer schönen, aber wenig anspruchsvollen Kletterei gegen acht auf dem Gipfel. Vor uns lag der drei Kilometer lange Grat zum Aletschhorn, auf dem wir mit den Steigeisen ein schönes Tempo vorlegten. Auf dem Gipfel trafen wir einen freundlichen Engländer mittleren Alters und seinen Schweizer Führer. Sie hatten den weit kürzeren direkten Anstieg genommen. Der mürrische Führer fragte uns, welchen Weg wir beim Abstieg nehmen wollten, und wir antworteten, den direkten. Da sagte er: »Ihr müsst als Erste gehen.« Als wir die lange Felsrippe erreichten, die zum Gletscher abfällt, verstanden wir, warum er so großen Wert darauf gelegt hatte, uns nicht hinter sich zu haben. Andauernd kamen Felsbrocken hinter uns heruntergerumpelt, und dass wir den Gletscher unverletzt erreichten, war pures Glück. Um zwei waren wir am Gletscher, und nach einigem Hin und Her zwischen Gletscherspalten erreichten wir einfacheres Gelände und trafen bald wieder in der Concordia-Hütte ein. Zu unserer größten Überraschung wurden wir vom Personal mit Gratulationen und Jubelrufen empfangen. Sie hatten jeden einzelnen Schritt unserer Tour verfolgt.

Es war ein langer Tag gewesen; trotzdem beschlossen wir, noch ins Tal abzusteigen, was noch etwa zwei Stunden Fußmarsch bedeutete. Wir hatten gepackt und bezahlten gerade unsere Rechnung, als der mürrische Führer zur Tür hereinkam. Ich schaute mich nach seinem Engländer um, aber von dem war nichts zu sehen.

»Wo ist Ihr Schützling?«, fragte ich den Bergführer.

»In einer Gletscherspalte«, gestand er widerwillig. Die

Schneebrücke über eine Gletscherspalte war unter dem Engländer zusammengebrochen, und der Führer, der auf sicherem Grund stand, hatte seinen Schützling so weit in die Spalte hinabgelassen, bis er auf einem Schneesims zum Stehen kam. Doch der Führer war nicht in der Lage gewesen, ihn hochzuziehen, und so hatte er ihn dort unten gelassen und war um Hilfe geeilt. Schnell taten sich einige Männer zusammen, versahen sich mit Seilen, Decken und einem Schlitten und brachen zum Gletscher auf. Ich hatte unsere Hilfe angeboten, war aber barsch abgewiesen worden.

Bruce und ich fanden, wir könnten nicht ins Tal gehen, während ein britischer Landsmann in einer Gletscherspalte steckte – vielleicht wäre der Kerl dankbar, wenn er jemanden hätte, der Englisch sprach? Also kümmerten wir uns nicht um die Zurückweisung, sondern gingen den anderen nach und holten sie schnell ein. Und weil der Weg jetzt gut sichtbar war, eilten wir voraus. Der Verunglückte lag nun schon einige Stunden dort unten, und ich machte mich auf allerlei gefasst, als ich mich vorsichtig auf die gebrochene Eisbrücke schob – Blut, Verletzungen, womöglich Tod durch Erfrieren? Ich streckte den Kopf über den Rand und schaute hinunter. Eine kleine, proper gekleidete Gestalt mit einem Hut auf dem Kopf trampelte 15 Meter weiter unten auf einer Schneebrücke im Kreis herum und schwang die Arme, um warm zu bleiben. Ich rief ihm einen Gruß zu, und er drückte sehr höflich seine Freude aus, mich zu sehen. Ihm fehle nichts, sagte er, es sei nur ziemlich kalt.

Jetzt kam das Rettungsteam, und es verstand seine Sache. Einer der Männer wurde hinabgelassen, und bald war der Engländer an drei Seilen herausgeholt, auf dem Schlitten über den Gletscher gebracht und in der Hütte versorgt worden. Am anderen Morgen war er ein bisschen steif und heiser, aber unverletzt und guter Dinge. Als wir gingen, winkte uns sein mürrischer Führer tatsächlich nach.

Unser Urlaub ging zu Ende, aber wir verbrachten noch ein paar schöne Tage in der Gegend von Zermatt. Wir bestiegen den Furcht erregenden Lyskamm und das schöne Weißhorn, aber unsere Matterhorn-Pläne wurden durch starken, zwei Tage anhaltenden Schneefall vereitelt. Zu Anfang fanden wir, dass sich die Schweizer Bergführer uns Amateurbergsteigern gegenüber feindselig und arrogant verhielten; von Neuseeland hatten die meisten noch nichts gehört. Aber als wir uns näher kennen lernten und sie bemerkten, dass wir technisch nicht ganz unbeleckt waren, wurden sie bedeutend freundlicher. Es war eine schöne Zeit in den europäischen Alpen, und wir sammelten weitere Erfahrungen, obwohl mir die Probleme bescheiden vorkamen im Vergleich zu dem, was wir in den heimischen Bergen gewohnt waren.

Wie es der Zufall wollte, fuhr ich heimwärts wieder auf der *Otranto*. Ich traf pünktlich zum Beginn der Honigsaison ein.

George Lowe war Lehrer und verbrachte die Sommerferien als Bergführer in den Südalpen. Wir wurden gute Freunde, was noch durch die Tatsache gefördert wurde, dass auch sein Vater Bienenzucht in großem Stil betrieb. 1950 gab George die Initialzündung, die uns schließlich beide in den Himalaja brachte. Wir stiegen gerade den Tasman-Gletscher hinunter, als er mich plötzlich fragte: »Hast du schon mal daran gedacht, im Himalaja zu klettern, Ed?« Ich gab zu, dass mir dieser Gedanke schon durch den Kopf gegangen war, und wir beschlossen, in dieser Richtung etwas zu unternehmen.

Später erzählte mir George, dass noch einige andere Neuseeländer in den Himalaja wollten und ihn eingeladen hatten, mitzukommen. Auf seinen Vorschlag hin luden sie auch mich ein. Sie hatten hochfliegende Pläne: Sie wollten ein Team von zehn oder mehr Bergsteigern zusammenbringen und entweder den Mount Everest oder den Kangchenjunga in Angriff nehmen. Aber Geldmangel zwang einen nach dem anderen, das Vorhaben aufzugeben, und schließlich blieben nur vier übrig – Earle Riddiford, Ed Cotter, George Lowe und ich. Und auch bei uns war das Geld knapp. Als Ziel wählten wir den 7240 Meter hohen Mukut Parbat.

Wir beschlossen, uns bei einem Experten Rat zu holen und wandten uns an Noel Odell, der 1924, 1933 und 1936 an Everest-Expeditionen teilgenommen hatte und der Letzte war, der George Mallory und Andrew Irvine 1924 lebend gesehen hatte. Wir schrieben ihm nach Otago und bekamen – recht kategorisch – zur Antwort, wir bräuchten keine besondere Ausrüstung, sondern sollten genau das mitnehmen, was wir auch in Neuseeland dabeihätten, nämlich ein gewöhnliches Zelt und die Kleidung, die wir in unseren Südalpen trugen. Wir seien an schlechtes Wetter gewöhnt und bräuchten keinerlei teure Ausrüstung; wir würden uns in Schnee und Eis wohl fühlen. Doch sein Ratschlag war nur zum Teil vernünftig. In 7000 Meter Höhe war es erheblich kälter als bei uns zu Hause, und vor allem unsere Stiefel waren völlig untauglich.

Earle Riddiford hielt sich für den Expeditionsleiter, und tatsächlich besorgte er auch die Erlaubnis von der indischen Regierung. Aber am Berg erkannten George und ich ihn nicht als Führer an. Wir hielten uns für die bessere Seilschaft und waren von unserem Können überzeugt. Doch wir waren alle sehr demokratisch und diskutierten immer alles äußerst gründlich. Wir waren das erste rein neuseeländische Team und wollten uns einen Namen machen. Im Januar 1951 veranstalteten wir einen Härtetest auf heimischem Grund. Wir hatten uns die abschreckende Maximilian Ridge des Mount Elie de

Beaumont vorgenommen, die als der schwierigste und entlegenste unbezwungene Grat in den Südalpen galt. Wir schleppten riesige Rucksäcke den Tasman-Gletscher hinauf und verbrachten die Nacht in der Malte-Brun-Hütte.

Am anderen Morgen stiegen wir bis zum oberen Ende des Tasman-Gletschers, überquerten den Tasman-Sattel, hielten uns oberhalb des Murchison-Gletschers seitlich und erreichten den Whymper-Sattel, den bis dahin wahrscheinlich noch keines Menschen Fuß betreten hatte. Auf dem Sattel machten wir Rast und blickten schaudernd zum Fuß des Whymper-Gletschers hinab, der sich fast senkrecht 1000 Meter unter uns befand. Wie wir da mit unseren 30 Kilo schweren Rucksäcken hinuntergeklettert sind, ist mir bis heute ein Rätsel. Aber schließlich erreichten wir den Gletscher und gingen ein Stück hinunter zu einem angenehmen Lagerplatz hinter dem Moränenwall. Es war ein äußerst anstrengender Tag gewesen, einer der härtesten, an die ich mich erinnern kann.

Unser Ziel war der Burton-Gletscher, und das hieß, dass wir über den Maximilian-Grat mussten, was noch niemand vor uns auch nur versucht hatte. Wir unternahmen einige Erkundungsklettereien, die jedoch keine neuen Erkenntnisse brachten, und zogen uns auf unsere ungepolsterten, kiesigen Lagerstätten zurück, als Regen einsetzte. Es goss zwei Tage lang, und wir hatten es in unserem zwei mal zwei Meter großen Zelt sehr unbequem. Als sich das Wetter besserte, unternahmen George, Earle und ich einen neuen Versuch, stiegen steile Hänge hinauf und kamen über eine breite Schneemulde. Wir entdeckten zu unserer großen Freude, dass es in 1900 Meter Höhe einen Pass gab, wenn auch einen ziemlich schwierigen. Vorsichtig stiegen wir wieder zum Lager ab und brachten dann die Hälfte unseres Gepäcks zum Pass, damit wir am nächsten Tag nicht so viel zu schleppen hätten. Am Morgen darauf kletterten wir die glatte, steile Wand hoch, packten uns den Rest unserer Lasten wieder auf den Rücken und mühten uns ins nächste Tal hinunter. Wir gingen talaufwärts und kamen schließlich zu dem großen Biwakfelsen, den ein Team, das aus der anderen Richtung gekommen war, entdeckt hatte. Das war ein vorzüglicher Lagerplatz: Wir hatten zwei Regentage und blieben trotzdem trocken und warm. Als das Wetter besser wurde, unternahmen wir wieder einen Erkundungsgang über den brüchigen Burton-Gletscher und nahmen die Erstbesteigung eines bescheidenen, namenlosen Berges vor.

Die Nacht war klar, und wir bereiteten uns auf unsere große Tour vor. Es würde ein langer Tag werden, und so brachen wir um ein Uhr morgens auf. George und ich kletterten gemeinsam voraus, Earle Riddiford und Ed Cotter folgten. Um sieben Uhr hatten wir dann den langen Gletscher wieder unter uns gelassen, waren den Nebengrat entlanggeklettert und hatten den Gipfel des bisher unerstiegenen Berges erreicht. Mit Steigeisen kamen wir die steilen Gipfelhänge wieder herunter und landeten bald auf einem riesigen Schneefeld. Wir machten einen Umweg um eine große Gletscherspalte rechts unter den jäh abfallenden Wänden des Elie de Beaumont, dann stiegen wir das immer steiler werdende Schneefeld empor. Um neun Uhr erreichten wir den Maximilian-Grat. Direkt über uns befand sich eine hervorspringende Felsstufe. Wir waren jetzt in 2700 Meter Höhe, aber noch weit vom Gipfel entfernt.

Die Felsstufe erwies sich als recht problematisch. Nach zwei Dritteln ihrer Höhe wurde sie glatt und teilweise überhängend. Wir versuchten die Durchsteigung ein paar Mal vergebens, dann wandte sich George nach links zur Whymper-Wand und schlug eine lange Reihe Stufen auf den obersten 30 Metern des großen steilen Schneehangs, um den Sims oberhalb der Stufe zu erreichen. Von da an führte George den größten Teil des Weges über den Grat.

Unser Nylonseil war 30 Meter lang, und das war ein Segen. In der Wand und auch in den Felsen darüber konnten wir die Länge immer voll ausnutzen und hatten das Glück, in den richtigen Abständen gut zu sichernde Standplätze zu finden.

Auf der Felsstufe stehend, hatten wir einen eben verlaufenden, sehr schmalen und von Wechten bedeckten Grat vor uns, der zu einer Felswand führte, die sich schroff über etwa 200 Meter zum Anna-Plateau erhob. Das letzte Stück sah schrecklich aus, aber nun waren wir schon so weit gekommen, dass wir das Gefühl hatten, auch das noch zu schaffen. George schlug am Grat entlang Tritte, und beide Seilschaften näherten sich dem Fels. Was folgte, war eine atemberaubend schöne Kletterei an einer steilen und exponierten, aber gut zu erklimmenden Wand. Das Wetter war großartig und der Fels warm. Der Grat stieg in sechs großen Stufen an, und jede Stufe verbarg, was dahinter lag. Die Kämme der dritten, vierten und fünften Stufe waren vereist, so dass George viel Arbeit mit seinem Eispickel bekam. Das waren knifflige Stellen, und die Steigeisen halfen nicht allzu viel. Wir kamen langsam voran, und immer nur einer nach dem anderen. Die fünfte Stufe war wieder auf andere Weise problematisch, und wir umgingen sie auf der Burton-Flanke, indem wir durch Schnee und Fels kletterten. George überstieg den letzten Turm und stieß einen Freudenschrei aus. Der Weg lag klar vor uns, ein Eisgrat, der sich durch Eiszacken hindurch zum Anna-Plateau wand, und wir hatten auf beiden Seiten spektakuläre Ausblicke hinunter auf die Eishänge unter dem Lendenfeld-Sattel. Um zwei Uhr nachmittags waren wir auf dem Plateau, nach der großartigsten Bergtour, die wir alle je erlebt hatten. Auf der Standardroute brauchten wir noch eine Stunde bis zum Gipfel. Da waren wir seit vierzehn Stunden unterwegs gewesen und hatten uns schwer geplagt.

George Lowe hatte Hervorragendes geleistet und wir anderen auch. Wir stiegen über die steilen Abhänge zum Tasman-Gletscher ab und verbrachten die Nacht wieder in der Malte-Brun-Hütte. Nach dieser Gewalttour fühlten wir uns dem Himalaja gewachsen.

Mit vierunddreißig Kisten voller Lebensmittel und Ausrüstung verließen wir Anfang Mai 1951 Neuseeland. Wir nahmen das Flugboot nach Sydney, einen Dampfer nach Colombo, und dann begann die endlose Zugreise über Madras und Kalkutta und das Gangestal aufwärts. Darauf folgten wir der kurvenreichen Straße, die nach Ranikhet am Fuß des Himalaja hinaufführte. Dort trafen wir unsere vier Trägersherpas. Pasang Dawa Lama, Thondup, Nima und Tensing waren genauso, wie wir uns Sherpas vorgestellt hatten – klein, fröhlich und unglaublich zäh. Wir engagierten zusätzlich noch dreißig Träger, die unser ganzes Gepäck bis zum Basislager tragen sollten. Zehn Tage lang marschierten wir nun und überquerten dabei Flüsse und Pässe in 3000 Meter Höhe. Der Ausblick vom 3800 Meter hohen Kuari-Pass war überwältigend. Wir sahen Bergriesen wie Nanda Devi, Dhaulagiri, Gaura Parbat und Nilkanta, die uns aus Büchern vertraut waren. Wir kamen zum heiligen Schrein von Badrinath und mischten uns in die Menge der Pilger; es waren zumeist ältere Leute, die gegen Ende ihres Lebens diese wichtige Reise unternahmen. Hier zahlten wir unsere Träger aus, engagierten statt ihrer ein paar der zäheren Männer aus den Bergen und stiegen in Richtung Grenze.

Unser Basislager errichteten wir in 5200 Meter Höhe am Shamro-Gletscher auf einem Teppich von Bergblumen, der von einem klaren Bach durchzogen wurde. Dann fingen George Lowe, Ed Cotter und ich an, eine Route zum Mukut Parbat auszukundschaften, der gewaltig über uns aufragte. Was Earle Riddiford tat, weiß ich nicht mehr – er sonderte sich oft ab und ging eigenen Interessen nach. Das Shamro-Tal wurde von einem großen Eisbruch blockiert, und am ersten schönen Tag bahnten wir uns einen Weg zwischen Gletscherspalten und Eistürmen, den so genannten Séracs, zum oberen Ende des Eisbruchs. Vor uns in 5800 Meter Höhe lag ein Platz, der sich gut für unser nächstes Lager eignete. Bevor wir umkehrten, bestiegen wir noch einen nahen Gipfel und genossen das erregende Gefühl, auf einem Sechstausender zu stehen.

Zwei Tage später gingen wir daran, Lager II am Mukut Parbat zu errichten. Wir waren schwer bepackt, und die Hitze machte uns sehr zu schaffen, als wir uns durch den Eisbruch mühten. Eine Eislawine hatte unsere Spuren zum Teil überdeckt. Langsam krochen wir den Gletscher hinauf und schlugen an seinem oberen Ende Stufen in einen steilen Hang, der zu einem Sattel zwischen dem Shamro- und dem westlichen Kamet-Gletscher führte. Dieser Sattel bot einen hervorragenden, windgeschützten Lagerplatz mit genügend ebener Fläche für unsere Zelte. Die Sicht war nach allen Seiten atemberaubend. Wir schickten die Sherpas zurück ins Basislager und schlüpften bald in die Zelte, um der Abendkälte zu entfliehen.

Am Morgen schien die Sonne, und das Leben zeigte sich wieder von seiner angenehmen Seite. Vor uns erstreckte sich ein großer Eisfall, vielfach gespalten und mit enormen Eistürmen gespickt. Da mussten wir irgendwie durch, wenn wir zum Gipfelgrat des Mukut Parbat kommen wollten. Ed Cotter und ich machten uns daran, einen sicheren Weg über den Gletscherbruch zu finden, und wir schafften auch ein gutes Stück, bevor uns die Hitze und die Müdigkeit von der Schlepperei am Vortag ins Lager zurücktrieben. Am nächsten Morgen setzten einige von uns die Erkundung fort. Es war sehr kalt, und wir zogen alles an, was wir dabeihatten. So blieben wir am Körper warm, nicht aber an den Füßen. Keiner von uns hatte geeignete Stiefel, und je höher wir kamen, desto mehr litten wir. Auf den steilen oberen Hängen schlugen George und ich abwechselnd Stufen in den hart gefrorenen Schnee. Unsere Füße schmerzten unerträglich. Endlich fand sich zur Linken eine ebene Eisfläche, die schon in der Morgensonne glitzerte. Überglücklich ließen wir uns darauf fallen, zogen die Stiefel aus und massierten uns die Füße. Wir brauchten eine volle Stunde, bis wir uns so weit erholt hatten, dass wir weitermachen konnten.

Wir suchten nach Möglichkeiten, die gefährlichen Eistürme zu umgehen, und mussten mehrere breite Spalten auf Schneebrücken überqueren. Wenn sie besonders brüchig aussahen, belegten wir unser Sicherungsseil an einem Eispickel, den wir mit dem Stiel fest in den Schnee rammten. Und wieder mussten wir Stufen in einen steilen Eishang hacken und erreichten schließlich einen schneebedeckten Sattel auf über 6400 Meter Höhe, von dem aus wir einen freien Blick auf die Hochebene und die kahlen Berge Tibets hatten. Vor uns erstreckte sich der lange Grat des Mukut Parbat. Unsere Aufgabe war gelöst, der Weg durch den Eisbruch gefunden.

Wir errichteten Lager III auf einer Eisfläche knapp unterhalb des tibetischen Sattels. Der 11. Juni dämmerte herauf, und das Wetter schien schön zu werden, aber die grimmige Kälte setzte uns in unseren lächerlichen Stiefeln kräftig zu. Wir befürchteten Erfrierungen und hielten es für besser, zu warten, bis die Sonne uns erreicht hatte. Dann seilten wir uns an – Earle, Ed und Pasang an einem Seil, George und ich am anderen. Wir kletterten auf unseren Eisstufen bis zum Sattel, wo uns ein scharfer Wind empfing. George trat im tiefen, kalten Pulverschnee eine schöne Spur den steilen Hang hinauf zum Hauptgrat. Der Schnee am Kamm war hart gefroren und mit Steigeisen gut zu begehen, aber der heftige Wind erschwerte das Vorankommen. Auf 6700 Metern fanden George und ich einen Felsvorsprung, der uns Schutz vor dem Wind bot. George hatte große Probleme mit seinen Füßen, und auch meine fühlten sich nicht allzu gut an. Deshalb hackten wir uns zwei Sitzplätze in den vereisten Hang, banden uns sicher an einen Beleg und zogen die Stiefel aus, um unsere Füße wieder zum Leben zu erwecken. Die anderen waren ziemlich weit hinter uns, aber jetzt holten sie uns ein und zogen zu unserer Überraschung an uns vorbei.

Als unsere Füße sich erholt hatten, setzten wir uns wieder in Marsch, entschlossen, den Gipfel im Sturm zu nehmen. Wir kamen über einen eisigen Buckel und sahen, dass der Grat noch bedeutend schmaler wurde, zu einer kleinen Senke abfiel und sich dann wieder zum Gipfel aufschwang. Und in dieser Senke hatte sich Earle festgesetzt und hackte Stufen ins harte Eis, was eine Ewigkeit zu dauern schien. George und ich warteten und froren immer mehr. Wir waren so daran gewöhnt, die Führung innezuhaben, dass es uns frustrierte zuzusehen, wie langsam Earle vorankam. Aber wir kannten seinen Eigensinn und wussten, dass er uns auf keinen Fall vorbeilassen würde. George und ich hielten Rat. Das andere Team war nicht so fit wie wir, und wenn sie in diesem Tempo weitermachten, würden sie wohl kaum die schwierigen Stellen schaffen und den Gipfel noch vor Dunkelheit erreichen – und wir würden immer wieder warten müssen und fürchterlich frieren. Gegen den Wind anschreiend, diskutierten wir die Sache mit den anderen. Es war schon nach Mittag. Die Frage war, sollten wir umkehren, solange wir noch frisch und gut bei Kräften waren, und den Angriff morgen noch einmal wagen? Schließlich beschlossen George und ich umzukehren, und die anderen gingen weiter. Das war unser Fehler.

Earle war körperlich nicht besonders stark, aber das glich er durch Zähigkeit und Willenskraft aus. Er machte unnachgiebig weiter, und wenn er erschöpft war, übernahm Pasang die Führung. Sie erreichten den Gipfel um sechs Uhr abends, als die Dämmerung schon anbrach. Wir machten uns große Sorgen, als es dunkel wurde und noch kein Lebenszeichen von ihnen auszumachen war. Um neun Uhr schließlich hörten wir in stockdunkler Nacht ihre Stimmen und empfingen sie im Lager, rieben ihnen die steifen Hände und wärmten sie mit heißen Getränken. Sie hatten eine bemerkenswerte Leistung vollbracht.

Weil das Wetter sich verschlechterte, wichen wir nach unten zurück und beschlossen, uns in Badrinath eine Weile auszuruhen. Es war Post für uns angekommen, darunter einige interessante Neuigkeiten. Unsere finanziellen Probleme schienen teilweise gelöst, weil Earle von einem Verwandten einen stattlichen Scheck bekam, den er in die Expeditionskasse stecken wollte. Und ein Freund hatte uns einen Ausschnitt aus einer Londoner Zeitung geschickt, der darüber berichtete, dass der berühmte britische Forscher Eric Shipton in wenigen Monaten eine Erkundungsexpedition durch Nepal zur Südseite des Everest leiten werde. Mein Gott, wenn wir da dabei sein könnten, dachten wir alle.

Nach ein paar Tagen in Badrinath wurde ich unruhig. Ich langweilte mich; ich konnte nicht gemütlich herumsitzen wie die anderen. Ich wollte einige Berge besteigen und dann zurück zu den Bienen. Earle sagte, er fühle sich nicht wohl, also ließen wir ihn zurück und stiegen wieder auf zum Shamro-Gletscher. Als wir einen Platz für die Zelte planieren wollten, versperrte uns ein riesiger Felsblock den Weg. Ich machte mich daran, ihn beiseite zu schaffen, als George mürrisch meinte: »Plag dich nicht. Ich hab's schon versucht. Den bringst du nicht weg.« Ich schaute ihn erstaunt an. Dann packte ich den Felsbrocken und wuchtete ihn zur Seite. Es gibt manches, in dem

George besser ist als ich, aber pure Körperkraft gehört nicht dazu.

Wir verbrachten eine wunderbare Zeit dort oben auf dem Shamro-Gletscher. Ohne Earle war alles viel entspannter. Wir unternahmen noch fünf Erstbesteigungen – unser höchster Gipfel hatte 6760 Meter –, bevor wir nach Badrinath zurückkehrten, hochzufrieden mit uns und unseren insgesamt sieben Erstbegehungen. Strömender Regen, über die Ufer tretende Flüsse und schlüpfrige Pfade auf dem Rückweg konnten uns die Laune nicht verderben.

Als ich in Badrinath den Zeitungsausschnitt über Eric Shiptons Vorhaben gelesen hatte, war ich unverschämt genug gewesen, ihm einen Brief zu schreiben und ihm nahe zu legen, er solle doch einige der Mitglieder unserer Expedition mitnehmen. Wir seien gut akklimatisiert, hervorragende Schnee- und Eiskletterer und wären bestimmt eine wertvolle Ergänzung seines Teams. Ohne dass ich es wusste, schrieb auch Harry Stevenson, der Präsident des neuseeländischen Alpinklubs, nach London und empfahl, einen oder mehrere aus unserer Mannschaft ins Shipton-Team aufzunehmen. Trotzdem waren wir vollkommen überrascht, als wir in unserem kleinen Hotel in Ranikhet ankamen und in unserer Post einen unauffälligen Brief fanden, der recht formell an die New Zealand Garhwal Expedition – das waren wir – gerichtet war und von Eric Shipton selbst stammte. Er enthielt die Einladung »für zwei von Ihnen, sich meiner Expedition anzuschließen, wenn Sie die Erlaubnis bekommen, nach Nepal einzureisen, und selbst für Nahrungsmittel und Ausrüstung sorgen«. Eine solche Chance bekommt man im Leben nur einmal. Aber wer würden die zwei Auserwählten sein?

Es konnte wohl keinen Zweifel geben, dass George Lowe und ich die besten Bergsteiger unseres Teams waren.

Ich hatte auch noch etwas Geld übrig, aber George war blank. Earle Riddiford dagegen besaß den Scheck seines Verwandten, der vermutlich für unsere Expedition gedacht war. Aber nachdem diese jetzt vorbei war, beanspruchte er das Geld für sich selbst. Und schließlich hatte Earle auch die Besteigung unseres höchsten Berges, des Mukut Parbat (7240 Meter) durchgezogen und den Gipfel erreicht. Sein Anspruch auf einen der beiden Plätze bei Shipton hatte also eine gewisse Berechtigung. Und so willigten die beiden anderen nach hitzigen Debatten widerstrebend ein, dass Earle und ich die Einladung annehmen sollten. Ich sehe noch heute Georges vorwurfsvollen Blick auf uns gerichtet, als wir im Bus davonfuhren. Damals wie heute war die Entscheidung, wer den Everest besteigt, im Grunde eine Frage des Geldes.

Ich respektierte Earles Hartnäckigkeit, aber ich kann nicht sagen, dass ich ihn mochte – keiner von uns mochte ihn. Ich kletterte niemals mit Earle zusammen an einem Seil, aber wenn es um organisatorische Fragen ging, kamen wir einigermaßen miteinander aus. Er hatte seine Stärken, ich hatte meine. Vor seinem Tod erreichte Earle sein höchstes Ziel: Er konnte die riesige Riddiford-Schaffarm zurückkaufen, die seine Vorfahren gegründet hatten und die die Familie später verkauft hatte. Wenn Earle sich etwas vorgenommen hatte, dann setzte er es auch in die Tat um.

Eric Shipton war für mich immer ein Held gewesen. Er beherrschte alles, was ein Bergsteiger in Neuseeland können muss: Er hatte sich als Erster in abgelegene Gegenden vorgewagt, war mit schwerem Gepäck über schwierige und oftmals noch unbegangene Pässe gegangen und hatte den Gefahren reißender Bergbäche und Furcht einflößender Grate in menschenleerer Wildnis die Stirn geboten. Dass ich ihn nun nicht nur kennen lernen, sondern sogar an seiner Erkundungsexpedition auf der Südseite des Everest teilnehmen konnte, war ein Geschenk des Himmels.

Die Grenze zwischen Tibet und Nepal verläuft durch das Everest-Massiv. Auf dem Gipfel des Mount Everest kann man mit einem Fuß in Tibet, mit dem anderen in Nepal stehen. Bisher war der Berg immer von Norden, von der tibetischen Seite her, angegangen worden, denn das Bergkö nigreich Nepal war für Fremde nicht zugänglich, und soviel man über die unerforschte Südseite des Everest wusste, war der höchste Berg der Erde dort durch eine Reihe besonders steiler Gipfel abgeschirmt. Im September 1949 fielen die Chinesen in Tibet ein und besetzten weite Gebiete im Osten. Die alte Everest-Route war allen Bergsteigern aus dem Westen drei Jahrzehnte lang verschlossen.

Im Mai 1951 schrieb ein junger britischer Bergsteiger namens Michael Ward an das Himalayan Committee, das von der Royal Geographic Society und dem Alpinklub gebildet worden war und alle sieben britischen Everest-Expeditionen in der Zeit zwischen den beiden Weltkriegen organisierte. Er unterbreitete den Vorschlag, noch im gleichen Herbst die Südwestseite des Everest erkunden zu lassen; Luftaufnahmen hatten nur wenig Aufschluss gebracht. Das Komitee war einverstanden, und Shipton, der schon an vier früheren Everest-Expeditionen teilgenommen hatte, sollte der Leiter sein. Doch der war hin- und hergerissen. Er war erst vor zehn Tagen von einem Diplomatenposten in China zurückgekehrt und hatte sich auf einen Sommer mit seiner Familie in England gefreut, um sich von dem Klima von Verdächtigung, Hass und Angst, das in China unter den Kommunisten herrschte, zu erholen. Andererseits aber hatten ihm seine Sherpas immer von der Schönheit ihrer Heimat Solu Khumbu auf der anderen Seite des Everest vorgeschwärmt. Und schließlich konnte er der Herausforderung nicht widerstehen, eine Südwestroute zu suchen.

Nicht, dass Shipton sich viel Erfolg davon versprochen

hätte. Er hielt es für höchst unwahrscheinlich, dass es noch einen zweiten gangbaren Weg zum Dach der Welt gab. »Kein Bergsteiger mit Erfahrung«, schrieb er damals, »kann große Hoffnung hegen, einen Weg auf die höchsten Gipfel des Himalaja zu finden. Die Dimensionen dieser Bergriesen sind so gewaltig, dass der Bergsteiger mit größter Wahrscheinlichkeit irgendwann vor dem Unmöglichen steht – einer unersteigbaren Wand, Hängen, die von Gletschern überragt werden, oder lawinendurchrasten Couloirs.« Besonders pessimistisch war er, was das Western Cwm betraf. Dieses spektakuläre, verborgene Tal, eine ganz und gar ungewöhnliche Erscheinung in der Bergwelt des Himalaja, hatte George Leigh Mallory als Erster erblickt, als er 1922 zum Lho La anstieg. Shipton schätzte die Chancen, eine passable Route durch dieses Tal zum Gipfel zu finden, auf dreißig zu eins.

Shipton hatte uns angewiesen, unsere Verpflegung selbst mitzubringen, und so fuhren Earle und ich und zwei unserer Sherpas, Pasang Dawa Lama und Nima, in äußerst unbequemen Bussen und Eisenbahnzügen nach Lucknow hinunter, um unsere Vorräte zu ergänzen. Unglücklicherweise gab es dort nichts Passendes, und wir mussten für teures Geld Dosen kaufen, was noch dazu ein Gewichtsproblem bedeutete. Es war sehr heiß in Lucknow – 37 Grad im Schatten –, und nach unseren Monaten im Himalaja empfanden wir das als sehr anstrengend.

Dann mussten wir uns mitsamt unseren Unmengen von Gepäck in einen vollbesetzten Zug zwängen und ratterten zwei Tage lang zweiter Klasse in Richtung Osten. Je weiter östlich wir kamen, desto heftiger wurden die Monsunregen. Endlich erreichten wir mitten in der Nacht die Endstation Jogbani. Wir schafften unser Gepäck in die Veranda einer leer stehenden Hütte, wo wir wenigstens vor dem Regen geschützt waren. Riesige Moskitos belästigten uns die ganze Nacht, so dass wir kaum schliefen und am Morgen von Stichen übersät waren.

Am nächsten Tag meldeten wir uns bei Mr. Law, einem freundlichen schottischen Ingenieur, der eine große Jutespinnerei leitete. Er teilte uns mit, dass Shipton und seine Mannschaft fünf Tage Vorsprung vor uns hatten, und warnte uns, dass der wieder einsetzende Monsun unsere Reise sehr erschweren werde. Als die Wolken einmal aufrissen, sahen wir weit im Norden einen schneebedeckten Gipfel. Das sei der Everest höchstpersönlich, versicherte unser Freund, aber wir glaubten ihm nicht recht.

Mr. Law empfahl uns, für die 65 Kilometer bis zum Dorf Dharan einen alten amerikanischen Militärlastwagen mit Vierradantrieb zu mieten, was wir dann auch taten. Wir luden alles auf und quälten uns eine entsetzlich schlammige Piste entlang. Nach der Hälfte der Strecke kamen wir zu einer Brücke über einen kleinen Fluss, die auf beiden Seiten im Sumpf endete. Der Fahrer versuchte mehrere Male auf die Brücke zu kommen, aber er blieb immer wieder stecken. Schließlich sagte er, wir sollten den Wagen entladen und alle unsere Vorräte auf die andere Seite tragen, dann könne er es noch einmal probieren.

Earle, die beiden Sherpas und ich schafften also das ganze Zeug ans andere Ufer, wobei wir bis zu den Waden im Matsch wateten. Eine Schar junger Männer versammelte sich, um uns dabei zuzuschauen, und ich versuchte sie als Helfer zu engagieren, aber sie zeigten kein Interesse an solch harter Arbeit. Ein besonders unsympathischer Jüngling lehnte am Brückengeländer und machte ständig Witze über unsere Anstrengungen, was bei den anderen brüllendes Gelächter hervorrief. Er hätte es nicht übertreiben sollen. Als ich mit einer besonders schweren Last hinübertrottete, schubste ich ihn mit kräftigem Schwung über das Geländer, und er platschte zappelnd in den Fluss. Von da an fiel kein Wort mehr, bis wir alles drüben hatten. Dann gab der Fahrer Vollgas und brachte den leeren Laster tatsächlich über die Brücke. Wir luden wieder auf und fuhren weiter.

In Dharan bezahlten wir den Fahrer und engagierten zwanzig Sherpas. Pasang wurde zum Sirdar, dem Trägerobmann, ernannt. In den nächsten zwei Tagen überquerten wir zwei hohe Pässe und stiegen ins Arun-Tal hinab. Wir gingen am Fluss entlang aufwärts und machten ordentlich Tempo, weil wir Shipton einholen wollten. Häufig mussten wir Nebenflüsse durchqueren, die wegen des Monsunregens Hochwasser führten, aber da Earle und ich in Neuseeland eine Menge Erfahrung mit solchen Situationen gesammelt hatten, brachten wir unsere Träger gut hinüber. Doch dann kamen wir an einen 60 Meter breiten, reißenden Fluss. Am Ufer saßen etwa dreißig Einheimische, die schwer beladen zum Markt wollten, sich aber nicht ins Wasser wagten. Wir aber konnten nicht warten, bis der Fluss wieder abschwoll, und mussten uns auf einen neuseeländischen Trick besinnen.

Ich hackte einen Ast von vielleicht zweieinhalb Meter Länge ab. Earle und ich hielten ihn an beiden Enden in der Richtung des fließenden Wassers. Fünf oder sechs Träger klammerten sich zwischen uns an die Stange, und so brachten wir sie ohne Schwierigkeiten ans andere Ufer. Earle am oberen Ende brach die Wucht der Strömung, und ich am unteren Ende sollte eventuell Strauchelnde auffangen. Es war direkt ein Vergnügen, so leicht schafften wir es hinüber. Wir wateten zurück und holten die nächsten fünf. Und so ging es hin und her, bis wir feststellten, dass die einheimischen Träger auch nicht mehr am Ufer saßen. Ohne dass es uns aufgefallen war, hatten sie sich unter unsere Leute gemischt und unsere Fährmannsdienste in Anspruch genommen. Wir lachten und wünschten ihnen Glück.

Ein paar Stunden weiter flussaufwärts erfuhr unser Sirdar Pasang, dass Shiptons Mannschaft sich aller Wahrscheinlichkeit nach in dem Dorf Dingla hoch auf den grünen Hügeln auf der anderen Seite des Flusses aufhielt. Der Arun, ohnehin ein stattlicher Fluss, war nach den ständigen Regenfällen mächtig angeschwollen. Da versagten unsere neuseeländischen Tricks; das war eine andere Liga. Man konnte nur per Boot hinüber. Am Ufer lag ein halbes Dutzend Einbäume, und ein Dutzend zäh aussehender Nepalesen hockte unter einer Bambusmatte, die ein bisschen Schutz vor dem Regen bot. Nach einigem Feilschen erklärten sie sich bereit, uns überzusetzen. Nicht ohne Bedenken knieten wir uns in einen dieser unsicheren Kähne und wurden von der Strömung fortgerissen. Unsere zwei Bootsführer paddelten wie verrückt, und wir waren bald in der Mitte des Flusses, aber wir näherten uns auch bedenklich rasch einer Stromschnelle, in der wir garantiert kentern würden. Da sprang zu meiner Überraschung der vordere Ruderer plötzlich über Bord, und das Wasser reichte ihm nur bis zu den Waden. Er stand offenbar auf einer Kiesbank und zog den Einbaum etwa 400 Meter flussaufwärts. Dann sprang er wieder ins Boot, sie paddelten wieder wie besessen, und so kamen wir durch die zweite große Strömung und sicher ans andere Ufer.

Unsere Sherpas machten bei der Landung einen etwas mitgenommenen Eindruck und mussten sich erst wieder erholen. Earle und ich eilten voraus, in der Hoffnung, Shipton noch in Dingla anzutreffen. Wir erfuhren, dass sich ein paar Sahibs im Dorf aufhielten, und man führte uns zu einem der größeren Häuser. Dort fanden wir im schwach erleuchteten Obergeschoss einen kräftigen Mann mit ergrauendem Bart, der sich lächelnd zu uns umwandte. So lernte ich Eric Shipton kennen.

Eric und ich waren uns auf Anhieb sympathisch. Er behandelte mich wie einen tatendurstigen jüngeren Bruder und zog gern Nutzen aus meiner Kraft und Energie. Ich wiederum hatte Respekt vor seiner großen Erfahrung und seinem Wissen und tat gern, was er von mir verlangte. Erics Mannschaft war eine interessante Mischung. Da war der alte Bill Murray, der so gut wie jeden vereisten Wasserfall in Schottland erklettert und die erste schottische Himalaja-Expedition im vorigen Jahr geleitet hatte; dann Michael Ward, der schon manche Felswand bezwungen hatte und ein sehr liebenswürdiger Mensch war; dann Tom Bourdillon, der 95 Kilo wog und als Kletterer in Großbritannien und in den Alpen schon Großes geleistet hatte. Und schließlich war da noch ihr Sirdar, Angtharkay Sherpa, der damals wohl der bekannteste Sherpa-Sirdar und ein guter Kletterer war. Angtharkay war klein und gedrungen und sehr lebhaft; er war mir sofort sympathisch.

Earle Riddiford dagegen benahm sich Shipton und Angtharkay gegenüber reserviert. Er hielt natürlich eine Menge von unserem Sirdar, Pasang Dawa Lama, der viel dazu beigetragen hatte, dass er den Gipfel des Mukut Parbat erreicht hatte. Er rühmte ihn in einem fort und schlug sogar vor, Pasang solle sich die Sirdar-Rolle mit Angtharkay teilen. Aber auf diesem Ohr war Shipton taub. Doch Earle gab nicht auf, und schließlich behauptete er sogar, Pasang sei als Bergsteiger so gut wie mein neuseeländischer Mentor, der große Harry Ayres. Jetzt wurde es mir zu bunt, und das sagte ich Earle auch. Er geriet in Wut und drohte, handgreiflich zu werden, wenn ich auch noch ein einziges kritisches Wort über Pasang sagte. Verblüfft schaute ich den eher zierlichen Earle an, rückte ihm auf den Leib und fragte: »Und wer wird dir dabei helfen?« Es war wie eine Rangelei auf dem Schulhof, aber das Thema war endlich erledigt.

Shipton hatte Schwierigkeiten, Träger anzuwerben, weil die Leute wenig Interesse zeigten, während der Monsunregen etwas zu unternehmen. Aber schließlich war alles bereit. Mit schwer beladenen Trägern zogen wir langsam über regendurchweichte Pässe hinunter zu tosenden Flüssen mit unsicheren Brücken. Blutegel machten sich über uns her, und wir waren mit blutenden und manchmal entzündeten Wunden übersät. Wir erreichten das entlegene Dorf Bung, dessen Einwohner noch nie einen Fremden gesehen hatten und uns dementsprechend neugierig anstarrten. Viele Jahre später bauten wir in Bung ein Krankenhaus und eine Schule. Dann mussten wir auf vereisten Wegen über einen zerklüfteten Grat, an den Behausungen von Sherpas und an Klöstern vorüber, nur um auf der anderen Seite steil in die tiefe Kluft des Inuku-Tals hinabzusteigen und dort mit bangem Herzen die wacklige Brücke zu betreten, welche die enge Schlucht und den reißenden Fluss überspannte. Dreißig Jahre später finanzierten wir dort eine stählerne Hängebrücke.

Dann ging es wieder hinauf, über einen 3000 Meter hohen Pass und hinab in das kleine Dorf Pangkongma. Nun betraten wir das große Tal des Dudh Kosi, das die Pforte zur Everest-Region bildet. Und von einem Moment auf den anderen, so, als hätte man einen Schalter betätigt, hörte am 21. September der Monsunregen auf, und wir hatten einen wunderbaren Blick auf den Everest, den Lhotse und den Cho Oyu. Mit klopfendem Herzen betraten wir das Land der Sherpas, die Region mit den höchsten Bergen der Erde.

Shipton war bekannt für seine Anspruchslosigkeit, was Essen und Trinken anbetraf. Deswegen hatte seine Mannschaft sich sehr über die Dosen gefreut, die Earle und ich in Lucknow gekauft hatten. Der große Tom Bourdillon litt besonders unter den mageren Rationen, und als er nach seiner Rückkehr in einem BBC-Interview über die Qualität des Essens während der Expedition befragt wurde, sagte er: »Das Wichtigste in puncto Essen bei einer Expedition ist, dass es überhaupt etwas gibt!« Aber ganz so schlimm war es nicht. Auf unserem Zug durch das großartige Dudh-Kosi-Tal, auf einem schmalen Pfad hoch oben in den Wäldern über dem Fluss, konnten wir Erics Vorräte in den Dörfern ergänzen. In Phakding bekamen wir neue Kartoffeln, Erbsen, Kürbisse und Lammkoteletts. Wir hauten mächtig rein und krochen für diesmal sehr zufrieden in unsere Schlafsäcke.

Wir kamen durch ein Sherpa-Dorf nach dem anderen und wurden überall herzlich begrüßt, weil Shipton und Angtharkay hier berühmte Persönlichkeiten waren. Langsam erklommen wir den gewaltigen Hang, der zum wichtigsten Ort im Khumbu-Distrikt führt: Namche Bazar. Hier zahlten wir unsere Flachlandträger aus und rekrutierten für den Transport in höhere Regionen ein paar Sherpas aus dem Ort, die zäher waren und über die nötige Kleidung verfügten. Unser Zug zum Fuß des Mount Everest war unvergesslich schön. Der Ama Dablam, der Kangtega und der Tamserku säumten das Tal, und vor uns hatten wir ständig das mächtige Dreieck des Everest mit seiner langen Schneefahne im Blick, das über die gewaltige Flanke des Nuptse ragte. Noch nie hatte ich etwas Ähnliches gesehen.

Es schneite häufig, als wir den Khumbu-Gletscher hinaufzogen und schließlich in einer seitlichen Mulde, in 5330 Meter Höhe, unser Basislager errichteten. Everest und Nuptse schienen sich über uns zu beugen. Zu unserer Rechten war ein großer Eisbruch, der sich vom Western Cwm auf der Südseite des Everest herunterschob. Ein Zugang von dieser Seite schien unmöglich.

Eric Shipton hatte schon früher Zweifel geäußert, dass wir auf dieser Seite einen passablen Zugang zum Everest finden könnten. Doch das beunruhigte ihn nicht weiter. Er meinte, falls sein Verdacht sich bestätigte, dann hätte unsere Erkundungstour ihren Zweck erfüllt und wir könnten uns daranmachen, die unberührten Berge südlich und westlich des Everest zu besteigen. Diese Idee gefiel ihm, und mir nicht weniger.

Shipton lud mich ein, ihn auf den hohen Kamm des Pumori zu begleiten. Von da aus, so vermutete er, könne man vielleicht sehen, ob es eine gangbare Route zum Everest gebe. Wir überquerten die Moräne, kamen am Fuß des Grates an und stiegen langsam aufwärts, bis wir schließlich auf 6200 Metern waren. Etwas außer Atem wegen der großen Höhe, blickten wir uns um und musterten den Khumbu-Eisbruch und das Western Cwm. Unser Blick folgte dem Eisbruch ins Cwm und schwenkte dann über steile Hänge hinauf zum Südsattel. Überwältigt erkannten wir, dass Erics Vermutung nicht mehr haltbar war – es gab von dieser Seite aus eine mögliche, wenn auch schwierige Route auf den Berg.

Ganz zappelig vor Aufregung kehrten wir ins Basislager zurück, um den Gefährten unsere Neuigkeit mitzuteilen. Wir waren nicht gut genug ausgerüstet, um uns weit den Everest hinaufzuwagen, aber wir konnten wenigstens versuchen, das direkt vor uns liegende Problem des Eisbruchs zu lösen. Energisch gingen wir das Chaos von Gletscherspalten und Eistürmen an, das immer in Bewegung und außerdem dick von Monsunschnee bedeckt war. Unter höchst gefährlichen Bedingungen machten wir gute Fortschritte, bis Earle von einer Lawine erfasst wurde und beinahe zu Tode kam. Da beschlossen wir abzuwarten, bis sich die Schneeverhältnisse besserten.

Am 23. Oktober gingen Eric Shipton und ich mit zwei Sherpas den Eisbruch wieder an. Die Schneelage war jetzt viel sicherer, aber dafür ergab sich ein anderes Problem: Der Eisfall war in Bewegung geraten und instabil geworden; es war ein äußerst gefährliches Gebiet entstanden, das wir »Atombombenfeld« nannten. Wir suchten uns mit größter Vorsicht einen Weg und kamen auch ziemlich weit hinauf, bevor wir wegen der hereinbrechenden Dunkelheit umkehren mussten.

Am anderen Morgen stiegen wir alle gemeinsam auf

der bereits erforschten Route rasch aufwärts. Nicht ohne Bedenken kletterten wir über die Eisblöcke, überquerten die Spalten in dieser Region, die noch nicht zur Ruhe gekommen war, und hackten unsere Stufen ins Eis für eine Route, die sich zwischen riesigen Eistürmen hindurchwand. Schließlich folgten wir dem wechtenüberhangenen oberen Rand einer breiten Gletscherspalte und kamen auf eine ebene Schneefläche. Vor uns schwang sich ein langes, enges Tal aufwärts. Es lief direkt auf den Lhotse zu. In freudiger Erregung erkannten wir, dass wir an der Schwelle zum Western Cwm standen – wir hatten den Eisbruch überwunden.

Es wurde Zeit, in die Zivilisation zurückzukehren. Wir teilten uns in verschiedene Gruppen auf, von denen jede auf anderen, unerforschten Wegen nach Katmandu zog. Wir waren überzeugt, das Problem eines Südanstiegs zum Everest gelöst zu haben, und entschlossen, im nächsten Jahr gut ausgerüstet wiederzukommen, um den Gipfel des Everest in Angriff zu nehmen.

Earle Riddiford und ich erreichten Katmandu als Erste, und diese alte Stadt mit ihren schönen Tempeln und freundlichen Menschen beeindruckte uns sehr. Der britische Gesandte, Christopher Summerhayes, empfing uns herzlich und beglückwünschte uns zu unseren Erfolgen. Aber dann fuhr er zu unserem Entsetzen fort, er habe gehört, dass die Schweizer die Genehmigung bekommen hätten, im darauf folgenden Jahr, 1952, zwei Gipfelversuche zu unternehmen. Damit war es vorbei mit unseren Träumen. Alles, was wir jetzt noch tun konnten, war abzuwarten, was die Schweizer erreichen würden.

5
Warten auf den Everest

Das Himalaja-Komitee reagierte tapfer auf diesen unerwarteten Rückschlag. Es hatte die Erlaubnis für einen britischen Versuch im Jahr 1953 erhalten und beschloss, die eigenen Vorbereitungen so weit voranzutreiben, als werde die – zweifellos tüchtige – Schweizer Expedition keinen Erfolg haben. Man entschied, 1952 eine Expedition zum Cho Oyu, einem stattlichen Gipfel westlich des Everest, zu entsenden. Dabei sollten die Sauerstoffgeräte ausprobiert und die Reaktionen des menschlichen Körpers auf große Höhen untersucht werden. Eric Shipton wurde gebeten, das Unternehmen zu leiten, und ich freute mich sehr, als er mich dazubat. Auf meine Anregung hin forderte er auch George Lowe auf, mitzukommen.

Diesmal folgten wir einer neuen Route nach Khumbu, von der Eisenbahn-Endstation Jogbani über die sandigen Ebenen nach Chisapani am Fuß der Berge, dann aufwärts und schließlich den Fluss Dudh Kosi entlang nach Namche Bazar. Das Wetter war prächtig, und wir hatten einen wunderbaren Blick auf den Everest und den Cho Oyu. Wir erkundeten den Cho Oyu vom Thami-Tal aus und entschieden, dass die Südseite des Berges wohl zu schwierig war. Aber im Vorjahr hatten Murray und Bourdillon auf dem Weg nach Tibet den 5800 Meter hohen Nangpa La bestiegen und berichtet, man könne den Cho Oyu möglicherweise vom Kyetrak-Gletscher aus angehen. Das wollten wir natürlich nachprüfen. Wir errichteten unser Basislager auf einer Weide in Lunak, einem kalten, öden Ort in 5200 Meter Höhe. Unser Arzt Griffith Pugh nahm uns allen Blut ab, um den Hämoglobinanteil zu prüfen, der Auskunft über die Akklimatisierung gibt. Natürlich waren Georges und meine Werte die besten. Wir hatten entschieden die beste Kondition, und so erhielten wir den Auftrag, Verpflegung für sechs Tage mitzunehmen, den Nangpa La zu überqueren und die Möglichkeit eines südlichen Anstiegs zum Cho Oyu zu erkunden.

Am 24. April zogen wir mit drei Sherpas talaufwärts. In tiefem, weichem Schnee und unter immer wiederkehrenden Stürmen stiegen wir über den Nangpa La und wandten uns dann nach rechts, den Kyetrak-Gletscher hinauf. Wir kamen um eine Ecke und sahen vor uns einen Felskamm, der in den schneebedeckten Hauptgrat überging, welcher zur Flanke des Berges hinaufführte. Das sah ganz nach einer möglichen Route aus. Damit war unsere Aufgabe eigentlich erfüllt, aber weil George und ich uns stark und kräftig fühlten, beschlossen wir, einen der schönen Schneegipfel westlich vom Nangpa La zu besteigen. Die Sherpas sollten einstweilen zusammenpacken und nach Lunak abmarschieren. Im Nu hatten wir den Nangpa La wieder überquert und kletterten einen langen, steilen Hang empor bis auf 6200 Meter. Dann ließen wir die Eispickel wirbeln und hackten Stufen noch und noch in einen schmalen, steilen Grat, bis wir schließlich am Gipfel standen – 6430 Meter hoch. Der Blick auf den Cho Oyu war überwältigend. Wir sausten den Berg wieder hinunter, überquerten wieder einmal den Nangpa La, holten unsere Sherpas ein und eilten, beflügelt von unserem Erfolg, nach Lunak zurück.

Griff Pugh bat uns zu einer weiteren Hämoglobinuntersuchung in sein Zelt. Die anderen hatte er schon getestet. Wir waren natürlich sehr zuversichtlich, schließlich hatten wir, während die anderen so gut wie nichts getan hatten, den Zugang zum Cho Oyu erkundet, einen beachtlichen Berg erklommen und so gut wie den ganzen Weg über den Gletscher zum Lager im Laufschritt zurückgelegt. Doch als Griff unsere Ergebnisse sah, wollte er seinen Augen nicht trauen: Wir hatten beinahe die niedrigsten Hämoglobinwerte der ganzen Mannschaft. In diesem Moment verlor ich meinen Glauben an diesen Teil der Höhenmedizin, und ich habe ihn nie wieder zurückgewonnen.

Ich ging ins große Gemeinschaftszelt und platzte mitten in eine heftige Diskussion. Sie hatten die Nachricht erhalten, dass die chinesischen Invasionstruppen bis zu dem tibetischen Dorf unterhalb des Nangpa La vorgedrungen waren. Eric Shipton war in großer Sorge. Er hatte keine Angst um sich selbst, aber der Gedanke, dass einer aus seiner Mannschaft in die Hände der Chinesen fallen könnte, beunruhigte ihn sehr. Er trug schließlich die Verantwortung dafür, dass alle seine Freunde die Tour gefahrlos überstanden. Also verbot er, auf der Nordseite des Nangpa La ein Lager aufzuschlagen. Es überraschte mich, dass sich der imposant wirkende Tom Bourdillon auf Shiptons Seite schlug. Doch Toms Frau hielt sich auch in der Khumbu-Gegend auf, und er fürchtete, sie in Gefahr zu bringen, wenn er selbst sich in eine unsichere Situation begab. Earle Riddiford und Campbell Secord opponierten heftig gegen Erics Haltung, nicht weil sie unbedingt den Cho Oyu besteigen wollten, sondern weil sie prinzipiell gegen alles waren, was Eric vorschlug. George und ich hegten große Zuneigung für Eric, aber mit der Arroganz unserer Kraft glaubten wir, wir könnten den chinesischen Soldaten schon davonlaufen, wenn wir welche träfen – an die Gewehrkugeln dachten wir nicht. Wir stritten den ganzen Nachmittag, und die Stimmung verschlechterte sich zusehends. Am Abend ließ sich Shipton widerwillig auf einen Kompromiss ein. Wir würden den Cho Oyu von Nordwesten aus angehen, aber dabei sollte es sich nur um eine kleine, bewegliche Truppe handeln, und wir würden keine Zwischenlager errichten, nur eines auf der nepalesischen Seite unterhalb des Nangpa La und eines oben auf dem Berg. Ich glaube, es war uns allen klar, dass damit unsere Chancen, den Gipfel des Cho Oyu zu erreichen, gleich null waren.

Ich mag Eric, aber ich glaube nicht, dass er sich in dieser Situation richtig verhalten hat. Statt uns den ganzen Nachmittag über seine durchaus vernünftigen Ansichten zu predigen und uns damit zu demoralisieren, hätte er seine Meinung kurz darlegen, sich dann die anderen Ansichten anhören und schließlich eine Entscheidung treffen sollen. Vielleicht sogar die, dass eine kleine, starke, gut ausgerüstete Gruppe voller Zutrauen in die eigene Kraft den Gipfelsturm versuchen sollte. Aber hinterher ist man bekanntlich immer klüger. Campbell Secord schlachtete diese Szene weidlich aus, als er wieder in London war, und beschädigte damit Erics Ruf. Auch das spielte eine Rolle bei der späteren Entscheidung des Komitees, bei der Expedition von 1953 nicht Shipton, sondern John Hunt zum Leiter zu machen.

Wir errichteten ein Lager in Jasamba, unterhalb des Nangpa La, und stiegen dann hastig den Kyetrak-Gletscher hinauf, wobei wir uns immer ängstlich nach Chinesen umschauten. Als wir zu dem kleinen Felskamm kamen, der zum westlichen Hauptgrat führte, ging ich allein weiter und etablierte eine Route, bis eine lange Eisstrecke mir Halt gebot. Am anderen Morgen gingen wir alle zusammen auf meiner Spur nach oben, George sicherte mich mit dem Seil, und ich hackte 30 Meter lang Stufen ins Eis bis zu einem Felsvorsprung. Dann übernahm George die Führung und schlug Stufen in den Kamm, wo sich Schnee und Fels mischten, bis er in 6400 Meter Höhe den Hauptgrat erreichte. Hier fanden wir eine Eismulde und schlugen unser Lager auf. Wir führten die entbehrlichen Sherpas über das eisige Stück zurück und sahen ihnen nach, wie sie über den Kyetrak-Gletscher und den Nangpa La zurück in die Sicherheit eilten. Ich kam mir in unserem Lager ziemlich einsam vor.

Die nächsten zwei Tage war das Wetter furchtbar. Wir stießen etwas weiter vor auf dem Grat, aber als die Sicht gegen null ging, mussten wir umkehren. Charles Evans hatte sich eine ernsthafte Halsentzündung zugezogen, und als sich das Wetter im Lauf des zweiten Tages ein bisschen besserte, brachten ihn Secord und ein Sherpa hinunter und über den Nangpa La ins Basislager.

Das Essen wurde knapp, und wir hatten nicht mehr viel Hoffnung. Alf Gregory, Tom Bourdillon, George und ich beschlossen, einen letzten Versuch zu wagen. George und ich führten, Tom und Alf folgten langsam. Tom gestand, dass ihm die Schneeverhältnisse überhaupt nicht gefielen. Wir erreichten den Punkt, wo der Grat an die große Eisflanke des Cho Oyu stößt, und ich begann eine Reihe von Stufen in einen sehr steilen Schneehang zu hacken. Ich war jetzt in über 6800 Meter Höhe, aber es schien alles zu nichts zu führen. Als einer heraufschrie: »Komm runter, du Idiot!«, wusste ich, dass wir umkehren mussten.

Wir hatten kläglich versagt, und wortlos stiegen wir ab, über das Lager am Grat und hinunter zum Kyetrak-Gletscher. Dort stießen wir zu unserer Verblüffung auf Eric Shipton und Earle Riddiford. Noch heute weiß ich nicht, was sie dort zu suchen hatten. Wollten sie uns bei der Besteigung helfen oder uns aus unserer gefährlichen

Lage befreien? Irgendwie habe ich nie daran gedacht, Eric danach zu fragen, und jetzt ist es zu spät.

George und ich litten schwer unter unserer dürftigen Leistung und baten Shipton, er solle uns zum Kyetrak-Gletscher zurückgehen und zwei schöne Berge besteigen lassen, die uns dort an der Nordseite aufgefallen waren. Im klassischen Alpinstil kletternd, erreichten wir die beiden Gipfel, 6553 und 6888 Meter hoch. Als wir ins Basislager zurückkehrten, hatten wir uns seelisch wenigstens etwas erholt. Aber dass wir am Cho Oyu versagt hatten, nagte noch immer an unserem Selbstwertgefühl. Rückblickend muss ich zugeben, dass es angesichts der Zwistigkeiten klüger gewesen wäre, den Cho Oyu aufzugeben und sich einen der anderen großen jungfräulichen Berge dieser Gegend vorzunehmen.

Unser Hauptziel blieb also unerreicht, aber wir hatten noch genug zu tun. Einzig Earle Riddiford kehrte verärgert in die Zivilisation zurück. Er fuhr nie wieder in den Himalaja, sondern konzentrierte sich auf seine Anwaltskanzlei und die Schaffarm seiner Familie. Tom Bourdillon leitete die Gruppe, welche die Sauerstoffgeräte testete, und Griffith Pugh setzte seine Untersuchungen über die Auswirkungen großer Höhe auf den menschlichen Körper fort. Beide leisteten wertvolle Vorarbeit für unsere Everest-Expedition 1953. George und ich aber durften weiterhin einfach Berge besteigen.

Eric schlug uns vor, einen Pass östlich des Cho Oyu namens Nup La zu versuchen, den noch kein anderer vor uns überquert hatte. Bei dieser Gelegenheit bekamen wir es mit einem Eisbruch zu tun, der den des Khumbu-Gletschers noch in den Schatten stellte. Wir waren mit einem Dutzend Träger-Sherpas, einer Sherpani und drei der Sherpas, die uns ständig begleiteten – Angputa, Tashi Puta und Angje –, aufgebrochen und folgten am zweiten Tag dem Ngojumba-Gletscher, bis er eine scharfe Linkskurve beschreibt, an der das Eis reißt und auseinander bricht. Als wir diese Stelle mit einigem Zeitaufwand überwunden hatten, eröffnete sich uns ein unbeschreiblich schöner Ausblick. Links türmte sich unmittelbar über uns der Cho Oyu auf, und östlich davon erhob sich ein Gipfel hinter dem anderen, überragt von der Pyramide des Mount Everest in 30 Kilometer Entfernung. Das Tal vor uns war ein einziger Eisbruch von gewaltigen Ausmaßen, eine kilometerlange Strecke von Eistürmen, -wänden, -brocken und -klippen, von den Spalten ganz zu schweigen. Der Eisfall wurde in der Mitte von einem Felskamm überragt.

Im rechten Teil des Eisbruchs standen ganze Reihen von wackligen Eistürmen, jederzeit bereit umzustürzen. Und während wir die Lage noch taxierten, ertönte ein gewaltiges Getöse, und eine breite Eiswand neigte sich, krachte mit ungeheurer Wucht vornüber und zerschellte in tausend Trümmer. »*Bohut kharab, sahib*«, kommentierte Angje. Sehr schlimm. Und ich musste ihm Recht geben.

Wir schlugen unser Zelt unterhalb des Eisfalls auf und inspizierten den Felskamm in der Mitte. Es schien eine Route zu geben, die uns wenigstens über die halbe Strecke des Eisfalls bringen würde.

Doch anderentags stellte sich heraus, dass wir uns getäuscht hatten. Die sechs Stunden, die wir an und auf diesem Kamm verbrachten, werden uns immer unvergesslich bleiben. Über die Wand kamen ständig ganze Felsblöcke heruntergedonnert, und nur mit großer Mühe überwanden wir einen riesigen, überhängenden Block, der uns den Weg versperrte, und schafften vielleicht 150 Meter Höhe. Dann realisierten wir, dass es kein Weiterkommen gab. Doch auch der Abstieg war eine äußerst heikle Angelegenheit. Dass wir den Überhang heil wieder herunterkamen, kam schon fast einem Wunder gleich, und in der steilen Rinne darunter prallten rings um uns herum Felsbrocken nieder. Wir liefen quasi mit ihnen um die Wette. Unten angekommen, waren wir ungeheuer erleichtert und gingen zurück zum Lager. Die Sherpas hatten unsere Kletterei mit Skepsis und Bewunderung verfolgt, und wieder sagte Angje mit Nachdruck: »*Bohut kharab*.« Wie Recht er doch hatte.

Später am Nachmittag zog ich mit Angputa los, um eine mögliche Route links des Gletschers zu erkunden. Die meiste Zeit über ging es an einer Hunderte von Metern hoch aufragenden Eiswand entlang, die keinen Weg hinauf bot. Dann kamen wir zur linken Talseite, und ich sichtete aufgeregt eine weit ausladende Moräne über einem Eisfall. Sie war leicht zu erklimmen und schien zudem sicher zu sein. Wir gingen ein Stück weiter, und meine Erregung wuchs. Trotz der Gletscherspalten und Eiswände schien es ein Durchkommen zu geben – schwierig zwar, aber nicht unmöglich. Es wurde dunkel, und wir eilten ins Lager zurück, um George von unserer Entdeckung zu berichten. Nun machte es Sinn, dranzubleiben.

Um halb sieben am nächsten Morgen brachen wir auf, und George und ich legten ein gutes Tempo vor, so dass wir den Endpunkt der Vortagestour zeitig erreichten. George war zögerlich angesichts des schwierigen Geländes, hielt ein Weiterkommen aber doch für möglich. Wir seilten uns zusammen, schnallten die Steigeisen an, und los ging's. Das war die Art von Bergsteigen, die uns lag: sich einen Weg die Eiswände hochzuhacken, unsichere Schneebrücken zu überqueren und in Gletscherspalten hinein- und wieder hinauszusteigen. Erst mussten wir uns links halten in Richtung spröder, einsturzgefährdeter Eisflächen, dann eröffnete uns eine Schneebrücke den Weg ins Zentrum, wo der Untergrund vertrauenerweckender wirkte. Um halb elf kamen wir auf einen Schneehügel und erblickten den Nup La in weiter Ferne. Das Gebiet vor uns sah vielversprechend aus, und so beschlossen wir, umzukehren und Vorbereitungen für den Transport des Camps hierher zu treffen.

Am nächsten Morgen zog ich mit den Sherpas los, während George zurückblieb. Wir hatten entschieden, dass nicht beide von uns mit aufsteigen mussten, und da George häufiger nach Pausen verlangte, obwohl er alle Aspekte des Bergsteigens bestens beherrschte, war ich es, der in diesem Stadium der Unternehmung den Löwenanteil an Arbeit leistete. So machte ich mich also auf mit drei eher unmotivierten Sherpas. Alles lief gut, und wir erreichten den Eisfallkamm nach dreieinhalb Stunden. Doch meine Hoffnungen auf besseren Untergrund zerschlugen sich, und wir mussten uns durch zwei große Gletscherspalten arbeiten. Dann folgte gefährliches Spaltengebiet, und je weiter wir kamen, umso deutlicher zeichnete sich ab, dass es noch ein gutes Stück Arbeit bis zum Nup La werden würde.

Am nächsten Morgen war es plötzlich mild, und es schien, als hätten wir die Natur gegen uns. Erst stellten wir fest, dass ein Gutteil unserer alten Spur von einer Lawine verwischt worden war, und dann entdeckten wir, dass die Schneebrücken durch den Wetterumschwung weich und instabil geworden waren. Unter diesen Bedingungen war es noch schwerer, die Gletscherspalten zu durchqueren als am Vortag, obwohl es gut tat, George nun dabeizuhaben. Wir brachen in eine Spalte nach der anderen ein, als uns plötzlich der Aufschrei von Tashi Puta, einem unserer Sherpas, erreichte, der nur noch mit dem Kopf aus dem Schnee herausragte. Da beschlossen wir, es für diesen Tag gut sein zu lassen. Während George das Camp aufbaute, ging ich mit den Sherpas zurück, um Teile des Gepäcks zu holen, die wir auf der anderen Seite einer der großen Gletscherspalten zurückgelassen hatten. Der Hinweg verlief problemlos, doch auf dem Rückweg vernahm ich plötzlich ein Knirschen und Krachen, und die Schneebrücke unter mir brach weg. Ich fiel in die Gletscherspalte. Instinktiv warf ich meine mit Steigeisen ausgerüsteten Füße gegen die Spaltenwand vor mir und presste meinen Rucksack gegen die andere. Da hing ich nun. Dreißig Sekunden später hatten die Sherpas das Seil gestrafft – Zeit genug, um auf den Spaltenboden zu stürzen und zerschmettert liegen zu bleiben. Sie hievten mich hinaus, und wir trotteten in ordnungsgemäßer Formation demoralisiert zum Camp zurück.

Allen Befürchtungen zum Trotz waren wir entschlossen weiterzumachen, und zu unserer Erleichterung war es am nächsten Morgen viel kälter. Würde uns der Schnee heute besser tragen? Wir schlängelten uns durch eine Serie offener Spalten, kamen dann über einen Kamm und sahen eine gut ausgebildete Rinne, genau in unserer Richtung, und darüber einen langen Hang, der sich zum Nup La hinaufschwang. Jetzt konnte uns nichts mehr zurückhalten. Wir rannten bergauf, bis wir den felsigen Grat des Passes erreicht hatten. Ungeheure Befriedigung erfüllte uns. Unsere Ausrüstung war sehr bescheiden, verglichen mit dem, was heutigen Bergsteigern zur Verfügung steht, aber wir schwangen unsere Eispickel mit großem Enthusiasmus.

Die Wolken verzogen sich, und wir konnten auf den Rongbuk-Gletscher hinabschauen und den mächtigen Gipfel des Everest sehen. Wir waren in der Form unseres Lebens und verbrachten fünf herrliche Tage in Tibet. Wir liefen den westlichen Rongbuk-Gletscher hinab, hackten uns einen Weg durch die riesigen Eistürme des Rongbuk-Hauptgletschers und blickten mit einem Schauder auf das Rongbuk-Kloster 15 Kilometer talabwärts, das jetzt von den Chinesen besetzt war. Wir fanden das Basislager der britischen Vorkriegsexpeditionen mit seinen Bergen von Flaschen und rostigen, leeren Konservendosen. Wir gingen den östlichen Rongbuk-Gletscher bis zum Fuß des

Nordsattels hinauf. Mit Ehrfurcht blickten wir auf die Hänge, Grate und Wände des Everest, an denen sich so viele berühmte britische Bergsteiger abgeplagt hatten. Am nächsten Tag mussten wir den östlichen Rongbuk-Gletscher wieder hinunter- und den westlichen hinaufsteigen, um eine gute Ausgangsposition für den Rückweg über den Nup La zu haben. Zum letzten Mal kampierten wir in Tibet.

Als ich um halb sechs aus dem Zelt kroch, sah ich mit Schrecken, dass der Himmel über Nepal nachtschwarz war und sich hässliche Wolken um die Gipfel sammelten. Wir rannten förmlich los und hatten den Nup La in gut einer Stunde erreicht. Über dem Eisfall lagerten Wolken; er war bereits dick mit Neuschnee bedeckt, und das Donnern von Lawinen drang bis zu uns herauf. Wir besprachen kurz, wie wir vorgehen wollten. Wir würden 60 Meter Seil nehmen. Ich sollte als Erster gehen, um den Weg zu testen; George sollte folgen und das Seil immer straff halten. Dann kamen die drei Sherpas. In dieser Reihenfolge drangen wir in das tückische Gelände ein. Wenn ich in eine Spalte brach, zog George mich heraus, und das passierte mehr als einmal. Trotz des Schnees fand ich irgendwie einen vernünftigen Weg, obwohl wir Dutzende von Spalten überqueren mussten, bis wir endlich, zu unserer Erleichterung, die beiden großen Spalten erreichten, in die wir schon Stufen geschlagen hatten. Wir kletterten hinunter und wieder hinaus, wie es gerade kam.

Auf dem unteren Eisbruch lagen 15 Zentimeter Neuschnee, und zeitweise hatten wir keine Ahnung mehr, wo unser Weg verlief. Aber was immer es war, das uns da hindurchhalf – Erfahrung, Glück oder einfach Bestimmung –, irgendwie arbeiteten wir uns hinunter. Es war ein bewegender Augenblick, als ich im Schneesturm einen Blick auf die Moräne erhaschte und wusste, dass wir in Sicherheit waren. Wir kämpften uns weiter bis zu einer ebenen Stelle, wo wir unser Lager aufschlagen konnten. Der Nup La lag hinter uns, und wir hatten eine gewaltige Herausforderung gemeistert. Es war wirklich knapp gewesen – eine falsche Bewegung, ein Moment der Unaufmerksamkeit, und wir wären für immer in einer Gletscherspalte verschwunden. Aber wenigstens war unser Versagen am Cho Oyu nun endlich Vergangenheit.

Zwei Tage lang rasteten wir an einem stillen kleinen See neben dem Ngojumba-Gletscher, aber in Gedanken waren wir bei der Schweizer Everest-Expedition. Wir hatten bereits den 5. Juni, und eigentlich müssten sie schon wieder unten sein. George und ich beschlossen, hinüberzugehen und selbst nachzusehen. Wir marschierten ein langes Tal nach Osten hinauf, überquerten einen hohen Pass und stiegen zum Khumbu-Gletscher ab. Dann kamen wir zum Basislager der Schweizer, doch dort war keine Spur von ihnen. Am anderen Morgen liefen wir das Tal hinunter und trafen im ersten Dorf einen alten Sherpa. »Frag ihn nach den Schweizern«, bat ich Angputa, und er berichtete, der Alte sei sich nicht sicher, glaube aber, dass sieben von ihnen den Gipfel erreicht hätten. Niedergeschlagen trotteten wir weiter nach Pangboche, wo wir uns freuten, Eric Shipton wiederzutreffen. Noch mehr aber freuten wir uns über die Neuigkeiten, die er von den Schweizern zu berichten wusste: Raymond Lambert und Sherpa Tensing Norgay hatten am Südostgrat eine Route bis auf 8530 Meter etabliert, eine Höhe, die mehrere Bergsteiger auch auf der Nordseite schon erreicht hatten. Dann hatten sie umkehren müssen. Der Everest war noch unbezwungen!

Ich war in bester Verfassung und beschloss, bis Namche Bazar weiterzulaufen, um die Schweizer zu treffen. Und ich lief buchstäblich den Abhang von Tengpoche hinunter und auf der anderen Seite wieder hinauf, dann hinüber nach Namche und zum Lager der Schweizer. Ein paar von ihnen sprachen sehr gut englisch, und ich konnte mich mit ihnen unterhalten und mir die Geschichte ihres Vorstoßes erzählen lassen. Tensing Norgay und Raymond Lambert waren das Führungsteam, das die Route über die Lhotse-Flanke hinauf erkundet hatte, und sie waren es auch, die den Südostgrat hinaufgestiegen waren und den höchsten Punkt am Berg erreicht hatten. Die Schweizer waren sichtlich enttäuscht, aber freundlich. Als sie mich fragten, wo ich herkäme, und ich ihnen erzählte, dass ich zu ihrem Basislager hinaufgestiegen und dann den ganzen Weg bis Namche wieder heruntergelaufen war, sagten sie: »Du musst unglaublich fit sein. Das ist ein weiter Weg für einen Tag.« Weder vorher noch nachher habe ich von einem Schweizer ein ähnliches Lob gehört.

Sie hatten hoch oben ein paar Probleme bekommen. Die Sherpas, welche die nötige Ausrüstung vom Südsattel zum höher gelegenen Lager VII befördern sollten, weigerten sich, weiter hinaufzugehen. Den drei Schweizer Bergsteigern und Tensing blieb nichts anderes übrig, als ohne ihre Hilfe aufzubrechen. Sie nahmen ein Zelt mit, Sauerstoff, genügend Essen für einen Tag, aber keine Schlafsäcke und keinen Kocher, mit dem sie sich hätten Schnee schmelzen können. Ihre einfachen Sauerstoffgeräte arbeiteten nur, wenn sie rasteten oder stillstanden, deswegen war das Steigen sehr anstrengend. Tensing und Lambert machten auf 8380 Metern Halt, weil sie glaubten, einen passenden Lagerplatz gefunden zu haben. Leon Flory und René Aubert schlossen auf. Jetzt musste entschieden werden, welches Paar den Gipfelsturm wagen durfte. Aubert, selbst ein fanatischer Bergsteiger, bestand darauf, dass Lambert und Tensing die Ehre zuteil werden sollte. Gerührt von der Großherzigkeit ihrer Kameraden, umarmten Lambert und Tensing sie zum Abschied, und Flory und Aubert stiegen ab.

Es war eine sehr kalte Nacht. Ohne Schlafsäcke wagten Lambert und Tensing nicht, die Augen zu schließen. Sie schüttelten sich gegenseitig und stießen sich immer wieder an, um wach zu bleiben, und drückten sich eng aneinander, um sich ein bisschen zu wärmen. Sie waren sehr durstig, aber sie konnten sich nur in einer leeren Dose über einer Kerzenflamme ein Stückchen Eis schmelzen. Am nächsten Morgen brachen sie nüchtern auf und kämpften sich tapfer bis auf eine Höhe von 8600 Metern. Dann mussten sie, völlig erschöpft, nur knapp 250 Meter unterhalb des Gipfels aufgeben. Tensing schaffte es kaum mehr bis zum Südsattel. Er brach immer wieder zusammen und musste über den Sattel zu den Zelten gezogen werden. Als er und Lambert sich einigermaßen erholt hatten, hängten ihnen ihre Kameraden in Ermangelung von Blumen Wurstketten um den Hals, um sie zu ehren. Sie hatten eine große Leistung vollbracht, und auch wenn mich später Zweifel über die Höhe ihres Lagers sowie den Punkt, den sie vorgaben erreicht zu haben, beschlichen, so stand doch außer Frage, dass sie Mut und Ausdauer bewiesen hatten.

Anfang der fünfziger Jahre war noch keiner der Gletscher und Pässe auf der Ostseite des Everest von einem einzelnen Bergsteiger oder einer Expedition in Angiff genommen worden. Eric Shipton war sich dieser Tatsache sehr wohl bewusst, und schon 1951 hatten er und ich einen Vorstoß gewagt.

Wir waren mit drei Sherpas das Imja-Tal zwischen der Nuptse-Lhotse-Wand und der Nordseite des Ama Dablam hinaufgestiegen. Richtung Süden in etwa 5700 Meter Höhe bemerkten wir einen Einschnitt im Grat, den wir uns zum Ziel nahmen. Es gab verschiedene schwierige Etappen, bei denen Eric mir großzügig die Führung überließ. Mit großem Eifer brachte ich uns hoch zum Pass, wo wir Sicht auf das Hongu-Tal hatten, ein zerfurchtes Gletschertal, in das uns eine leicht zu bewältigende Schneeschleife hineinführte. Wir schlugen unser Camp in dem verlassenen Tal auf, und zufrieden saßen wir im Zelt; Eric las bei Kerzenschein in einem Buch und rauchte gemütlich eine Pfeife.

Wir hatten einen höheren Pass gesichtet und starteten früh am anderen Morgen über den mit Moränen bedeckten Gletscher den Berg hinauf. Manche Stellen erforderten eine gute Klettertechnik, und wieder überließ mir Eric gerne die Führung. Ich erreichte den Westsattel in 6000 Meter Höhe, und vor mir lag ein weitläufiges Schneefeld, das Barun-Plateau. Richtung Osten türmte sich der mächtige Makalu auf und davor der Baruntse. Dieses Gebiet hatte noch kein Forscher vor uns je gesehen. Wir kehrten zum Lager zurück, entschlossen, das Plateau später einmal zu erkunden.

Dann stiegen wir ein Stück weit den Hongu-Gletscher hinab, am Ama Dablam vorbei, und versuchten in Richtung Westen vorzustoßen, wo wir Tengpoche oder Pangpoche zu erreichen glaubten. Wir waren nicht angeseilt, und ich machte Tempo, immer Ausschau nach Gletscherspalten haltend. Eine leichte Tour, dachte ich, als ich auf den Bergkamm des Ama Dablam kam, dessen Höhe ich an dieser Stelle auf 5880 Meter schätzte. Doch dann konnte ich auf die andere Seite hinuntersehen und erschrak. Ein etwa 200 Meter hoher Eishang fiel jäh zum Mingbo-Gletscher ab. Die anderen schlossen auf, und eine Diskussion entspann sich. Die Sherpas plädierten dafür, umzukehren und den leichten Weg zurück zu nehmen, aber ich war überzeugt davon, dass wir hier hinunterkommen könnten, und Eric stimmte mir zu. Also gingen wir. Ich seilte mich mit Angputa zusammen und Eric mit den anderen Sherpas.

Eric begann Stufen zu schlagen, aber er machte seine Sache nicht besonders gut, was auch ihm aufzufallen schien, denn er rief mich dazu und überließ mir die Aufgabe. Angputa belegte alle 15 Meter das Seil, während ich die Flanke hinunter eine Zickzackroute schlug und ihn dann Stück für Stück nachholte. Auf halber Strecke wurde das Eis plötzlich sehr fest und der Untergrund glitschig, so dass es mich Zeit und Mühe kostete, Stufen hineinzuschlagen. Ich kam an einen Riss, der gerade tief genug war, dass ich den Schaft meines Eispickels hineinstecken und das Seil belegen konnte, und rief zu Angputa hoch, er solle vorsichtig nachkommen. Als er etwa sechs Meter über mir war, rutschte er aus, verlor den Halt und schoss in hohem Tempo an mir vorbei. Ich klammerte mich an meinen Beleg, der glücklicherweise hielt. Mit einem heftigen Ruck fand Angputas Fall ein Ende, und nun schaukelte er vor der Wand hin und her. Ich hatte Sorge, dass dieser Zwischenfall die anderen Sherpas eingeschüchtert haben könnte, aber als sie einen der ihren in einer derart misslichen Lage sahen, brachen sie in schallendes Gelächter aus. Und auch Angputa begann zu lachen, als ihm klar wurde, dass er nicht weiter fallen würde. In Stresssituationen wie dieser waren die Sherpas einfach unbezahlbar.

Angputa gelang es, einen sicheren Stand zu finden, und ich schlug Stufen bis zu ihm hinunter. Von da an wurde die Steigung etwas geringer und der Untergrund wieder lockerer, und wir kamen relativ leicht hinunter. Es dauerte etwas, bis wir einen Weg durch die zerfurchte Gletscherebene gefunden hatten, aber dann erreichten wir das Schneegras in 5000 Meter Höhe. Wir waren müde und erschöpft und krochen, ohne ein Zelt aufzubauen, in unsere Schlafsäcke und legten uns zwischen die Grasklumpen. Ich erinnere mich noch heute, wie ich erleichtert und zufrieden in einen wunderschönen Nachthimmel mit einem strahlenden Vollmond schaute.

Zum Abschluss unserer Cho-Oyu-Expedition 1952 beschloss Eric, sich noch einmal zur Ostseite des Everest aufzumachen, und auf einem anderen Weg nach Katmandu zurückzukehren. Also brachen wir zunächst in östlicher Richtung auf, bevor wir uns dann endgültig nach Westen wandten. Charles Evans und zwei Sherpas stiegen zuerst ins Hongu-Tal hinüber, und Shipton, George Lowe und ich folgten einige Tage später mit dem Sirdar Angtharkay und mehreren Trägern. Wir hatten schwere Lasten zu tragen, und das beunruhigte Eric sehr. Schließlich befahl er, alle Nahrungsmittel aus den Schachteln zu nehmen und lose in Seesäcken zu verstauen. Das ergab eine fürchterliche Unordnung und ersparte uns alles in allem nur ein paar Kilo Gewicht. George und ich fanden das wenig sinnvoll, aber Eric war glücklich.

Wir schleppten unsere Lasten die steile Wand des Westsattels hinauf, bis auf 6000 Meter Höhe, und kamen auf das Hochplateau von Barun. Dort trafen wir Charles, der schon länger dort war und über den Ostsattel ins Barun-Tal geschaut und versucht hatte, einen eindrucksvollen Berg auf seiner Südseite zu bezwingen. Er war nur noch 60 Meter vom Gipfel entfernt gewesen, als ihm eine breite, schneebedeckte Gletscherspalte, die sich quer über den ganzen Kamm erstreckte, Einhalt gebot. Er traute seinem Sherpa nicht zu, ihn ausreichend zu sichern, und kehrte um.

Da wir viel Zeit hatten, beschlossen wir, den Gipfelangriff zu wiederholen. Mit Steigeisen ging es den Grat entlang; ab und zu schlugen wir ein paar Stufen, und schließlich kamen wir zu besagter Gletscherspalte. Sie war ungefähr sechs Meter breit und meiner Einschätzung nach ausreichend mit Schnee gefüllt, und so überquerte ich sie ohne große Bedenken, was Charles dann doch ziemlich peinlich war. Nun übernahm er die Führung zur Gipfelpyramide und brachte uns auf die Spitze hinauf. Hier bot sich uns wieder eine wunderbare Aussicht, und wir schauten neugierig hinunter in das großartige Barun-Tal und hinauf zu der imposanten Wand des Makalu.

Vom Barun-Plateau ging es über den Ostsattel und dann ein mit Geröllblöcken übersätes Seitental entlang zum Barun-Gletscher. Solch ein Tal kommt man am leichtesten hinunter, indem man einfach von Block zu Block springt, und das tat ich dann auch. Bis zu diesem Zeitpunkt hatte ich Charles Evans für einen ruhigen Menschen gehalten, der nicht zu Konkurrenzgehabe neigte, aber jetzt bemerkte ich, dass er mich rasch überholte. Das sah mir nach einem Wettkampf aus, und eine solche Gelegenheit ließ ich mir nicht entgehen. Als wir so zu Tal rasten, hätte uns ein einziger falscher Schritt zum Verhängnis werden können. Aber bald kamen wir beide wieder zur Vernunft und reduzierten unser Tempo.

Nach ein paar Stunden erreichten wir den schuttbedeckten Barun-Gletscher, und Eric schlug vor, zu seinem oberen Ende aufzusteigen, weil er hoffte, dann über einen Pass nach Tibet hinüberschauen zu können. Stundenlang plagten wir uns hinauf und mussten Dutzende von Spalten überschreiten, von denen die meisten aber nicht einmal einen Meter breit waren. Wir schlugen gerade unser Lager am Kopfende des Gletschers auf, als ein Schneesturm durch das Tal herauffegte. In der Nacht brachen die Zelte unter der Last des Schnees zusammen, und am Morgen lag alles unter einer 30 Zentimeter hohen Schneedecke. Widerwillig gestanden wir uns ein, dass wir nicht die geringste Chance hatten, auf den Kamm zu klettern, der den Barun-Gletscher von Tibet trennt.

Wir packten zusammen und wandten uns talwärts, aber mittlerweile hatten sich die Bedingungen massiv verschlechtert. Der starke Schneefall hatte alle Spalten überdeckt, so dass nichts mehr von ihnen zu sehen war. George und ich wandten unsere bewährte Technik an: Wir gingen alle an einem Seil; ich führte, George sicherte mich, und alle anderen hinter ihm fungierten als zuverlässige Bremse. Gut ein Dutzend Mal trat ich in eine verborgene Spalte, einige Male sank ich sogar bis zur Taille ein, aber George reagierte immer blitzschnell, und mir geschah nichts. Je weiter wir nach unten kamen, desto dünner wurde die Schneedecke, und bald stapften wir über die Moräne, ließen den Gletscher endgültig hinter uns und betraten eine Hochweide. Staunend blickten wir um uns. Der Talboden war mit purpurfarben blühenden Azaleen bedeckt, so weit das Auge reichte – ein fantastischer Anblick.

Der Monsunregen hatte die Landschaft verwandelt, und Myriaden winziger Blumen in allen Farben brachen durch die vordem dürre Erde. Die Luft war dick und kräftig, und wir sogen sie begierig in unsere ausgehungerten Lungen. Plötzlich waren wir in einer Welt des Regens; Hunderte von Wasserfällen plätscherten anmutig die Felshänge herab, und die tief hängende Wolkendecke riss nur gelegentlich auf, um den Blick auf einen Aufsehen erregenden Berg freizugeben, bevor sie sich wieder schloss und neue Sturzfluten von sich gab. Mir schien, dies sei das schönste Tal, das ich je gesehen hatte, und ich wollte alles daransetzen, eines Tages wieder hierherzukommen, um mich an seinen Blumen, den glitzernden Bächen und den gewaltigen Gipfeln zu erfreuen.

Als wir einmal unter einem Felsüberhang vor einem Wolkenbruch Schutz suchten, erzählte uns Dawa Tensing, einer der älteren, hoch angesehenen Sherpas unserer Gruppe, eine Geschichte. Er selbst war noch nie hier gewesen, aber die Mythologie der Sherpas weiß viel vom Barun-Tal zu berichten. Hier gebe es ein unsichtbares Dorf – ein Shangri-La –, wo die Götter wohnten und das heilige Männer aufsuchten, um zu sterben. Es sei ein wunderschöner Ort, und die Menschen lebten dort ewig. Ich fragte Dawa Tensing, ob er hoffte, eines Tages an diesem unsichtbaren Ort aufgenommen zu werden, aber er sagte, dazu habe er zu viel gesündigt.

Unsere Vorräte neigten sich dem Ende zu, und wir hofften, weiter unten auf Hirten zu stoßen, denen wir vielleicht ein Schaf abkaufen könnten. Aber Eric gab zu bedenken, dass noch nie jemand hier heruntergekommen sei, deshalb würden die Leute erschrecken und uns vielleicht sogar für Yetis halten. Und er hatte Recht. Als wir über eine Hangkante kamen, sahen wir zwei Männer mit Lasten auf dem Rücken, die langsam auf uns zukamen. Als sie uns erblickten, erstarrten sie vor Schreck, ließen ihr Gepäck fallen und rannten talabwärts. »Haltet sie auf!«, schrie Eric. George und ich warfen unsere Lasten ab und sausten hinterher. Als sich die beiden umschauten und merkten, dass sie von zwei bärtigen Riesen verfolgt wurden, steigerten sie ihr Tempo gewaltig, schossen in ein Seitental und verschwanden zwischen den Felsen. Schließlich machte Angtharkay einen vernünftigen Vorschlag: »Ich gehe auf der anderen Seite des Tals hinunter, komme dann von unten auf die Hirten zu und erzähle ihnen, dass ein paar fremdartige, aber harmlose Leute das Tal herunterkämen, die man nicht zu fürchten brauche.« Und so geschah es. Wir gesellten uns zu den immer noch nervösen Hirten und konnten ihnen nach zähen Verhandlungen ein Lamm abkaufen. Das gab ein luxuriöses Abendessen.

An den folgenden zwei Tagen kamen wir zuerst durch die dichten Wälder des unteren Barun-Tals, das genauso schön war wie das obere, dann stiegen wir über einen 4200 Meter hohen Pass, hinab in die Hitze und den Regen des Arun-Tals mit seinen Blutegeln, wo wir eine Nacht im Dorf Sedua verbrachten. Die Häuser dort standen auf Bambusstelzen. Man bot uns den offenen Raum unter einem Haus als Nachtlager an, und wir waren zufrieden, weil wir so zumindest vor dem Regen geschützt waren. Ich schlief gut, aber als ich aufwachte, fühlte sich meine Kopfhaut eigenartig steif an, und ich stellte fest, dass meine Haare von getrocknetem Blut verklebt waren. Ich schüttelte den Kopf, und ein Blutegel von der Größe einer kleinen Wurst fiel zu Boden – prall voll mit meinem Blut! Ich trug es mit Fassung, denn ich habe eigentlich nichts gegen Blutegel.

Durch Schlamm, Matsch und Regen zogen wir weiter bis zum hoch angeschwollenen Arun. Bei Num überquerten wir den tosenden Fluss auf einer schwankenden Hängebrücke aus geflochtenen Lianen. Die schwüle Hitze machte uns zu schaffen nach der kühlen, klaren Luft der Berge, und das Gehen fiel uns schwer. Doch hier floss der Arun zwar schnell, aber ruhig dahin, und es schien keine Stromschnellen mehr zu geben, und so bauten George und ich ein Floß aus unseren zwei Luftmatratzen. Mit einer Nylonschnur und zwei Bambusstöcken befestigten wir sie nebeneinander, mit einem halben Meter Abstand in der Mitte. Wir probierten das Gefährt aus, indem sich jeder auf eine Matratze schwang. Es funktionierte wunderbar, und wir beschlossen, uns am nächsten Tag den mühsamen Marsch zu ersparen und stattdessen friedlich den Fluss hinabzugleiten.

Eric brach mit den Trägern um halb fünf Uhr morgens auf, und sobald es hell wurde, ließen wir unser Floß zu Wasser und legten ab. Es war großartig, und wir kamen doppelt so schnell vorwärts wie zu Fuß. Aber nach ein paar Kilometern hörten wir ein dumpfes, gewaltiges Dröhnen das Tal heraufschallen. Wir paddelten hektisch in Richtung Ufer, konnten aber unser schwerfälliges Gefährt in der zunehmenden Strömung nicht steuern. Dann bemerkten wir, dass sich eine ganze Reihe von Felsklippen in den Fluss schob, und hoch oben auf den Klippen stand Eric und fuchtelte mit den Armen wie ein Verrückter.

Und dann erkannten wir, worauf wir zusteuerten. Der Fluss prallte geradewegs gegen eine mächtige Klippe. Der Großteil des Wassers schoss mit Gewalt in einen kleinen Kessel mit glatten Wänden, wo es einen riesigen Strudel bildete, bevor es in einen schäumenden Kanal hinuntertoste. Das war ein beängstigender Anblick. Wir hielten uns krampfhaft fest, als unser Floß emporgehoben und auf dem Kamm einer Welle in Richtung Felswand geschleudert wurde. Wir dachten, wir würden zerschmettert, aber unser braves Floß hob uns hoch und glitt seitwärts in den rasenden Strudel hinunter. Wir hatten jede Kontrolle verloren und wurden in die klaffende Mitte des Strudels gezogen, so dass das Wasser hoch über uns im Kreis raste. Unsere herabhängenden Beine wurden gierig nach unten gesogen, aber unser tüchtiges kleines Floß rettete uns wieder, und wir wurden an den Rand geschleudert. Doch nun ging es wie verrückt im Kreis herum.

Eric war in der Zwischenzeit an den steilen Klippen heruntergestiegen, von den Sherpas mit einem Seil gesichert. Bei unserer sechsten Rundfahrt sah ich aus den Augenwinkeln, dass er auf einem kleinen Sims über dem Strudel stand. Eine besonders starke Strömung erfasste uns und trug uns auf einer enormen Welle in Richtung Klippe. Wir wurden drei Meter emporgehoben, rutschten dann ab und wurden gegen den Fels am innersten Winkel des Strudels geschleudert. Ich streckte verzweifelt die Hand aus und fand einen kleinen Halt am Felsen, und George machte es genauso. Irgendwie gelang es uns, uns gegen die Strömung zu halten, und dann schlug mir etwas ins Gesicht – ein Seil, das Eric uns zugeworfen hatte! –, und er zerrte uns mit viel Kraftaufwand zu seinem kleinen Sims hinüber. Wir krochen aus dem tobenden Wasser, nahmen unser Floß auseinander und ließen uns dann von den Sherpas die Klippe hinaufziehen. Wir waren heilfroh, als wir wieder auf sicherem Grund waren, machten uns aber dennoch gleich daran, unser Floß wieder zusammenzubauen, denn wir wollten es noch einmal probieren. Eric mochte das nicht mit ansehen und ging am Ufer voraus. Als wir ihn kurz darauf wieder wild gestikulieren sahen, paddelten wir zu ihm herüber und verstanden, dass er uns eine äußerst tückische Stromschnelle avisieren wollte. Da zerlegten wir unser braves Floß endgültig und wanderten klaglos über Berg und Tal bis zur Eisenbahnstation in Indien.

Im Herbst 1952, als die Monsunzeit zu Ende ging, startete die Schweizer Expedition erneut einen Versuch am Everest. Der Khumbu-Eisbruch bereitete ihnen diesmal weniger Probleme, und sie fanden auch eine geeignetere Route die Lhotse-Flanke hinauf zum Südsattel, wo sie ein Lager einrichteten. Doch dann holten sie die kalten Temperaturen und stürmischen Winde des zeitig herannahenden Winters ein. Lambert und Tensing hatten wieder die Führung übernommen, aber bei den ungünstigen Bedingungen waren sie nicht weiter als 150 Meter über den Südsattel hinausgekommen. Der Everest war und blieb eine große Herausforderung.

6

Der lange Marsch zum Lager VII

Als ich nach Neuseeland zurückkam, erwartete mich ein Brief von Eric Shipton. Er hatte, wenn auch ohne große Begeisterung, die Leitung der britischen Everest-Expedition 1953 übernommen und wollte, dass George Lowe und ich ihn begleiteten. George und ich hatten darauf gedrungen, auch den führenden neuseeländischen Bergsteiger, Harry Ayres, dazuzubitten, und Eric war sofort einverstanden gewesen. Es war nichts Besonderes, dass drei Neuseeländer eingeladen wurden, an einer britischen Expedition teilzunehmen. Damals waren wir neuseeländische Bürger und britische Untertanen, obwohl wir uns als unabhängig betrachteten.

Nach dem Misserfolg der Schweizer Expedition würden die Vorbereitungen in London fieberhaft vorangetrieben werden, dachte ich. Aber es hielten sich Gerüchte, dass es nur langsam voranging. Schließlich kam die Nachricht, dass Eric Shipton als Leiter ersetzt worden war durch Colonel John Hunt, der mir nicht einmal namentlich bekannt war. Dem Himalaja-Komitee war nicht verborgen geblieben, dass Shipton die Leitung der britischen Everest-Expedition nur ungern übernommen hatte. George hielt Shipton für einen komplizierten Menschen, für einen Philosophen mit poetischem Gemüt, der die Einsamkeit schätzte und die unerforschte Wildnis liebte, mit möglichst wenigen Menschen um ihn herum. Und das war auch mein Eindruck von ihm gewesen.

Doch mit dieser Einstellung passte er so gar nicht zu den Plänen des Komitees, das entschlossen war, diesen Angriff auf den Everest zu einem Erfolg zu machen. Schon im Juli 1952 kamen Gerüchte auf, der berühmte Bergsteiger sei der Aufgabe, eine große Expedition zu organisieren, nicht gewachsen, und außerdem sei es mit seinem Forscherdrang nicht mehr weit her. In Anbetracht der Tatsache, dass Shipton am Cho Oyu gescheitert war und dass die Franzosen die Erlaubnis erhalten hatten, sich 1954 am Everest zu versuchen, fragte das Komitee bei John Hunt, einem anderen britischen Bergsteiger, an, ob er Interesse hätte, den organisatorischen Teil der Expedition zu übernehmen. Hunt schreibt in seiner Autobiografie, er sei an die Decke gesprungen vor Freude. Er diente damals in der britischen Armee in Deutschland und wurde Mitte August nach London eingeladen, um Shipton kennen zu lernen und über den Posten als Organisator zu sprechen. Das Treffen verlief ziemlich unglücklich. Hunt sagte später, er sei zu erpicht darauf gewesen, den Job zu bekommen, und die Chemie zwischen ihnen habe von Anfang an nicht gestimmt. Enttäuscht kehrte er nach Deutschland zurück und beschloss, sich den Everest aus dem Kopf zu schlagen.

Nun unterbreitete das Komitee Shipton den Vorschlag, er solle sich die Leitung der Expedition mit Major Charles Wylie teilen, der sich im Himalaja auskannte, im Krieg ein Gurkha-Regiment, eine Söldnertruppe im Dienst der Briten, geführt hatte und fließend nepalisch sprach. Aber weder Shipton noch Wylie hielten diese Lösung für praktikabel, und schließlich gab Shipton auf und trat zurück. Für ihn, der sein Leben dem Everest verschrieben hatte, war das ein harter Schlag. Er verließ die Besprechung am Boden zerstört.

Das Himalaja-Komitee wollte nach acht gescheiterten Versuchen am Everest diesmal unbedingt einen Erfolg erzielen. Man brauchte also einen stärkeren, entschiedeneren Mann an der Spitze des Unternehmens, einen, der das Gelingen garantierte. Und damit waren sie wieder bei John Hunt, der Himalaja-Erfahrung besaß und sich durch Organisationstalent und Durchsetzungsfähigkeit auszeichnete. Am selben Tag noch, am 11. September 1952, erhielt er ein Telegramm, das ihm die Leitung der Expedition von 1953 antrug.

George erzählte mir später, Hunt habe eigentlich ein völlig neues Team zusammenstellen und auf ihn selbst und mich verzichten wollen. Ich war so enttäuscht, dass Shipton ausgebootet und durch einen mir unbekannten Mann ersetzt worden war – einen Offizier obendrein –, dass es mir schon fast gleichgültig gewesen wäre. Aber offenbar sagten Charles Evans, Tom Bourdillon und Alf Gregory, wenn George und ich nicht dabei wären, gingen auch sie nicht mit. Hunt gab nach, weil wir fünf schließlich diejenigen waren, die für den eigentlichen Gipfelsturm in Frage kamen. Eric Shipton schrieb mir einen sehr freundlichen Brief, in dem er mich bat, um der Sache willen Hunt die Loyalität entgegenzubringen, die ich ihm erwiesen hatte. Ich wollte es versuchen, hatte aber erhebliche Vorbehalte gegenüber einem Militär als Expeditionsleiter, der womöglich im Kasernenhofton Befehle ausgeben würde.

Eric Shipton sollte nie wieder zum Himalaja zurückkehren, aber das bedeutete nicht das Ende seiner Bergsteigerkarriere. Er verlegte sich auf Erkundungstouren über die Eisdecke Patagoniens in Südamerika. Das war es, was ihm wirklich lag: wilde Fjorde, von eisigen Winden umwehte Gletscher und katastrophale Wetterbedingungen. Dieses Gebiet war immer wieder für eine neue Herausforderung gut, und Eric spürte eine neue Route nach der anderen auf. Manchmal nahm er junge, erlebnishungrige Männer mit, die sich dann unversehens mitten in einem großen Abenteuer wiederfanden.

Wären wir auch mit Eric an der Spitze am Everest erfolgreich gewesen? Ich bin geneigt, diese Frage mit Ja zu beantworten. Evans, Wylie und ich selbst verfügten über genug organisatorische Kompetenz, um Erics Schwäche auf diesem Gebiet auszugleichen. Noch dazu verehrten wir ihn, und das hätte uns den nötigen Auftrieb gegeben. Von großen Führernaturen erwartet man immer die Kraft zu rücksichtslosem Durchgreifen im entscheidenden Moment. Dazu schien Eric nicht in der Lage zu sein, aber auch Ernest Shackleton fehlte diese Gabe, soweit ich es beurteilen kann. Doch die ausgeprägte Fähigkeit, seine Mitstreiter für eine Sache zu begeistern, kann ähnlich erfolgreich sein. Ich habe dem Himalaja-Komitee jedenfalls bis heute seinen unrühmlichen Umgang mit Shipton nicht verziehen, denn Eric ist nicht nur ein großer Forscher, sondern auch ein besonders guter Freund.

In den ersten Märztagen des Jahres 1953 kam ich nach Katmandu und fuhr sogleich zur Britischen Botschaft. Im Garten kam mir ein sportlicher, offen wirkender Mann mit rotblonden Haaren entgegen – das konnte nur John Hunt sein. Ich zögerte noch, aber er streckte mir mit einem freundlichen Lächeln die Hand hin und begrüßte mich: »Hallo, Ed, ich freue mich, Sie kennen zu lernen.« Und als er mir dann versicherte, er werde sich auf meine Erfahrung und meinen Rat verlassen, schwand meine Ablehnung voll und ganz. So übel konnte er nun doch nicht sein, entschied ich. Zumindest wusste er, wie man mit potenziell schwierigen Teilnehmern umging. Und tatsächlich erwies er sich während der ganzen Expedition als hervorragender Organisator, und ich kann mich auch nicht erinnern, dass er jemals irgendwem etwas direkt befohlen hätte.

Nach damaligen Maßstäben waren wir eine riesige Expedition, nicht wegen der Zahl der Bergsteiger – wir waren nur elf –, sondern wegen der achthundert Trägerlasten, die zum Kloster Tengpoche geschafft werden mussten. Wir brauchten siebzehn Tage für den Marsch von Banepa nach Tengpoche, und damit taten wir etwas für unsere Kondition und Akklimatisierung. Tensing Norgay war Sirdar, das heißt, er war zuständig und verantwortlich für alle Sherpas und Träger. Ich lernte ihn auf dem langen Weg gut kennen, und sein strahlendes Lachen und seine liebenswürdige Art machten ihn mir sympathisch. Enge Freunde wurden wir allerdings erst in Tensings letzten Lebensjahren, als ich in Indien lebte.

Beim Kloster Tengpoche, von dem aus man wundervolle Ausblicke auf den Everest und den Ama Dablam hat, etablierten wir unser vorläufiges Basislager. Der oberste Lama gab uns seinen Segen für den Erfolg der Expedition. Es fiel noch einige Male Schnee, aber er schmolz immer rasch in der Frühlingssonne. Auf den Rat unseres Arztes Griffith Pugh hin versuchten wir etwas für unsere Akklimatisierung zu tun. Wir stiegen bis auf 6000 Meter, übernachteten aber weit tiefer, um uns allmählich an die dünne Luft zu gewöhnen. Am 6. April versammelten wir uns wieder im Kloster Tengpoche, alle in bester Form.

Es erfüllte mich mit Genugtuung, dass John Hunt mich wegen meiner Erfahrungen von 1951 bat, eine Vorhut über den Khumbu-Gletscher zu führen, ein passendes Gelände für das Basislager zu wählen und dann eine Route durch den Khumbu-Eisbruch auszukundschaften. Eigentlich sollten nur Michael Westmacott und George Band mit mir gehen, aber weil ich wusste, wie gut George Lowe in Schnee und Eis war, bat ich, dass er uns begleiten könne. John zögerte. Ich hatte immer den Eindruck, er befürchtete, dass wir Neuseeländer mit unserem Tatendrang und unserer Vertrautheit mit Schnee und Eis uns seiner Expedition bemächtigen wollten. Aber schließlich gab er zu, dass George uns nützlich sein würde. Dann beschlossen der Kameramann Tom Stobart und der Physiologe Griff Pugh auch mitzukommen, und so waren wir eine recht stattliche Gruppe.

Auf dem Khumbu-Gletscher gerieten wir in starken Schneefall, und einige der Träger wurden schneeblind, aber wir kamen doch bis zum unteren Ende des Eisbruchs und fanden den Ort, wo die Schweizer im Vorjahr ihr Lager aufgestellt hatten. Es war ein sehr unbequemer Platz, hartes Eis, mit Felsbrocken übersät, aber es gab ein paar flache Stellen, wo man die Zelte aufschlagen konnte. George sammelte unzählige Wacholderzweige. In jenen Tagen verschwendete man noch keinen Gedanken an die Umwelt, und so rissen wir von allen Wacholdersträuchern, die wir fanden, die Äste ab für unsere Kochfeuer.

Ich fühlte mich dafür verantwortlich, eine geeignete Route durch den Eisbruch zu finden, und hatte den Ehrgeiz, innerhalb der sechs Tage, bis John nachkommen würde, den Weg komplett vorzubereiten. Noch am Ankunftstag, spät nachmittags, zog ich allein los und spurte zwischen Eistürmen und durch winklige Hohlräume, bis ich nach einer Stunde am Fuß des Eisfalls ankam. Mir schien, als sähe er noch schwieriger aus als 1951.

Am ersten Tag litt George Lowe an Dysenterie, also machten sich Mike Westmacott, George Band und ich allein an den Eisbruch, und das mit ungeheurer Energie. Wir schritten über unsichere Eisbrücken, hackten Stufen in steile Eiswände und wanden uns durch schmale Risse im Eis. Westmacott führte eine steile Verschneidung im Eis hinauf, die wir »Mikes Grausen« nannten, und ich musste auf einer schmalen Brücke über eine große Gletscherspalte geleiten, auf deren anderer Seite eine senkrechte Eiswand wartete, und diese Stelle erhielt erwartungsgemäß den Namen »Hillarys Grausen«. Wir mochten diese Gegend nie besonders und fanden später weiter links einen besseren Weg. Dann wanden und zwängten wir uns zwischen Eisblöcken hindurch und tauften diesen Streckenabschnitt »Höllenfeuergasse«. Jetzt hatten wir ungefähr die Hälfte des Wegs geschafft. Was nun vor uns lag, sah äußerst schwierig aus, und wir kehrten müde, erschöpft und kleinlaut ins Basislager zurück.

Am nächsten Tag erneuerten Westmacott, Ang Namgyal und ich den Angriff. Die bereits erkundete Strecke kamen wir erstaunlich schnell hinauf, aber in der »Höllenfeuergasse« erwartete uns eine böse Überraschung: Unsere Spur war auf eine Länge von sechs Metern unter heruntergestürzten Eisblöcken begraben worden. Mit einem grusligen Gefühl im Nacken eilte ich weiter, bis die Gasse hinter mir lag. Ohne große Schwierigkeiten erreichten wir den Endpunkt des vorherigen Tages, aber wie sollten wir weiterkommen? Wir probierten es mit einem großen Bogen nach Westen, bis uns eine riesige, von schwankenden Eistürmen gesäumte Gletscherspalte den Weg abschnitt. Also kehrten wir zu unserem Ausgangspunkt zurück. Es sah so aus, als müssten wir uns tatsächlich geradeaus durchschlagen, mitten durch die zertrümmerten Eiswände. Rechts von mir waren zwei große Blöcke. Ich hackte eine Reihe Stufen ins Eis, kletterte die letzten Meter und war oben.

Ich erkannte die Gegend wieder: Das war der Teil des Eisbruchs, den Shipton und ich »Atombombenfeld« genannt hatten. Es sah aus, als wäre das Gelände hier weiträumig eingesunken, und durch die Mitte lief eine breite, flache Rinne nach oben, die aber kreuz und quer von Spalten durchzogen war. Ich ging voran, und Westmacott sicherte mich am kurzen Seil. Jedes Mal, wenn ich einen Eisblock aus dem Weg räumte, vernahm ich ein deutliches unterirdisches Rumoren. Doch schließlich waren wir glücklich hinüber und kamen auf einer flachen Gletscherpartie heraus, wo wir einen so guten Lagerplatz einrichteten, wie es in einem Eisbruch eben möglich ist. Während wir zufrieden abstiegen, verbesserten wir den Weg noch hie und da und kamen in deutlich gehobenerer Laune ins Basislager als am Vortag.

Wir beratschlagten noch lang an diesem Abend. Wir waren zwar den Eisbruch weit hinaufgekommen, aber wir machten uns keine Illusionen über die Sicherheit des Weges. Am nächsten Tag versuchten wir noch eine andere Route, aber als nur wenige Meter von uns entfernt ein Eisturm mit erstaunlicher Plötzlichkeit umstürzte, mussten wir einsehen, dass dieses Gebiet zu unsicher war, und kehrten ins Lager zurück.

Ich lag warm und behaglich in meinem Schlafsack, als das Zelt geöffnet wurde und ein grinsender Sherpa mir eine Nachricht von John Hunt in die Hand drückte. John war früher dran als geplant und kampierte nur einen halben Tagesmarsch talabwärts. Traute er uns nichts zu oder wollte er sich nur den Spaß gönnen, an der Route durch den Eisbruch mitzuarbeiten? Jedenfalls beschloss ich, gleich am nächsten Tag mit der Einrichtung von Lager II zu beginnen.

Am vierten Morgen brachen also George Lowe, George Band und ich mit drei hochbepackten Sherpas auf und machten uns auf den erprobten und ausgeflaggten Weg. Tom Stobart und Griff Pugh begleiteten uns, um zu filmen. Obwohl sich wieder manches verändert hatte und wir zu Umwegen gezwungen wurden, erreichten wir den vorgesehenen Lagerplatz in guter Zeit und schlugen unsere Zelte auf. Tom und Griff führten die Sherpas wieder hinunter, während die beiden Georges und ich es uns in den Zelten gemütlich machten. Am späten Nachmittag setzte der gewohnte Schneefall ein, und als wir bei Dunkelheit noch einmal aus den Zelten krochen, erblickten wir zehn Zentimeter Neuschnee unter und einen funkelnden Sternenhimmel über uns. Es war ein eigenartiges Gefühl, mitten im Eisbruch zu stehen und das Knirschen und Krachen im Eis tief unter uns zu hören.

Der fünfte Morgen war bitterkalt, und wir bewegten uns erst aus den Zelten heraus, als die Sonne heraufgekommen war. George Lowe und ich wechselten uns in der Führung ab, tappten über dünne Eisbrücken und hackten Hunderte von Stufen in steile Eishänge. Dann stießen wir auf eine hohe Eiswand. Da mussten wir irgendwie hinauf. Ich ging um eine Ecke und entdeckte zu meiner Erleichterung, dass sich ein großer Eispfeiler an die Wand lehnte, und dass oberhalb davon das Ende einer Gletscherspalte die Wand teilte. Mit frischer Kraft schlug ich eine lange Reihe Stufen in den Pfeiler, bis ich an die Eiswand kam. Dann suchte ich einen Beleg für meinen Eispickel, wand das Seil um den Stiel, und George Band kletterte zu mir herauf. Dann schlängelte ich mich um einen Eisblock herum in den Eingang der Spalte. Ich hackte Tritte in beide Eiswände und stieg im Dämmerlicht immer höher, bis mein Kopf in der Sonne war. Ein schneller Schwung, und ich war oben. Vor mir erstreckte sich in weitem Bogen das Western Cwm. Mit ungeheurer Erregung erkannte ich, dass wir es geschafft hatten – der Eisbruch lag hinter uns. Meine Begleiter kletterten schnell zu mir herauf; wir überquerten noch eine solide Schneebrücke, stiegen einen kleinen Hang hinauf und blickten in eine hübsche Schneemulde hinunter. Das war ein idealer Platz für Lager III, sicher und geräumig.

Begeistert von unserem Erfolg eilten wir zurück zum Lager II und überwanden spielerisch all die schwierigen Stellen, die uns beim Hinaufsteigen so viel Zeit gekostet hatten. Zu unserer Überraschung sahen wir zwei Menschen vor den Zelten stehen – John Hunt und Da Namgyal. John hörte unsere Botschaft mit großer Erleichterung, obwohl ihm die Gefährlichkeit der Route Sorgen bereitete. Ich nahm ihn noch ein Stück mit hinauf, damit er einen Eindruck von der Strecke bekam, und dann zogen wir uns alle zum Basislager zurück. Ich war sehr zufrieden mit mir. Die Bedingungen im Eisfall waren schlechter als 1951, aber wir hatten uns einen Weg hindurch erzwungen. Und wir hatten es geschafft, bevor John Hunt kam; das befriedigte meinen Ehrgeiz. Der erste wichtige Schritt war getan.

Wir folgten Hunts vernünftigem Vorschlag und erholten uns einige Tage in geringeren Höhen, bevor wir darangingen, die Eisbruch-Route weiter zu verbessern. Westmacott und ich richteten Lager III ein und entschärften Eiswand, Pfeiler und Spalte durch eine Strickleiter. Am gleichen Nachmittag kam eine erste größere Gruppe den Eisbruch herauf, und es schien alles glatt gegangen zu sein. Für Tensing Norgay war es in diesem Jahr das erste Mal, dass er über das Basislager hinausgekommen war, und er machte keinen besonders glücklichen Eindruck. Bei den Schweizern hatte er zu den führenden Bergsteigern gehört, aber John Hunt glaubte, in diesem Stadium der Tour wären seine Erfahrung und Autorität von größtmöglicher Wirkung, wenn er die anderen Sherpas einteilte und den Transport durch den Eisbruch leitete. Ich hatte Respekt vor Tensing, aber ich wäre nicht auf die Idee gekommen, ihn bei schwierigen Eisproblemen einzusetzen. Mit denen wurden wir gut allein fertig. Kein Wunder, dass Tensing die Schweizer lieber mochte als uns.

Die Träger hatten drei Aluminiumleitern von je eins achtzig Länge mitgebracht, und gegen Abend schraubten wir sie zusammen und legten sie über die große Spalte, die uns vom Western Cwm trennte. Natürlich musste ich als Erster darüberkriechen. Das war bezeichnend für meine damalige ehrgeizige Einstellung. Wir diskutierten darüber, wer weiter vorrücken und das vorgeschobene Basislager im Western Cwm errichten sollte. Einigermaßen unverschämt schlug ich vor, das sollten George Lowe und ich erledigen, weil wir die erfahrensten Schnee- und Eiskletterer seien. Das ging John Hunt nun doch zu weit, und er sagte unwirsch: »Ich bin auch ein guter Eiskletterer!« Wir ließen das Thema fallen.

Schließlich gingen wir zu dritt, John, George Lowe und ich, das Western Cwm hinauf, wanden uns durch eine Unzahl von Spalten und waren dankbar für die Schneebrücken, die wir immer wieder fanden. Wir kamen zurück, als die Sonne gerade farbenprächtig unterging und die großen Gipfel in rosiges Licht tauchte.

Der nächste Morgen war schön und klar. Wir hatten vor, den Weg zum vorgeschobenen Basislager zu verbessern und ein paar Ladungen hinaufzutragen. Tensing und ich bildeten zum ersten Mal eine Seilschaft, und es wurde sofort klar, dass wir gut zusammenpassten. Wir trafen lange vor den anderen im Lager IV der Schweizer ein und begannen, ihre zurückgelassenen Vorräte auszugraben. Sie waren reichhaltig und bildeten eine willkommene Ergänzung zu den unsrigen.

Nach zwei Stunden eilten Tensing und ich schon wieder zurück, weil wir bis zum Basislager hinunter wollten. Wir gingen schnell und waren bald im »Atombombenfeld«. An seinem anderen Ende befand sich wieder eine der unzähligen Spalten, und anstatt auf der üblichen Brücke hinüberzugehen, sprang ich einfach los und landete auf einem überhängenden Eisblock auf der anderen Seite. Er brach sofort ab und sauste in die Tiefe, mit mir obendrauf. Plötzlich drehte sich der Eisblock, und mir wurde klar: Wenn ich nicht aufpasste, würde ich zwischen ihm und der Spaltenwand zerquetscht werden. Ich weiß noch, dass ich die Knie bog und irgendwie hochsprang. Und dann fielen wir weiter, aber wenigstens mit dem Eisblock vorneweg. Erstaunlicherweise hatte ich noch Zeit, darüber nachzudenken, dass sich das Seil bald straffen musste, sonst würde es mit mir vorbei sein. Und genau in diesem Augenblick stieß Tensing oben seinen Pickel in den Schnee und schlang das Seil herum zu einem guten Beleg. Das Seil straffte sich schwirrend, und mein Fall wurde jäh gebremst. Ich schwang an die Eiswand, die Steigeisen an der einen Seite der Spalte, mein Rucksack an der anderen. Der Eisbrocken sauste weiter und zerschellte am Boden der Spalte. Das Seil hatte mich rechtzeitig aufgefangen, und es war kein Problem, Stufen zu schlagen und aus der Spalte herauszuklettern.

Tensings schnelle Reaktion und sein Geschick mit dem Seil hatten mich sehr beeindruckt. Außerdem war mir bereits aufgefallen, dass er auch auf schwierigen Strecken ein schnelles Tempo vorlegte. Und da kam mir eine Idee: Es war sehr unwahrscheinlich, dass Hunt mich und George zusammen klettern lassen würde – es ging schließlich nicht an, dass *zwei* Neuseeländer auf den Gipfel kamen! –, aber wie wäre es mit Tensing und mir? Das schien mir ein guter Gedanke zu sein, und ich beschloss, ein bisschen Propaganda dafür zu machen.

In den nächsten Tagen wurden viele Ladungen mit Verpflegung und Material zum vorgeschobenen Basislager gebracht, und Evans und Bourdillon mit ihren leistungsfähigen, modernen Sauerstoffgeräten mit geschlossenem Kreislauf kamen in der Lhotse-Flanke bis auf über 7000 Meter. Ich überredete John Hunt, er solle Tensing und mich an einem Tag vom Basislager zum vorgeschobenen

Basislager und wieder zurück gehen lassen, eine Strecke, für die man sonst zwei Tage brauchte. Wir benützten Sauerstoffgeräte mit offenem Kreislauf beim Aufstieg, aber nicht beim Rückweg. Es war ein voller Erfolg, denn obwohl wir beim Abstieg scheußliches Wetter hatten, erledigten wir diese anspruchsvolle Aufgabe in einer sehr guten Zeit. Die Sache hatte nur den einen Zweck, zu zeigen, was für ein gutes Team Tensing und ich waren – und ich rechnete fest damit, dass sich diese Tatsache John einprägen würde.

Am 6. Mai brannte in John Hunts Zelt bis tief in die Nacht noch Licht, und man hörte das Klappern seiner Schreibmaschine. Am nächsten Morgen rief er Evans und mich zu einer Konferenz zu sich, teilte uns mit, welche Aufgaben er den einzelnen Expeditionsmitgliedern für die nächsten zwei Tage zugedacht hatte und bat um unsere Meinung. Er schlug vor, Charles Evans und Tom Bourdillon sollten versuchen, den Südgipfel auf 8750 Metern zu erreichen. Den abschließenden Angriff auf den eigentlichen Gipfel sollten Tensing und ich vornehmen, und zwar mit dem verlässlicheren Sauerstoffsystem mit offenem Kreislauf. Charles und ich waren einverstanden.

Im großen Zelt war die ganze Expeditionsmannschaft versammelt, und als wir dort eintraten, war die mühsam unterdrückte Spannung mit Händen zu greifen. Als John zu sprechen begann, hingen alle an seinen Lippen. Er wiederholte, was er mit uns besprochen hatte: George Lowe, Mike Westmacott und George Band fiel die schwierige Aufgabe zu, einen Weg durch die Lhotse-Flanke vorzubereiten, Wilf Noyce und Charles Wylie sollten dafür sorgen, dass die Sherpas mitsamt ihren Lasten auf den Südsattel kämen, und John Hunt und Alf Gregory würden helfen, das höchste Lager auf 8500 Metern zu errichten. Mike Ward sollte als Expeditionsarzt die Reserve bilden. Der bekam natürlich einen Wutanfall und warf John vor, dieser sei nicht fit genug für große Höhen, er solle das Unternehmen lieber vom vorgeschobenen Basislager aus dirigieren und ihn seine Aufgaben weiter oben übernehmen lassen. Später hörte ich, George Band sei der Meinung gewesen, die beiden Neuseeländer hätten sich ein bisschen zu sehr vorgedrängt. Da hatte er nicht ganz Unrecht.

In der Lhotse-Flanke gab es von Anfang an Probleme. George Band bekam eine Erkältung und musste ins Basislager absteigen. Mike Westmacott, der sich im Eisbruch so sehr bewährt hatte, schien nicht über 6700 Meter hinauszukommen. Er wurde schließlich dazu eingeteilt, die sich ständig verändernde Route durch den Eisbruch gangbar zu halten, was ihm hervorragend gelang. Jetzt waren nur noch George Lowe und Sherpa Ang Nyima übrig, um den Weg über die Lhotse-Flanke vorzubereiten. Sie hatten schlechtes Wetter und kamen nur langsam voran. Wilf Noyce und ich brachten mit drei Sherpas Lasten in ihr Lager. Beim Aufstieg merkte ich, dass Wilf als Zweiter am Seil schneller ging als ich, so dass das Seil zwischen uns am Boden schleifte. Instinktiv steigerte ich mein Tempo und achtete von da an darauf, dass das Seil zwischen uns straff blieb. Es herrschte einfach Konkurrenzkampf, denn ich war überzeugt, dass auch Wilf sehr gut in Form und ein potenzieller Gipfelstürmer war.

George Lowe machte keine so schnellen Fortschritte, wie wir gehofft hatten. Am 17. Mai erhielt er Verstärkung durch Mike Ward und Dawa Tensing, aber sie kamen nicht viel weiter als 7300 Meter. Und die Zeit drängte. Starker Wind und große Kälte erschwerten die Arbeit. John Hunt sah ein, dass es so nicht weiterging, und schickte am 20. Mai Wilf Noyce und neun Sherpas hinauf ins Lager VII; George Lowe kam herunter. Am nächsten Morgen spähten wir nach oben und erwarteten die ganze Gruppe weitersteigen zu sehen, aber es tauchten nur zwei Männer auf: Wilf und Sherpa Annullu. Sie arbeiteten sich langsam die 600 Meter durch die obere Lhotse-Flanke hindurch und verschwanden auf den Südsattel. Weiter unten stiegen Charles Wylie und eine andere Gruppe von Sherpas zum Lager VII auf. Das hieß, dass alle unsere Höhenträger an diesem Tag in Lager VII übernachten würden. Wenn nicht alle am nächsten Tag zum Südsattel weitergingen, wäre das ganze Unternehmen zum Scheitern verurteilt.

Ich bitte nicht gern um etwas, aber jetzt ging ich in Johns Zelt und flehte ihn buchstäblich an, mich und Tensing zum Lager VII aufsteigen zu lassen, damit wir die große Transportaktion am nächsten Tag anschieben konnten. Ich war mir ganz sicher, dass Tensing und ich zum Südsattel und zurück gehen könnten und trotzdem noch fit genug für den Gipfelangriff sein würden. Und doch war ich etwas überrascht, als John zustimmte, und ich teilte Tensing die gute Nachricht mit. Dann machten wir uns schnell auf den Weg, legten in den Eisstufen und an den Fixseilen der Lhotse-Flanke ein gutes Tempo vor und erreichten Lager VII in viereinhalb Stunden, kurz bevor Noyce und Annullu vom Südsattel herunterkamen.

Tensings Anwesenheit gab der Moral unserer Sherpa-Träger mächtig Auftrieb. Sie waren wie ausgewechselt und begaben sich friedlich zur Nachtruhe. Am frühen Morgen war es kalt und windig. Um halb neun Uhr überquerten wir die tiefe Gletscherspalte oberhalb des Lagers und gingen die obere Hälfte der Lhotse-Flanke an. Tensing, Charles Wylie und ich nahmen Sauerstoff, die Träger nicht. Tensing und ich gingen voran, traten und hackten Stufen und taten auch sonst unser Möglichstes, um den Weg gangbar zu machen. Wylie blieb bei den Sherpas, um sie anzufeuern, aber sie wurden trotzdem immer langsamer. Zwei von ihnen waren in besonders schlechter Verfassung, deswegen nahmen Tensing und ich ihnen je eine Sauerstoffflasche ab. Ein Sherpa gab völlig auf, und Charles Wylie fügte seine neun Kilo schwere Flasche der eigenen Last hinzu. Tensing und ich drückten aufs Tempo, kamen über den Genfer Sporn, stiegen zum breiten, unwirtlichen Südsattel hinunter und warfen unser Gepäck und auch die halbverbrauchten Sauerstoffflaschen ab. Wir stiegen den Hang wieder hinauf und trafen Wylie und seine Heldentruppe von dreizehn Trägern, als sie die Höhe des Genfer Sporns erreichten. Vierzehn Lasten waren an diesem Tag auf den Südsattel geschafft worden. Das war endlich einmal ein Fortschritt.

Tensing und ich lasen den erschöpften Sherpa auf und stiegen die gesamte Lhotse-Flanke wieder hinunter. Hunt verlor keine Zeit – am Fuß der Wand trafen wir Evans und Bourdillon auf dem Weg nach oben. Und mit dabei war ein freudig erregter John Hunt höchstpersönlich. Der Angriff lief, das war offensichtlich. Zwei Tage später würden Tensing und ich an der Reihe sein und den langen Weg zum Gipfel antreten – und danach würde unser Leben nicht mehr dasselbe sein. Auf mich wartete die Freude, Louise zu heiraten, aber auch die Notwendigkeit, mich mit der Tatsache anzufreunden, dass ich eine Person des öffentlichen Interesses geworden war und dass sich während des Reisejahres, das der Everestbesteigung folgte, alle Augen auf mich richteten.

7
Am Makalu

Anfang 1954 kehrten Louise und ich nach Neuseeland zurück, wenn auch nur für sechs Wochen. Es war herrlich, wieder zu Hause zu sein. Wir waren noch nie längere Zeit miteinander allein gewesen, und jetzt lernte ich Louise erst richtig kennen und schätzen. Sie war warmherzig und liebevoll, aber auch sehr selbständig; sie liebte die Natur und hatte viele gute Freunde. Sie gab mir offen zu verstehen, dass sie meine Bergsteigerei akzeptierte und dass ich jederzeit ans Ende der Welt reisen durfte, wenn ich wollte. Diese sechs Wochen waren wunderbar. Zum ersten Mal fiel es mir schwer, aufzubrechen und die Heimat hinter mir zu lassen. Aber schließlich ging ich natürlich doch.

Es war die erste Himalaja-Unternehmung, für die ich allein verantwortlich war. Ich plante und organisierte eine Expedition des neuseeländischen Alpinklubs zum Barun-Tal, das mir so gut gefallen hatte, und hatte eine genaue Vorstellung davon, was wir uns vornehmen wollten. Zur Mannschaft gehörten meine guten Freunde von der Everest-Expedition 1953, George Lowe und Charles Evans, und noch ein paar sehr erfahrene neuseeländische Bergsteiger.

Wieder wanderten wir am Arun hinauf, überquerten die schwankende Hängebrücke bei Num und stiegen zum Dorf Sedua an. In den Bergen lag tiefer Schnee, und am Barun-Pass mussten wir uns gewaltig abmühen. Dann stiegen wir ab ins Barun-Tal, und es war so schön wie eh und je. Zwei Tage lang folgten wir dem Barun flussaufwärts bis auf eine Höhe von 4600 Metern, wo wir auf einer bemoosten Fläche am Ufer unser Basislager errichteten. Dieser Lagerplatz hatte etwas Dramatisches an sich, denn über uns türmte sich der Makalu mit seinen fantastischen Felsgraten und seinen eisbedeckten Wänden noch 3600 Meter hoch auf.

Ich teilte unsere Mannschaft in verschiedene Gruppen auf. Eine erkundete die Täler des Choyang und des Iswa, in die bisher noch kein Fremder vorgedrungen war. Über hohe Pässe sollte sie dann wieder zu uns ins Barun-Tal zurückkehren. Inzwischen machten Brian Wilkins, Jim McFarlane und ich uns mit fünf Sherpas daran, den Barun-Gletscher hinaufzumarschieren. Doch die Sache lief schief. Wir hatten zwei eher harmlose Sechstausender erstiegen, als Wilkins und McFarlane durch die Schneeschicht brachen, die eine tiefe Gletscherspalte überdeckte. Wilkins schaffte es, wieder hinauszuklettern, aber ich brach mir bei den Rettungsbemühungen um McFarlane drei Rippen, und McFarlane selbst erlitt schwere Erfrierungen an Händen und Füßen. Unter großen Schmerzen und Atembeschwerden eilte ich mit einem Sherpa ins Lager und stellte einen Rettungstrupp zusammen, der McFarlane ins Basislager holen sollte. Wir brauchten vier mühselige Tage, um ihn die 16 Kilometer über den Gletscher hinunterzutransportieren, und waren heilfroh, als er endlich sicher im Basislager war.

Wir hatten es immer als unser Hauptziel angesehen,

den Baruntse (7180 Meter) zu ersteigen, und keinen Gedanken an den noch etwa 1300 Meter höheren Makalu verschwendet. Doch nun hatten wir uns den Makalu oft genug genau angeschaut und den Eindruck gewonnen, dass es bis weit hinauf eine mögliche Route gab, und zwar über den kleinen Makalu-Gletscher. Also beschlossen wir, das näher zu erkunden. Anfang Mai rückte der größere Teil der Mannschaft talaufwärts vor und etablierte auf dem Barun-Gletscher in über 5000 Meter Höhe Lager I. Meine gebrochenen Rippen behinderten mich, und ich musste zurückbleiben, aber Botenläufer hielten mich auf dem Laufenden über die schnellen Fortschritte. Am ersten Tag ging es recht einfach durch Moränenschutt, und auf 5800 Metern wurde Lager II errichtet. Am nächsten Tag erreichten sie ein großes Schneefeld und bauten in 6300 Meter Höhe Lager III auf.

Am 12. Mai hatte ich die Untätigkeit gründlich satt und brach mit Wilkins und ein paar Sherpas vom Basislager auf, um mich den anderen anzuschließen. Es ging ganz gut, obwohl mir jeder Atemzug wehtat. Als unverbesserlicher Optimist, der ich bin, bildete ich mir ein, die Schmerzen würden nach einiger Zeit schon von selbst vergehen. Tatsächlich war ich meinen Begleitern weit voraus und begann mich nach Lager II umzuschauen, fand es aber nicht. Auch als Wilkins und die Sherpas dazukamen, hatten wir kein Glück bei der Suche. Wir hatten keine Zelte dabei und nur wenig zu essen, und schließlich krochen wir einfach auf einer Kiesbank in unsere Schlafsäcke. Unser Abendessen bestand aus einer Dose Sardinen und einer Tafel Schokolade. Am Morgen war es bitterkalt, und wir rührten uns nicht, bis die Sonne uns erreichte. Gerade als wir mitten im Aufbruch waren, hörten wir fröhliche Stimmen, und ein halbes Dutzend Sherpas tauchte aus dem unübersichtlichen Gelände vor uns auf. Sie lachten herzlich, als sie uns sahen, denn Lager II war nur ein paar hundert Meter entfernt, versteckt zwischen großen Eistürmen. Die Botschaft, die Charles Evans mir überbringen ließ, klang sehr ermutigend. Von Lager III aus hatten sie eine Eisterrasse gequert, ein paar steile Eisstufen erklettert und dann, auf 6700 Metern, wieder eine breite, sichere Schneefläche gefunden, auf der sie im Schutz eines großen Eisbuckels Lager IV errichteten.

Das waren erfreuliche Nachrichten, und Wilkins und ich wollten möglichst schnell zu unseren Kameraden. Wir stiegen bis Lager II, das zwischen den Eistürmen gut verborgen war, und bekamen dort Tee und etwas zu essen. Dann setzten wir unseren Weg fort, obwohl ich beständig Schmerzen in der Brust hatte. Es war ein schöner Tag, und als wir höher hinaufkamen, bot sich uns ein wunderbarer Ausblick. Aber wir hatten unsere Augen mehr auf die steilen Hänge des Makalu gerichtet und sahen plötzlich zwei schwarze Punkte, die sich langsam aufwärts bewegten. Das gab uns frische Kraft, und obwohl mir die Brust jetzt scheußlich wehtat, hackten wir Stufen in den letzten langen Eishang, erreichten die Schneefläche und fanden hinter einem Hügel die Zelte von Lager III. George Lowe begrüßte uns und drückte uns Becher mit heißem Tee in die Hände. Vollkommen erschöpft kroch ich in meinen Schlafsack.

Diese Nacht in Lager III war nicht gerade erholsam für mich. Ich hatte beträchtliche Schwierigkeiten beim Atmen, und jeder Hustenanfall jagte mir einen scharfen Schmerz durch die Brust. Aber ich war immer noch überzeugt, das würde sich schon geben. Am Morgen kam Charles Evans von Lager IV herunter und erzählte begeistert, dass sie schon bis auf 7000 Meter vorgedrungen seien und glaubten, dass die steile Felswand zum Gipfel des Makalu auch zu bewältigen sei.

Meine Entscheidung, weiterzugehen, erscheint mir im Rückblick als unglaublich dumm. Ich wollte mit George

Lowe, Brian Wilkins, Norman Hardie und fünf Sherpas zum Lager IV aufsteigen und von dort aus Lager V errichten. Ich übernahm die Führung über den steilen Hang, fühlte mich aber zu meiner Überraschung plötzlich völlig kraftlos. Ich war dankbar, als George mich ablöste. Wir erreichten die Schneeterrasse und überquerten sie langsam und unter großer Mühe. Der Schnee war so tief und weich, dass man kaum vorwärts kam. Als wir den letzten Steilhang vor uns hatten, musste ich meine ganze Energie zusammennehmen, um hinaufzukommen. In Lager IV angekommen, gruben und hackten wir ein paar ebene Stellen zurecht und stellten weitere Zelte auf. Dann taumelte ich in eines davon hinein.

Die Nacht war wieder fürchterlich, und am Morgen war ich zu schwach zum Aufstehen. Ich verbrachte den ganzen Tag im Zelt, während die anderen an der Route nach oben arbeiteten, und es wurde mir bald klar, dass ich nicht mehr weiterkommen würde. Wieder eine furchtbare Nacht, und am Morgen darauf fühlte ich mich hundeelend und wusste, dass ich hinunter musste. Ich zog mich mühsam an, aber es gelang mir nicht, in die Stiefel hineinzusteigen. George bemerkte, wie erbärmlich schlecht es mir ging, und griff ein. Er half mir in die Schuhe und in die restliche Kleidung und zog mich in die Höhe. Ich schaffte es, den ersten langen Hang hinunterzusteigen, aber dann kam ein kleiner Anstieg; ich konnte keinen Schritt mehr tun, und mir wurde schwarz vor Augen. Ich hatte schreckliche Halluzinationen; ich glaubte, ich säße auf einem eisigen Hang und rings um mich herum donnerten Lawinen zu Tal und eine Stimme schrie um Hilfe – ohne Zweifel meine eigene. Als ich wieder zu Bewusstsein kam, war George gerade dabei, mich auf eine Trage aus zwei Gestellen zu binden. Ich steckte in meinem Schlafsack, konnte mich nicht bewegen und litt unter arger Platzangst. Was dann folgte, war eine endlose Zeit des Dahindämmerns. Nur halb bei Bewusstsein, litt ich doch unbeschreiblich unter Hitze und Schmerz, Geschaukel und Gerüttel.

Ich bin häufig in Situationen gewesen, wo ich das Gefühl hatte, dem Tod nahe zu sein, aber dies war das einzige Mal, dass ich keine Anstrengungen unternahm, um am Leben zu bleiben, weil mir der Tod wünschenswerter erschien als das Leben. Die drei Tage, die sie brauchten, um mich ins Lager I zu schaffen, waren die schrecklichsten in meinem Leben. Charles Evans kümmerte sich hingebungsvoll um mich, entschlossen, mich am Leben zu erhalten. Ich litt unter starker Austrocknung; meine Zunge war geschwollen und gesprungen. Trinken war unmöglich – aber Charles zwang mich dazu. Er träufelte mir mit einer Pipette Wasser in den Mund, bis ich schluckte. Ganz sicher hat er mir das Leben gerettet. Langsam besserte sich mein Zustand, und ich konnte wieder trinken und sogar etwas essen. Zehn Tage nach meinem Zusammenbruch konnte ich schon ohne große Anstrengung zum Basislager hinuntergehen. Aber ich war immer noch so schwach, dass ich erkannte, es würde mit dem Bergsteigen für dieses Jahr vorbei sein.

Meine Krankheit sorgte in Großbritannien und Neuseeland für Schlagzeilen. Zeitungsleute interviewten meine alten Freunde für den Fall, dass es zum Schlimmsten käme. John Hunt wurde gebeten, einen Nachruf zu schreiben.

Wir zogen uns vom Makalu zurück, aber unsere neuseeländische Expedition hatte ein paar schöne Erfolge zu verzeichnen – die Besteigung des Pethangtse (6730 Meter), des Chago (6890 Meter) und schließlich des Berges, der unser Hauptziel gewesen war, des großartigen Baruntse (7180 Meter).

Mit einem Team von Sherpas brachte ich Jim McFarlane zu Tal. Er musste wegen seiner starken Erfrierungen getragen werden, und es war ein langer Weg bis zur nächsten Bahnstation und schließlich zu einem Flugzeug, das ihn nach Neuseeland zurückbrachte. Er verbrachte Monate im Krankenhaus, erholte sich aber erstaunlich gut. Er war weiterhin erfolgreich als Ingenieur und kam noch einmal zu Ehren, diesmal als tüchtiger Sportler – ein starker, tapferer Mann.

Mit meinem Erlebnis am Makalu begann meine Fähigkeit, mich an große Höhen anzupassen, die mir am Everest so große Dienste geleistet hatte, zu schwinden. Ich war immer noch in der Lage, in über 6000 Metern gute Leistungen zu erbringen, aber mit der Zeit hat die Höhe mich eingeholt, und heute schlafe ich nur noch ungern in Lagen über 2500 Metern. Doch meine Leidenschaft für extreme Abenteuer hat das nicht beeinträchtigt, und es blieb ja noch so viel Interessantes in der Antarktis, am Fuß des Himalaja oder auch auf den wilden Gebirgsflüssen der Welt zu erleben! Nur mit den großen Höhen war es für immer vorbei.

8

Auf dem Weg in die Antarktis

In meiner Jugend zählte *The Worst Journey in the World* von Apsley Cherry-Garrard, einem Mitglied von Robert Scotts unglücklicher letzter Antarktis-Expedition, zu meinen Lieblingsbüchern. Ich las es unzählige Male mit der größten Begeisterung. Sogar als ich im Weltkrieg auf den Salomonen stationiert war, saß ich oft genug an einem tropischen Bilderbuchstrand und schrieb nach Hause, dass ich eines Tages in die Antarktis fahren wolle. Und als ich bei einem Dinner im Alpinklub von Auckland meine Verlobung mit Louise bekannt gab, fügte ich hinzu, meiner Meinung nach müsse das unter neuseeländischer Schutzherrschaft stehende Rossmeer-Gebiet erforscht werden, und ich würde gern dabei sein.

Am unteren Ende des Globus gelegen und von stürmischen Meeren umgeben, ist die Antarktis die letzte große Wildnis der Welt. Sie ist der kälteste, windigste, trockenste und auch höchst gelegene Kontinent – die Durchschnittshöhe beträgt 2280 Meter. Bis zu 3000 Meter dickes Eis bedeckt 98 Prozent ihrer Oberfläche, und am Pol hat das Gewicht dieses gefrorenen Wassers der Erdkruste eine Delle zugefügt. Unter dem Druck des eigenen Gewichts schiebt sich das Eis, das sich auf dem Polarplateau bildet, ständig nach außen, zu den Rändern hin. Ab und zu ragt ein Felszacken aus dem Eis – die Spitze eines darunter begrabenen Berges. Am Rand des Polarplateaus drängt sich das Eis durch Bergketten und bewegt sich unaufhaltsam in ungeheuren Gletschern zur Küste, wo es wie ein 1000 Meter dicker Teppich auf dem Wasser schwimmt. Der größte dieser Teppiche, das Ross-Eisschelf, hat die Ausmaße Frankreichs. Captain Cook, der sich als Erster ins Südmeer wagte und Eisbergen begegnete, konnte sich für die Gegend nicht begeistern und beschrieb sie als »ein Land, das von der Natur dazu verdammt ist, auf ewig unfruchtbar zu sein und niemals die Wärme eines Sonnenstrahls zu fühlen; ein Land, dessen Furchtbarkeit mit Worten nicht zu beschreiben ist«.

1954, als ich gerade vom Makalu zurück war, spielte dieser eisige Kontinent keine besondere Rolle in meinen Gedanken. Als das Jahr zu Ende ging, war es, als hätte ich nie ein abenteuerliches Leben geführt. Ich kümmerte mich mit Rex um die Bienen und schrieb an meinem ersten Buch. Am Tag nach Weihnachten wurde unser Sohn Peter geboren, und ich teilte mit Louise die gestörten Nächte, die alle jungen Eltern kennen. Damals konnte ich noch nicht ahnen, oder auch nur wünschen, dass auch mein Sohn eines Tages den Mount Everest besteigen würde. Mit unserem winzigen Baby zelteten wir im Hochsommer an der wunderschönen Koromandelküste, wo wir die einzigen Menschen weit und breit waren. Das friedliche Familienleben füllte mich ganz aus.

Gelegentlich hörte ich etwas aus England, wo man George Lowe, der an der Repton School Geografie unterrichtete, zum offiziellen Fotografen der British and Commonwealth Trans-Antarctic Expedition ernannt hatte. Ich hatte Vivian Fuchs Ende 1953 in London kennen gelernt, als er mich aus irgendeinem Grund unbedingt in seine Pläne einweihen wollte und mich gemeinsam mit George in seinem kleinen Büro, eine schäbige Treppe hinauf, empfangen hatte. Vivian Fuchs war eine beeindruckende Persönlichkeit, eine stattliche Erscheinung mit ernsthaftem Wesen, aber als er seine Absichten vortrug, wurde er richtig lebhaft. Er wollte versuchen, mit moderner Ausrüstung das zu erreichen, woran Ernest Shackleton gescheitert war – den antarktischen Kontinent via Südpol zu durchqueren. Die britische Expedition sollte von der Küste des Weddellmeers aus zum Pol fahren, dann über das Polarplateau zum Ferrar-Gletscher und hinunter zum McMurdo-Sund. Die Rolle, die den Neuseeländern dabei zugedacht war, war eher bescheiden. Sie sollten ein Basislager am Ufer des Rossmeers errichten, dann mit Hundeschlitten eine Route über den Ferrar-Gletscher auskundschaften und 400 Kilometer landeinwärts, am Rand des Polarplateaus und in der Nähe des Mount Markham, ein einziges Nahrungsmittel- und Kraftstoffdepot einrichten. Ungefähr an dieser Stelle würde die Durchquerungsmannschaft ihre Vorräte auffüllen müssen.

Fuchs betonte unentwegt, dass die Expedition wichtige wissenschaftliche Ergebnisse für das Internationale Geophysikalische Jahr 1956/57 liefern würde, aber mir erschien das Ganze nur wie ein nettes Abenteuer. Dann aber kam er zum Kern der Sache: Er erklärte, man brauche unbedingt eine Hilfsbasis am McMurdo-Sund, und er hoffe, die neuseeländische Regierung werde sich finanziell beteiligen. Ich hatte das Gespräch recht interessant gefunden, sah aber nicht ganz ein, was das alles mit mir zu tun hatte – bis er mitteilte, er habe ausgerechnet, dass das Unternehmen insgesamt zwischen einer Viertel- und einer halben Million Pfund kosten würde. Da wurde mir klar, worauf er hinauswollte. Er nahm an, wenn ich mich an der Sache beteiligte, ständen die Chancen besser, dass Regierung und Volk von Neuseeland sie unterstützten.

Ich hatte ursprünglich nicht die Absicht gehabt mitzumachen, aber während ich mein Möglichstes tat, um die Regierung auf Trab zu bringen, begeisterte ich mich allmählich für die Idee. Ich sprach vorsichtig mit Louise darüber, dass ich, wenn sie mich auswählten, eineinhalb Jahre lang nicht nach Hause käme. Ihre Antwort war typisch für sie: »Wenn du wirklich gehen willst, solltest du es tun.« Was für eine vollkommene Ehefrau! Und was für ein unvollkommener Ehemann! Aber ich hatte von meinem Verleger einen beträchtlichen Vorschuss für mein Buch *Ich stand auf dem Everest* bekommen und eine noch größere Summe für den Vorabdruck. Louises Vater überließ uns ein Stück seines wertvollen Grundbesitzes, und wir bauten uns ein schönes Haus mit wunderbarem Blick über den Hafen von Waitemata. So hatten Louise und Peter wenigstens ein ordentliches Zuhause, wenn ich zum Südpol ging, und konnten in der Nähe von Louises Familie leben.

Das Interesse an Fuchs' Projekt in Neuseeland hatte vor allem die Antarktis-Gesellschaft geweckt, aber auch ich tat alles, um es anzufachen. Schulen übernahmen Patenschaften für einzelne Huskys, und man konnte so genannte Abenteueraktien kaufen. Insgesamt kam in Neuseeland mehr Geld pro Einwohner zusammen als in Großbritannien. Ich studierte inzwischen alles, was ich an Antarktisliteratur finden konnte, und erwarb mir ein solides Wissen über alle Expeditionen zum Pol. Die Probleme, die von Schnee, Eis, Wind, tiefen Temperaturen und Verlassenheit in entlegenen Gegenden verursacht wurden, schienen mir nicht viel anders als bei einer Himalaja-Expedition oder selbst bei einer großen Tour in den unerforschten, eisigen Gebieten der neuseeländischen Alpen. 1955 stieg die neuseeländische Regierung in das

Unternehmen ein, wie Fuchs gehofft hatte, und gab die Gründung eines Rossmeer-Komitees bekannt. Ich wurde eingeladen, das neuseeländische Team zu leiten. Dass es in dieser Frage Meinungsverschiedenheiten gegeben hatte, erfuhr ich nicht. Ursprünglich war ein tüchtiger Marineoffizier für die Aufgabe vorgeschlagen worden, und ich glaube, es war Fuchs selbst, der sich beim Rossmeer-Komitee erfolgreich für mich einsetzte. Später hat er sich noch oft geärgert, wenn meine rege Fantasie sich immer neue Erweiterungen des Programms einfallen ließ. Selber schuld!

Die Sache nahm allmählich Gestalt an. Im antarktischen Sommer 1955/56 wollte Fuchs die Shackleton-Basis am Weddellmeer errichten. Eine kleine Gruppe sollte dort überwintern und den Ausbau der Basis vollenden, so dass Fuchs mit dem Großteil der Expedition im Sommer 1956/57 dort leben konnte. Im Dezember 1956 würde ich mit meiner Gruppe von Neuseeland abreisen und die Scott-Basis am McMurdo-Sund errichten. Beide Gruppen sollten überwintern und dann im Frühling in Richtung Pol aufbrechen, Fuchs mit drei großen Raupenfahrzeugen, so genannten Sno-cats, vier Weasel und einem umgerüsteten Muskeg-Traktor, wir mit drei umgerüsteten Ferguson-Traktoren.

Inzwischen hatte ich Bunny Fuchs, wie er genannt wurde, oft genug getroffen, um mir Gedanken über unsere künftige Zusammenarbeit zu machen. Die Aufgabe, die er unserer Gruppe zugedacht hatte, kam mir etwas unbefriedigend vor – dieses Depot auf dem Polarplateau zu errichten konnte ja nicht allzu schwer sein. Ich hatte Größeres vor. So schrieb ich ans Rossmeer-Komitee:

Das Ziel der neuseeländischen Gruppe ist es, beim Mount Markham ein Depot zu errichten. Wir sollten aber trotzdem genügend Vorräte und Ausrüstung mitnehmen, um, wenn es die Zeit erlaubt oder wenn ein Notfall eintritt, bis zum Pol fahren zu können.

Fuchs scheint mir damit einverstanden, und ich gehe also von diesem Plan aus, wenn ich mit seinen Fachleuten über Nahrungs- und Materialvorräte diskutiere.

Aber weder das Rossmeer-Komitee noch Bunny Fuchs nahmen meinen Vorschlag ernst.

Die meisten Teilnehmer der neuseeländischen Überwinterungs-Gruppe wählte ich selbst aus. Ein hoher Militärarzt sollte ihren Gesundheitszustand prüfen und wies Harry Ayres wegen seiner Krampfadern ab. Ich protestierte, und wir einigten uns darauf, einen zweiten Arzt zu Rate zu ziehen. Dieser, ein Spezialist, hatte sich im Vorjahr von Harry Ayres auf zwei schwierigen Touren führen lassen und besaß großen Respekt vor seinen Fähigkeiten – also war Harry dabei. Als Cheffunker hatten wir zwei sehr erfahrene Marineoffiziere zur Auswahl. Der eine bestand darauf, mich Sir zu nennen, der andere, Peter Mulgrew, nicht. Ich entschied mich für Peter Mulgrew, und das war der Beginn einer langen Freundschaft.

George Marsh, unser Expeditionsarzt, und der Geometer Richard Brooke hatten langjährige Erfahrung mit Schlittenhunden und sollten uns den Umgang mit den Hunden lehren. Auch zwei Ingenieure, Murray Ellis und Jim Bates, beide sehr erfinderisch und geschickt darin, die Maschinen in antarktischen Temperaturen am Laufen zu halten, waren mit von der Partie. Alles in allem hatten wir eine Überwinterungsgruppe von dreiundzwanzig Leuten, welche die Basis für den Vorstoß im Frühjahr herrichten sollten.

Die Chance, zum ersten Mal den antarktischen Kontinent zu betreten, kam für mich, als Bunny Fuchs mich, meinen Stellvertreter Bob Miller und unseren Chefpiloten

John Claydon einlud, zur Errichtung der Weddellmeer-Basis mitzukommen. Wir fuhren mit dem Achthunderttonner *Theron*, einem altgedienten, aber zuverlässigen Robbenfangschiff mit Eispanzerung. Das Expeditionsgepäck türmte sich auf den Decks, und wir hatten wenig Bewegungsspielraum. Ich dachte zuerst, ich hätte Glück, weil ich mir mit Bunny Fuchs eine kleine Kajüte teilte, aber dann merkte ich, dass Bunny es mit Absicht so eingerichtet hatte, weil er mich nicht aus den Augen lassen wollte. Trotz meiner fünf Himalaja-Expeditionen behandelte er mich wie einen unerfahrenen Zuschauer, und ich wurde nie zu den Sitzungen der Expeditionsleitung eingeladen. Dass ich mich sehr darüber ärgerte, fiel Bunny wohl nicht auf – aber schließlich war ich ja der Leiter der anderen Abteilung.

Ich freundete mich mit dem norwegischen Kapitän der *Theron*, Harold Maro, an. Von ihm erfuhr ich meistens, was los war. Bunny fragte auch Harold Maro kaum je nach seiner Meinung; wir hatten also vieles gemeinsam. Was dem Kapitän Sorgen bereitete, war, dass Bunny nicht auf dem üblichen Weg durch das Weddellmeer fahren wollte, sondern sich eine eigene Theorie über Packeis zurechtgelegt hatte und auf seiner eigenen Route bestand. Er wollte nicht durch den Eisgürtel auf der Ostseite brechen und dann den für gewöhnlich eisfreien Kanal entlang der Eisberge der Caird-Küste nehmen. Bunny glaubte, dass das Packeis des Weddellmeeres in zwei sich umeinander bewegende Blöcke gespalten war. Wenn es gelang, dazwischen zu kommen, wäre der Weg zur Vahsel-Bucht frei.

Nur sehr widerwillig ließ sich Kapitän Maro auf dieses Experiment ein. Doch am Anfang sah es gut aus. Wir starteten am 22. Dezember und hatten raue See, als wir uns dem Packeis näherten. Doch einmal eingedrungen, kamen wir wundersamerweise in ruhigeres Gewässer und konnten hohes Tempo vorlegen. Auch am Heiligen Abend kamen wir noch gut voran, aber dann wurde das Eis zusehends fester, und es kostete immer größere Anstrengung, sich einen Weg hindurchzubahnen. An Neujahr steckten wir schließlich fest, und nun begann ein mühsamer Kampf gegen das Eis, der sich bis zum 22. Januar hinzog, als wir endlich wieder offenes Gewässer erreichten. Ganze zweiunddreißig Tage waren vergangen, seit wir ins Packeis vorgestoßen waren. So viel zu Bunnys Theorien.

Es war ein aufregender Augenblick, als die schwarzen Felsen der Vahsel-Bucht sichtbar wurden. Das Flugboot wurde zu Wasser gelassen und machte Erkundungsflüge nach Süden, die bestätigten, dass der von uns gewählte Platz für die Shackleton-Basis die wichtigsten Voraussetzungen erfüllte: Er war für ein Schiff erreichbar, und es gab einen Zugang zum Pol.

Heute, wo schon Männer im Alleingang Arktis und Antarktis durchquert haben, ist man vielleicht geneigt, unsere damalige Leistung zu unterschätzen. Aber wir erforschten Gebiete, die noch nie ein Mensch betreten hatte, und erledigten wichtige wissenschaftliche Aufgaben. Wir fuhren mit Traktoren durch Gegenden voller Gletscherspalten – was ein ziemlich gewagtes Unternehmen ist –, und das unter viel primitiveren Bedingungen als heute. Aber die Herausforderung ist wohl immer die gleiche.

Wir hatten einen Monat im Packeis vergeudet, es war also keine Zeit zu verlieren – aber das erste Problem hatten wir schon. Unsere Fahrzeuge standen ganz hinten im Laderaum. Es blieb uns nichts anderes übrig, als große Mengen Vorräte auszuladen und auf der Eiskante zu lagern, wobei wir riskierten, dass ein Sturm große Wellen ans Ufer trieb und alles durchnässte. Wir arbeiteten wie verrückt, und endlich fanden sich die Schneefahr-

Meine Eltern vor ihrer Heirat. Mein Vater kämpfte im Ersten Weltkrieg als Freiwilliger bei Gallipoli.

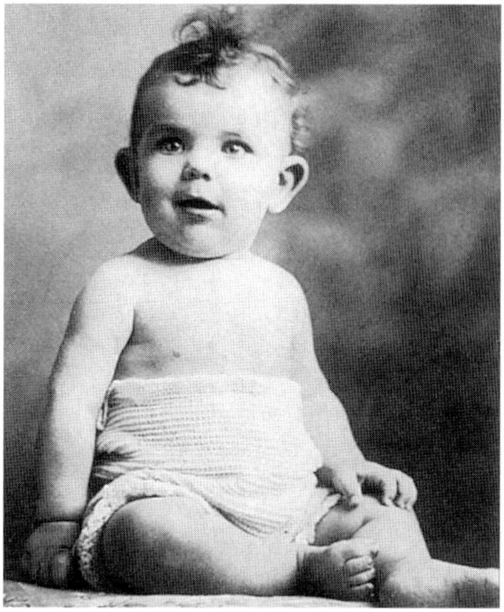

Als kleines Kind.

Mutter mit June, Rex und mir.

Mit dem zweieinhalb Meter langen Krokodil, das Ron Ward und ich auf den Salomonen erlegten.

1951. Das Team der neuseeländischen Garhwal-Himalaja-Expedition, Edmund Hillary, Ed Cotter, George Lowe und Earl Riddiford, bei der Abreise.

Eric Shipton nach der Erstüberquerung des Ama-Dablam-Sattels 1951, bei der er von mir und drei Sherpas begleitet wurde.

© Royal Geographical Society

© Royal Geographical Society

Edmund Hillary und Tensing Norgay – Namen, die für immer zusammengehören. Bei der Erstbesteigung des Mount Everest 1953 waren wir ein gutes Team.

© Royal Geographical Society

Der Khumbu-Eisbruch war die erste größere Hürde. Er hat gewaltige Ausmaße und ist immer in Bewegung. Kein anderer Abschnitt der Route über den Südostgrat hat so viele Todesopfer gefordert.

Lawine im Khumbu-Eisbruch.

Das vorgeschobene Basislager im Western Cwm in 6650 Meter Höhe.

Abmarsch zum Südgipfel. Tensing hat die Gipfelfahnen schon um seinen Eispickel gewickelt.

Bei einer Rast auf dem Südostgrat.

John Hunt hat für uns Lasten bis auf 8330 Meter Höhe geschleppt.

Blick vom Südsattel auf den Südostgrat.

Der Hillary-Step am Gipfelgrat.

Auf dem Gipfel. Das Bild, das um die Welt ging.

Blick vom Everest nach Osten. Rechts im Vordergrund der Makalu, hinten der Kanchenjunga, der dritthöchste Berg der Welt.

Zurück im vorgeschobenen Basislager. Ruhe vor dem Sturm, den Medien und Politik um uns entfachen würden. Tensing und ich ahnten noch nicht, wie sehr sich unser Leben ändern sollte.

Anfangs strahlten wir triumphierend in die Kameras, aber als wir nach Katmandu kamen, war uns das Lachen vergangen.

Hochzeit mit Louise. Natürlich war George Lowe Trauzeuge und las uns die Glückwunschtelegramme vor.

Familie Hillary mit Peter, Sarah und dem Baby Belinda.

Die Organisation des Internationalen Geographischen Jahres (I. G. Y.) war einer der Geldgeber der Trans-Antarktis-Expedition.

Die »Traktorengang«, die zum Südpol fuhr: Ed Hillary, Murray Ellis, Jim Bates, Peter Mulgrew und Derek Wright (von links).

Beim Zusammenbauen der ersten Hütte in der Scott-Basis am McMurdo-Sund.

Der Weasel zieht den Wohnwagen über das Firnfeld des Skelton-Gletschers. Im Hintergrund der Mount Huggins.

Bunny Fuchs am 3. August 1957, nachdem er den Tunnel freigeschaufelt hat.

Ankunft am Südpol. Bunny Fuchs steuert das erste Sno-cat.

Beim Überqueren eines Spaltengebiets südlich von Depot 700.

Rettungsaktion. Zwei Traktoren ziehen einen dritten aus einer Gletscherspalte.

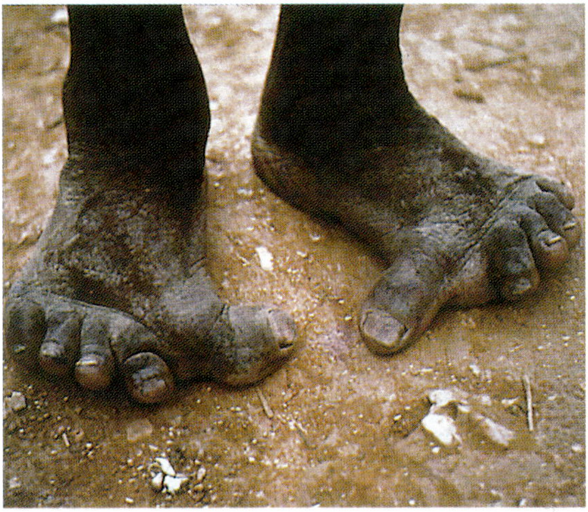

Deformierte Füße eines Sherpas. Manch einer hielt ihre Abdrücke für Yeti-Spuren.

Der Yeti-Skalp kehrt von seiner Amerikareise nach Khumjung zurück. Es hat sich herausgestellt, dass er von einem Goral, einem gemsenartigen Tier, stammt.

Die Silberhütte unterhalb des Ama-Dablam-Sattels. Hier wurden 1960/61 unsere Untersuchungen zur Akklimatisation in großen Höhen durchgeführt.

Ein Sherpa erreicht mit seiner Last den Ama-Dablam-Sattel.

Peter Mulgrew, der für seinen Angriff auf den Makalu einen schrecklich hohen Preis bezahlte.

Dorfbewohner überbringen eine Petition. Sie bitten um Unterstützung vom Himalayan Trust.

Einschulung. Die erste Schule, die wir in Khumjung gebaut haben, nimmt den Unterricht auf.

Beim Bau des Krankenhauses in Kunde. Im Hintergrund der Kangtega und der Tamserku.

Mit einem Wellblechdach auf dem Weg in ein abgelegenes Dorf.

Die Brücke, die der Himalayan Trust unterhalb von Tengpoche errichtet hat.

Die Flugpiste von Mingbo mit dem Hügel am Ende, der uns alle viel Nerven gekostet hat. Dahinter der Tamserku.

Mingma Tsering Sherpa, der am Everest noch ein junger Träger gewesen war, wurde als Sirdar unentbehrlich für uns. Seine Frau Ang Doule hat für das Foto ihren schönsten Schmuck angelegt.

Die jüngere Generation: Ang Rita, unser Hauptverwalter, mit seiner Frau Ang Jangmu. Er spielt heute bei allen Projekten des Himalayan Trust eine wichtige Rolle.

June und ich werden in der Schule von Junbesi herzlich begrüßt.

Bei einem Glas oder auch mehreren werden Neuigkeiten ausgetauscht. Zusammenkunft mit einigen älteren Einwohnern von Kunde und Khumjung, den befreundeten Sherpas Mingma Tsering, Khunja Chumbi, Nima Tashi und Ogchu Lama.

Das Kloster Tengpoche, wo sich alle Everest-Expeditionen segnen ließen, geht infolge eines Kurzschlusses in Flammen auf. Mit Hilfe des Trusts wurde es wieder aufgebaut und liebevoll restauriert (unten).

Mit dem neuseeländischen Premierminister David Lange (links) und dem indischen Staatschef Rajiv Gandhi.

Das Treffen mit dem Dalai-Lama in Dharamsala war für June ein unvergessliches Erlebnis.

Mount Cook. Mike Gill, Harry Ayres, mein erstes Bergsteiger-Idol, und ich auf dem Weg zur großen Traverse.

Der Südgrat, den Harry Ayres und ich 1948 als Erste bestiegen.

Im Alter von fünfzig Jahren noch einmal auf der großen Traverse.

Mit dem Jetboat den Ganges hinauf, von der Mündung bis zur Quelle. Hier nähern wir uns dem Tempel in Deoprayag.

Ein Reklamefoto mit Reinhold Messner. Ich stecke in George Bands alter Everest-Ausrüstung.

Das Wappen, das man für mich entwarf, als ich zum Ritter geschlagen wurde.

Festakt zur zeremoniellen Aufnahme in den Hosenbandorden in Windsor.

Am vierzigsten Jahrestag der Erstbesteigung des Everest sind die noch lebenden Teilnehmer zu einem Empfang bei der Königin eingeladen. Von links: George Band, Charles Wylie, Gombu Sherpa, Mike Ward, John Hunt, Königin Elizabeth II., Ed Hillary, Mike Westmacott, Alf Gregory, George Lowe und Griff Pugh.

zeuge – zwei Weasel und zwei Ferguson-Traktoren wurden aus dem Frachtraum gehievt und fahrbereit gemacht. Sie brachten in großer Eile alles über die vereiste Bucht, und einen Teil auch schon auf den eigentlichen Platz für die Basis auf dem hohen Eisschelf.

Bunnys Plan sah vor, dass wir am McMurdo-Sund nur Ferguson-Traktoren benutzen sollten, also probierte ich sie schon einmal aus und erkannte, dass sie recht gut Lasten über ebenes Eis ziehen konnten, aber nicht imstande waren, den steilen Hang zum Schelf zu erklimmen. Das konnten nur die beweglichen Weasel. Es stellte sich heraus, dass viele im Expeditionsteam solche Fahrzeuge noch nie gefahren hatten – und vermutlich nicht einmal ein Auto. Ich sah, wie einer in einen Weasel stieg, ihn anließ, den falschen Gang einlegte und in den bepackten Schlitten fuhr, der dahinter stand. Trotzdem brachten wir eine erstaunliche Menge Material zu einem Zwischendepot, das aber nur wenig über Meereshöhe lag und immer noch ein gefährdeter Platz war. Am dritten Tag, dem 1. Februar, war die Temperatur um fast 20 Grad gestiegen, und Unheil verkündende Wolken ballten sich im Norden zusammen. Ich sprach mit Kapitän Maro; er war sehr besorgt und sagte Sturm voraus.

Einer unserer Weasel war kaputt, und natürlich befanden sich alle Ersatzteile in einem noch ungeöffneten Laderaum. Anstatt jetzt mit unseren drei Fahrzeugen weiterzumachen, bis das Wetter sich wieder besserte, beschloss Bunny Fuchs zu meinem größten Erstaunen, diesen Frachtraum zu öffnen und so lange wieder Vorräte aufs Eis zu legen, bis die Ersatzteile gefunden wären. Am Nachmittag brach der Sturm los, und große Wellen schlugen über die Eiskante. Bald standen unsere Vorräte bis zu 30 Zentimeter tief im Wasser. Um fünf Uhr nachmittags hatte der Sturm an Heftigkeit enorm zugenommen, die Seile rissen, und Maro musste die *Theron* vom Ufer wegsteuern. Diejenigen von uns, die sich noch auf dem Meereis befanden, waren in einer äußerst unerquicklichen Lage – wir hatten weder Zelte noch Schlafsäcke, waren also den Elementen schutzlos ausgeliefert. Irgendwie mussten wir zurück aufs Schiff. Wir parkten die Traktoren in einigermaßen sicherer Entfernung und gingen dann zu einer Stelle der Eiskante, wo das Eis dick genug war, um sich über die Wellen zu erheben. Wir beobachteten, wie die *Theron* auf den rollenden Wogen stieg und fiel. Dann kam eine riesige Eisscholle die Eiskante entlanggerumpelt, und direkt hinter ihr war das Wasser ruhiger. Darauf hatte Kapitän Maro gewartet. Er steuerte die *Theron* in das ruhige Wasser, und wir konnten an Bord springen. Der Sturm tobte die ganze Nacht und den folgenden Morgen, aber dann drehte sich urplötzlich der Wind, und sogleich beruhigte sich die See. Maro brachte das Schiff auf die alte Position zurück, und wir vertäuten es am Eis.

In den nächsten Tagen war das Wetter sehr wechselhaft, aber das Ausladen ging weiter. Am Mittag des 6. Februar war das Schiff leer, und wir machten uns daran, die Vorräte vom Zwischenlager in der Ebene ins eigentliche Lager hinaufzuschaffen. Zu dieser Zeit waren alle schon ziemlich nervös. Im Norden war schweres Treibeis gesichtet worden, und man musste befürchten, dass die *Theron* gegen die Eiskante gequetscht würde. Als immer noch mehr Eis heranrückte, kam fast so etwas wie Panik auf. Die zehn Überwinterer brachten schnell ihre persönlichen Sachen ans Ufer und winkten zum Abschied, als wir ablegten. Ich hatte das scheußliche Gefühl, sie im Stich zu lassen. Eine Stunde lang kämpften wir uns durch Packeis, aber dann kamen wir in offene Gewässer und dampften nordwärts. Es war direkt peinlich, wie leicht wir auf der üblichen Route durchs Eis des Weddellmeers kamen.

Hinterher ist man immer klüger, aber es besteht kein

Zweifel daran, dass es einen gewaltigen Unterschied gemacht hätte, wenn wir ein paar Tage länger Zeit gehabt hätten, um die Vorräte ans Ziel zu befördern und die Hütte für die Basis zu errichten. Kurz nach unserem Abschied erhob sich ein gewaltiger Sturm, der das Eis auf dem Meer aufbrach und das Zwischenlager wegspülte. Für die Überwinterungsgruppe ging es jetzt ums Überleben, und die Männer bewiesen in dieser fatalen Lage eine erstaunliche Anpassungsfähigkeit und Tüchtigkeit.

Unterwegs auf dem Atlantik hatte ich reichlich Zeit, mich zu wundern, wie schlampig und dilettantisch diese Expedition organisiert gewesen war. Ich hatte eine Menge dabei gelernt, aber hauptsächlich, wie man es nicht machen durfte, und ich war fest entschlossen, derartige Fehler bei der neuseeländischen Abteilung zu vermeiden. Das Wichtigste war offensichtlich, die Basis so schnell und sicher wie möglich zu erreichen, anstatt sich eine neue, unsinnige Route durch Hunderte Kilometer dichtes Treibeis zu suchen. Als wir auf der Themse in London einfuhren, wurden wir wie heimkehrende Helden begrüßt. Alle Schiffe ließen die Nebelhörner tuten, und die Menschenmenge jubelte uns zu. Doch meiner Meinung nach gab es nicht viel zu feiern. Offenbar hatte es für Medien und Publikum etwas Faszinierendes, wenn man einen Monat im Eis feststeckte und dann wieder freikam, selbst wenn das Ganze der Expedition nicht weitergeholfen hatte – im Gegenteil. Diesen zusätzlichen Monat hätten wir dringend gebraucht, um die Shackleton-Basis fertig zu stellen.

Als ich nach Neuseeland zurückkam, legten wir richtig los. Wir beschafften geeignete Baracken, und unser Bautrupp übte das Aufstellen. Zum Glück hatten wir einen schneereichen Winter, und ich veranlasste, dass das gesamte dreiundzwanzigköpfige Überwinterungsteam zwei

Monate lang auf dem 30 Kilometer langen Tasman-Gletscher lebte. Wir übten das Traktorfahren und den Umgang mit den Schlittenhunden, fuhren Ski, wohnten in Zelten und machten uns mit allem vertraut, was man in der Polarregion können muss. Die neuseeländische Marine hatte in England ein hölzernes, gepanzertes Achthunderttonnenschiff, die *Endeavour*, gekauft, das zwar ziemlich alt, aber durchaus noch brauchbar war. Den Hauptladeraum gefüllt mit Ausrüstungsgegenständen und Nahrungsmitteln, die uns die britische Abteilung schickte, kam es in Neuseeland an. Doch die Lenzpumpen im Laderaum waren ausgefallen, und er stand samt Inhalt unter Wasser. Das sah zuerst nach einer Katastrophe aus, aber bei näherem Hinsehen erwies sich, dass die Ladung zum großen Teil aus veralteten Sachen bestand, die man in Neuseeland viel besser bekommen konnte. Also setzten Bob Miller und ich uns ans Telefon, riefen Fabriken im ganzen Land an und stießen auf großzügige Hilfsbereitschaft. Bald hatten wir die verlorene Ausrüstung durch eine bessere ersetzt, und das zu bescheidenen Kosten. Nur die herkömmlichen antarktischen Pyramidenzelte und der Pemmikan mussten auf dem Luftweg aus England herübergebracht werden.

Ich wollte auf keinen Fall mit zu wenig Fahrzeugen dastehen. Nach meiner Rückkehr vom Weddellmeer hatte ich die Konstrukteure der Ferguson-Raupenfahrzeuge in Norwegen besucht. In den hohen Bergen des Jotunheim verglichen wir die Halbketten- und Vollkettenfahrzeuge mit eigens entworfenen Schneemobilen. Die Tests ergaben, was ich bereits vermutet hatte: Das Raupenfahrzeug von Ferguson war zwar in weichem Schnee etwas schwach, aber robust, verlässlich und vielseitig verwendbar. Damit konnten wir eine schöne Strecke in Richtung Südpol vordringen. Die Hersteller versorgten uns mit fünf Fergusons, und von Admiral Dufek, der das amerikanische Projekt »Deep Freeze« am McMurdo-Sund leitete, erhielt ich die Nachricht, er würde mir zwei Weasel schicken. Damit hatten wir also sieben Fahrzeuge; das reichte auch für meine ehrgeizigsten Pläne. Ich hatte den Leuten vom Rossmeer-Komitee gegenüber meine Absichten nicht mehr erwähnt, weil sie höchstwahrscheinlich dagegen gewesen wären. Aber ich erhöhte bei fast allen Posten der Ausrüstung die Mengen, so dass sie für alles reichen würden, was auch immer ich vielleicht unternehmen wollte.

Die acht Monate nach meiner Rückkehr vom Weddellmeer waren vermutlich die fleißigsten meines Lebens. Ich hielt Vorträge und sammelte Geld, plante und trainierte, kaufte und packte – es war eine hektische und dabei sehr schöne Zeit. Und sie war auch persönlich wichtig, weil unser kleines Mädchen, Sarah, geboren wurde. Das Haus, das ich von meinen Bucherlösen gebaut hatte, war fertig, und wir konnten es einrichten.

Mitte Dezember begannen wir mit dem Beladen der *Endeavour*, und ich sorgte dafür, dass Traktoren, Schlitten und Hunde auf dem Deck untergebracht wurden, desgleichen viele Fässer Treibstoff. Im Laderaum kamen die Zelte und das Nötigste an Verpflegung obenauf, so dass wir uns versorgen konnten, ohne Vorräte auf dem Eis stapeln zu müssen. Auch die Ersatzteile waren leicht erreichbar. Ich hatte im Weddellmeer manches gelernt.

Am 15. Dezember 1956 nahmen wir offiziell Abschied in Wellington. Die *Endeavour*, beladen mit Fracht und Passagieren, lief zuerst noch die Häfen auf der Südinsel an. Den ehrenvollsten Abschied erfuhren wir in Christchurch, wo der Herzog von Edinburgh, der Neuseeland gerade einen Besuch abstattete, uns alle auf die königliche Jacht *Britannia* einlud. Der letzte und bewegendste Abschied fand am 21. Dezember in Dunedin statt. Louise war mit der kleinen Sarah am Kai, genauso wie die

Familien der anderen Teilnehmer. Sechzehn Monate würden wir von unseren Lieben getrennt sein. Als die Kapelle die traurige Melodie von »*Now is the Hour*« anstimmte, rollten mir Tränen über die Wangen, und ich war froh, dass es auf der Brücke dunkel war.

In den ersten Tagen war das Meer so ruhig wie ein Dorfweiher. Dann brach ein heftiger Sturm aus und warf unsere kleine *Endeavour* herum wie ein Spielzeugboot. Aber sie hielt sich wacker. Als wir ins Treibeisgebiet kamen, herrschte wieder Ruhe, und wir suchten unseren Weg durch das Eis. Ich hatte einen Zusammenstoß mit dem Kapitän, weil ich andeutete, es gehe mir nicht schnell genug. Er bekam einen Wutanfall, weil ich mich in seine Angelegenheiten einmischte, aber mir schien doch, als ginge es von da an deutlich flotter voran.

Wir erreichten das Rossmeer und offenes Gewässer und dampften problemlos südwärts. Bald kam der Mount Erebus, der große Vulkan, in Sicht. Um seinen Gipfel wehte eine Dampfwolke, und aus seinem Krater stieg Rauch. Wir hielten uns rechts in Richtung Butter Point und Ferrar-Gletscher, kamen aber nur mit Mühe durch das dicke Packeis. Butter Point war uns von Bunny als Standort für unsere Basis empfohlen worden, weil er glaubte, der Ferrar-Gletscher würde uns den Zugang zum Polarplateau relativ leicht machen. Im Jahr zuvor hatten wir die Gegend mit dem Hubschrauber inspiziert und als ideal befunden, aber nun waren die Verhältnisse leider ganz anders.

Je mehr wir uns Butter Point näherten, desto skeptischer wurde ich. Wir legten an der Eiskante an, luden zwei Fergusons aus und gingen auf Erkundungsfahrt. Als Erstes fanden wir eine tiefe Spalte zwischen der Eisdecke auf dem Meer und dem Moränenhügel bei Butter Point. Dann entdeckten wir, dass der untere Teil des Ferrar-Gletschers von wasserführenden Kanälen durchspült wurde und für unsere Traktoren gänzlich unpassierbar war. Und schließlich gab es keine geeignete Schneefläche für die Flugzeuge. Wir gingen zurück aufs Schiff, und während die anderen schliefen, lief ich grübelnd an Deck hin und her. Butter Point kam nicht in Frage – aber was dann? In diesem Augenblick erschien eine gute Fee in Gestalt des großen amerikanischen Eisbrechers *Glacier*, der durch das Packeis gestampft kam und neben uns anlegte. Wieder einmal war Admiral Dufek zur Stelle, als wir ihn am dringendsten brauchten. Und er hatte auch gleich einen vernünftigen Vorschlag zur Hand: »Wie wäre es denn mit Pram Point auf der Ross-Insel? Ich leihe Ihnen meinen Hubschrauber, damit Sie es sich anschauen können.«

Das nahmen wir natürlich gern an. Bob Miller und ich kreisten über Pram Point, einem felsigen Vorgebirge, das ins Ross-Eisschelf hineinragt. Dann landeten wir und inspizierten die Gegend zu Fuß, und zwar mit wachsender Begeisterung. Hier war alles, was wir brauchten: ein guter Platz für die Baracken auf dem Vulkangestein, leichter Zugang zum Eisschelf und ebenes, schneebedecktes Meereis für unsere Flugzeuge. Das war ein idealer Standort für unsere Scott-Basis.

Vom Schiff dorthin ging es etwa 15 Kilometer glatt über Meereis. Der erste Schlitten wurde mit Zelten, Schlafsäcken und Nahrungsmitteln beladen, damit im Lager in Pram Point von Anfang an alles Lebensnotwendige vorhanden wäre. Nie stapelten wir etwas auf dem Eis, sondern packten alles gleich auf Schlitten – diese Lektion hatten wir im Weddellmeer gelernt. Die Schlitten wurden sofort zur Scott-Basis gezogen. Mit unseren fünf Fahrzeugen führten wir eine vierundzwanzigstündige Transport- und Aufbau-Aktion durch. Der Bautrupp wurde nach Pram Point gebracht, und innerhalb eines Tages setzten wir die Außenwände für unser Haupthaus mit

Gemeinschaftsraum, Küche und Funkraum zusammen. Jetzt hatten wir Schutz, falls ein Sturm aufkam.

Nun war es Zeit, eine Route zum Polarplateau hinauf zu suchen. Der Geologe Bernie Gunn hatte im Vorjahr gesagt, es könne sich lohnen, sich den Skelton-Gletscher genauer anzuschauen. Also unternahm ich am 18. Januar mit John Claydon einen wunderbaren Flug über das Ross-Eisschelf, die lange Rinne des Skelton-Gletschers hinauf, über die breiten, spaltendurchzogenen Schneefelder am Kopf des Gletschers und hinaus auf die weite Schneewüste des Plateaus. Ich sah jede Menge Gletscherspalten und sonstige Probleme, aber ich konnte auch einen möglichen Weg hindurch entdecken. Der nächste Programmpunkt war eine Bodenerkundung mit den Hunden. Diese Aufgabe wollten wir uns erleichtern, indem wir die Hunde per Flugzeug zum unteren Ende des Skelton-Gletschers brachten. Also unternahmen der Hundeexperte Richard Brooke und ich mit John Claydon einen weiteren Erkundungsflug den Gletscher hinauf. Nach ungefähr 30 Kilometern entdeckten wir neben dem zerklüfteten Gletscher eine glatte Schneefläche. Wir flogen ein paar Mal knapp darüber hinweg, bevor John vorsichtig zur Landung ansetzte. Der Schnee kam schnell näher, aber dann änderte sich unser Blickwinkel, und ich sah mit Entsetzen, dass der Boden mit großen, harten Sastrugis, durch Winderosion entstandene Schnee- oder Eiserhebungen, bedeckt war – manche davon fast einen Meter hoch. Nun würde unser Flugzeug gleich zerschellen, und unser Ende war gekommen. Im nächsten Augenblick vernahmen wir ein deutliches Knirschen, als das Flugzeug an eins der eisenharten Sastrugis stieß. John gab Vollgas, der Motor heulte auf, Stoß folgte auf Stoß, aber dann hoben wir uns in die Luft. Wir schauten hinunter auf unsere Metallgleiter, und sie wirkten erstaunlicherweise völlig unbeschädigt. Da waren wir gerade noch einmal mit dem Leben davongekommen. Bleich und erschüttert flogen wir den Gletscher wieder hinunter und legten an seinem Fuß eine glatte Landung auf weichem Schnee hin. Wir stiegen aus und tanzten ausgelassen. Wir waren die ersten Menschen, die den Skelton-Gletscher betraten! In den folgenden Tagen wurde alles Nötige für das Durchquerungsteam und die Landvermesser zum Skelton-Depot geflogen – Fässer mit Treibstoff, Nahrungsmittel und Hundefutter.

Der 9. Februar kam klar und schön herauf, der Tag, an dem wir zum ersten Mal versuchen würden, auf dem Polarplateau zu landen. Das Thermometer zeigte minus 15 Grad in der Scott-Basis. Wir flogen den Gletscher hinauf, über das weite Firnfeld, und dann über einen Pass, den wir Portal nannten. Wir suchten eine Weile nach den Hundemannschaften, bis ich plötzlich aus dem Augenwinkel etwas Schwarzes sah – ein Lager mit vier winkenden Gestalten. John Claydon schaute sich die Schneefläche genau an und setzte die Beaver dann vorsichtig auf. Es war hier oben zu kalt, um lange herumzustehen, also händigten wir ihnen nur die Post aus, erklärten unsere Pläne und waren bald wieder in der Luft. Auch unser zweiter Pilot, Bill Cranfield, war mitgeflogen und setzte jetzt mit seiner Auster zur Landung an. Das ging glatt, aber das Abheben gelang ihm nur mit Mühe; aus diesem Grund setzten wir die Auster nie wieder in großer Höhe ein.

Bei Temperaturen um minus 35 Grad pendelte die Beaver ununterbrochen zwischen Basis und Plateau-Depot, und nach drei Tagen war alles Nötige oben. Jetzt hatten wir zwei gut ausgerüstete Depots, eines 290, das andere 460 Kilometer von unserer Basis entfernt. Und es war erst der 12. Februar des ersten Sommers. Wir hatten einen ganzen Winter vor uns, in dem wir alles organisieren konnten, und dann einen vollen abenteuerlichen Sommer. Ich war höchst zufrieden mit dem Erreichten und der guten Arbeit des ganzen Teams.

Am 22. Februar kehrte die *Endeavour* nach Neuseeland zurück und nahm den Bautrupp mit. Stürmisches Wetter setzte ein und kündigte den nahenden Winter an. Eine kurze Schönwetterperiode machte es möglich, die Hunde und ihre Führer vom Skelton-Depot zu holen, und zum ersten Mal war die gesamte Belegschaft von dreiundzwanzig Mann in der Scott-Basis beisammen.

Damit waren unsere Herbstaktivitäten noch nicht beendet, aber wir entfernten uns jetzt nicht mehr so weit von der Basis. Eine wichtige Aufgabe hatten wir noch zu erledigen, und das war eine längere Probefahrt mit den Ferguson-Traktoren. Beim Gütertransport zwischen Schiff und Basis hatten sie sich hervorragend bewährt, und Jim Bates hatte noch einige Verbesserungen am Kettensystem vorgenommen, damit sie in lockerem Schnee besser zurechtkamen. Aber sie waren noch nicht richtig gefordert worden. Ich beschloss, eine Testfahrt zum Kap Crozier zu unternehmen, das die Südspitze der Ross-Insel bildet und ungefähr 80 Kilometer von der Scott-Basis entfernt lag. Dort hatten sich Wilson, Bowers und Cherry-Garrard im Winter 1911 aufgehalten, wie uns allen aus dem Buch *The Worst Journey in the World* noch gut in Erinnerung war. Wir bereiteten zwei unserer Traktoren für diese Reise vor.

Am 5. März nahmen wir zum ersten Mal Funkkontakt mit der Shackleton-Basis auf, und ich unterhielt mich kurz mit Bunny Fuchs und sehr viel länger mit George Lowe. Soviel ich verstand, verlief das Leben im dortigen Basislager ganz anders als bei uns. Die neuseeländische Expedition hatte fünfhundert Schallplatten geschenkt bekommen, eine für jeden Tag, den wir voraussichtlich in der Antarktis verbringen würden. Ich fand die meisten schrecklich, aber die Leute durften sie abspielen, wann immer sie wollten, obwohl mein Büro und Schlafzimmer direkt neben dem Aufenthaltsraum lagen. Jenseits des Pols hatten sie auch Schallplatten, erzählte George, aber auf Bunnys Anordnung hin durften sie nur am Sonntagnachmittag gespielt werden. Bunny war der Meinung, dass nicht alle den gleichen Musikgeschmack hätten und dass es folglich besser sei, möglichst wenig Musik zu spielen. Eine Diskussion über das Thema fand nicht statt. Überhaupt gab es bei Bunny, wie George später boshaft bemerkte, keine Diskussionen, sondern nur Erlasse.

Trotz, oder vielleicht auch wegen dieser musikalischen Askese schien in der Shackleton-Basis alles in Ordnung zu sein. Sie hatten auf dem Luftweg eine kleine vorgeschobene Basis errichtet, die sie South Ice nannten, etwa 400 Kilometer südlich von Shackleton. Dort sollten drei Männer überwintern. Was mich überraschte und besorgt stimmte, war, dass sie im Herbst nicht die geplanten Fahrten unternommen und auch kaum mit den Hunden gearbeitet hatten und dass der Landweg von Shackleton nach South Ice fast zur Gänze unerforscht war. George sagte, dass ein kleiner Gebirgszug die Route querte, und er hoffte, das würde kein allzu großes Problem werden.

Wir hatten vorzügliche Funkverbindungen mit Neuseeland, und ich konnte zweimal in der Woche mit Louise sprechen. Es war wunderbar, etwas von den Kindern zu hören und von allem, was vorgefallen war, selbst wenn mir am Ende eines jeden Gesprächs umso deutlicher bewusst wurde, wie kalt und dunkel es bei uns war und dass mehr als 2000 Kilometer stürmisches Meer zwischen Louise und mir lagen. Der Funkkontakt war einer der großen Unterschiede zwischen unserer Expedition und denen von Scott und Shackleton. Durch diese Kommunikationsmöglichkeit hatten wir Teil am Leben unserer Familien und konnten übers Radio auch die Nachrichten aus aller Welt hören, wenn wir wollten. Wir waren oft einsam, aber nie ganz allein.

In der ersten Märzhälfte herrschte schlechtes Wetter, aber am 19. März beschloss ich, zu unserem Ausflug nach Cape Crozier aufzubrechen, bevor es zu spät wurde. Wir waren zu viert, Murray Ellis, Jim Bates, Peter Mulgrew und ich, und fuhren mit zwei Traktoren, an denen Schlitten angehängt waren. Wir hatten große Mühe, die Presseiswälle des Eisschelfs zu überwinden, und einmal rutschte ich mit einer Kette in eine verborgene Spalte. Aber schließlich kamen wir auf besseres Gelände, und 20 Kilometer von der Basis entfernt schlugen wir unser Lager auf. Am anderen Morgen ging die Fahrt in der Windless Bight, der Windstillen Bucht, über tiefen, lockeren Schnee, und wir kamen nur sehr langsam vorwärts. Doch immerhin mussten wir nicht aufgeben, sondern legten wieder 20 Kilometer zurück. Am folgenden Tag waren die Bodenverhältnisse günstiger, und wir rumpelten über das Eis, fuhren einen ganz beachtlichen Hang hinauf und fanden oben auf dem Kap Crozier einen flachen Platz, der sich zum Kampieren eignete. An diesem Tag hatten wir 37 Kilometer geschafft; jetzt waren wir 77 Kilometer von der Basis entfernt.

Wind und Schneetreiben hielten die ganze Nacht über an, und am Morgen war es bei minus 27 Grad und starkem Wind ziemlich ungemütlich. Wir hatten uns vorgenommen, die primitive Steinhütte zu finden, in der Wilsons Mannschaft eine so schreckliche Zeit verbracht hatte, aber wir suchten vier Stunden lang vergebens. Dann zogen wir uns ins Zelt zurück, und Peter Mulgrew und ich holten unsere Ausgabe von *The Worst Journey in the World* aus dem Gepäck und stritten hitzig über den Standort der Baracke. Daraufhin zogen wir uns wieder an und krochen erneut hinaus in den Wind, und jeder sollte in der Richtung suchen, die er für die richtige hielt.

Ich ging auf einem schmalen Felsband abwärts, als mir plötzlich etwas auf dem Sattel vor mir ins Auge stach. Es war ein Schlitten, der da zwischen ein paar Felsbrocken lag. Ich rief die anderen, und wir untersuchten die Stelle voller Verwunderung. Sie war allen Winden ausgesetzt, und in der winterlichen Dunkelheit musste es hier trostlos gewesen sein. Unter dem Schnee fanden wir weitere Dinge, unter anderem drei unbelichtete Kodak-Filme mit der Aufschrift: »*To be developed before May 1st, 1911*«.

Nach einer weiteren unangenehmen Nacht machten wir uns am folgenden Nachmittag auf den Heimweg. Vorsichtig ging es den Hang hinab und dann in flottem Tempo über das gut befahrbare Eisgelände. Als wir die Windstille Bucht erreichten, waren es bereits weniger als minus 50 Grad, aber wir fuhren unbeirrt weiter. Trotz der Dunkelheit konnten wir im Scheinwerferlicht der Traktoren deutlich die Spuren erkennen, die wir bei der Hinfahrt hinterlassen hatten. Ungefähr um Mitternacht hielten wir an, um die Tanks nachzufüllen, und danach wollte Jims Traktor nicht mehr anspringen – in der Kraftstoffzuleitung war etwas Wasser gefroren und verschloss sie wie ein Korken. Jim und Murray waren nicht in der Stimmung, unnütz Zeit zu vergeuden, und griffen zu einem drastischen Mittel. Sie zündeten eine starke Lötlampe an und richteten die Flamme auf Tank und Kraftstoffleitungen, bis der Eispfropf in der Leitung auftaute. Peter Mulgrew und ich hatten uns vorsichtshalber ein Stück zurückgezogen.

Die Scheinwerfer von Jims Traktor wurden jetzt rasch schwächer, weil sich die Batterie in der extremen Kälte nicht mehr aufladen konnte, und wir verloren die Spur immer wieder. Aber wir konnten nicht mehr weit von der Basis entfernt sein, also hängten wir die Fahrzeuge für die letzten paar Kilometer aneinander, und es gelang uns, unserer Spur durch die Eiswälle zu folgen. Kurz vor vier

Uhr morgens kamen wir in der Scott-Basis angekrochen. Für die letzten 15 Kilometer hatten wir vier mühsame Stunden gebraucht.

Der Tag war lang und anstrengend gewesen, aber wir waren sehr zufrieden mit uns. Trotz vieler Schwierigkeiten und erzwungener Aufenthalte hatten wir die 77 Kilometer in vierzehn Stunden zurückgelegt. Die Traktoren hatten sich bewährt – sie hatten ihre Schwächen, besonders in lockerem Schnee, aber sie hatten ihre Schlitten brav durch schwieriges Gelände gezogen und uns nicht im Stich gelassen. Wir beschlossen, noch weiter an ihnen zu arbeiten und sie bis zum Frühjahr in erstklassigen Zustand zu bringen.

Anfang April führte ich einen Dienstplan ein, nach dem jeder seinen Teil der Gemeinschaftsaufgaben übernehmen musste: Schnee und Eis in die Schmelzapparate schaufeln, Kerosin in die Tanks unserer Generatoren und Öfen pumpen, Abfall wegbringen, Lebensmittel aus den Vorratslagern holen, Gemeinschaftsraum und Waschräume säubern und nach dem Abendessen das Geschirr abspülen. Am Sonntag musste auch gekocht werden, weil der Koch da seinen freien Tag hatte. Es gab also eine Menge zu tun. Und dann musste es auch immer eine Nachtwache geben. Trevor Hatherton, unser ältester Wissenschaftler, kam zu mir und meinte, er und seine fünf Kollegen sollten von diesen Diensten ausgenommen werden. Vielleicht fand er, ihre Arbeit sei zu wichtig oder sie seien als Wissenschaftler nicht an körperliche Arbeit gewöhnt. Wie auch immer – er stieß bei mir jedenfalls auf taube Ohren. Harry Ayres und ich übernahmen die erste Woche, und fortan leistete jeder klaglos seinen Beitrag. Es war eine hervorragende Mannschaft. Am Sonntagabend plünderten wir immer unsere Delikatessenvorräte und tranken Wein, und es ging meist recht ausgelassen zu.

Ich verbrachte viel Zeit damit, unser Programm für den

kommenden Sommer auszuarbeiten. Zwei Gruppen von Landvermessern und Geologen sollten mit Hundeschlitten nach Norden fahren, am transantarktischen Gebirge entlang. Bob Miller und George Marsh sollten, ebenfalls mit Hunden, die ferne Gebirgsgegend westlich des riesigen Beardmore-Gletschers erkunden. Ich wollte mit mehreren Traktoren hinauf aufs Polarplateau fahren und Depots für die Antarktis-Durchquerer anlegen, und zwar bis zu einer Entfernung von 1120 Kilometern zur Scott-Basis. Und dann würden wir, wenn alles gut ging, zum Südpol vorstoßen. Diese Pläne teilte ich brav dem Rossmeer-Komitee in Wellington mit. Am 8. März rief mich der Vorsitzende an und ließ mich wissen, das Komitee sei besorgt, ich könnte mit einem Vorstoß zum Südpol Bunnys Leistung entwerten.

Wenige Tage später sprach ich über Funk mit Bunny Fuchs und erklärte, ich wolle ein Depot, und zwar D480 – die Zahl bezeichnet die Entfernung in Meilen von der Scott-Basis –, auf 80 Grad Süd errichten und ein weiteres, D700, für unsere eigenen Zwecke auf 83 Grad Süd. D700 würde zwar außerhalb der direkten Reichweite der Beaver liegen, aber wir beabsichtigten, mit Hilfe eines Kerosindepots am Fuß des Shackleton-Inlet die Reichweite des Flugzeugs zu vergrößern. Ich fragte Bunny, ob wir in D700 auch Treibstoff für seine Fahrzeuge einlagern sollten. Er zögerte merklich, bevor er antwortete: »Richten Sie erst Depot 480 ein, und überprüfen Sie dann die Möglichkeit, D700 anzulegen.«

Für ein Unternehmen dieses Ausmaßes musste man aber rechtzeitig planen, also nahm ich auch die Errichtung von D700 für die Durchquerer in die Liste meiner Aufgaben auf. Im Lauf des Winters fragte ich Bunny mehrmals, was er genau in den einzelnen Depots vorfinden wolle, aber er wurde nie konkret. Schließlich rechnete ich mir selbst aus, was er brauchen würde, und schaffte das dorthin. Es stellte sich heraus, dass ich es zu gut gemeint hatte: Es blieb eine Menge übrig in den Depots, und dort liegen die Sachen vermutlich noch heute.

Es gab so viel Widerstand, ausgesprochen und unausgesprochen, gegen meinen Plan, zum Südpol vorzudringen, dass ich kurz davor war, den Mut zu verlieren. Sogar mein Stellvertreter, Bob Miller, konnte sich mit dem Gedanken nicht anfreunden. Aber der Großteil der Mannschaft war voller Tatendrang und schien sich auf die Abenteuer des Sommers zu freuen. Und ich schmiedete sogar einen noch gewagteren Plan: Wir wollten Depot 700 errichten und dann Hunderte von Kilometern westwärts fahren, zum Pole of Inaccessibility, dem Punkt in der Antarktis, der in allen Richtungen am weitesten von den umgebenden Meeren entfernt ist und an dem die Russen die Errichtung einer Station planten. Ich sandte dem Komitee einen ausführlichen Bericht, in dem ich dieses Vorhaben und alle anderen, die wir dann tatsächlich auch ausführten, erläuterte. Auch die Antwort war ausführlich, aber der Inhalt ließ sich kurz zusammenfassen: Das Komitee billigte die Errichtung der Depots D480 und D700 und lehnte so ziemlich alles andere ab. Ich war nicht besonders überrascht, beschloss aber, die Anweisungen dieser Ahnungslosen, die sich für Antarktisexperten hielten, zu ignorieren und als Leiter vor Ort die Entscheidungen zu treffen, die ich für richtig hielt.

Am 14. Mai wurde die Scott-Basis vom ersten richtigen Sturm heimgesucht. Ein plötzlicher Temperaturanstieg hatte uns vorgewarnt, und dann tobte der Sturm tagelang mit 60 Stundenkilometern, über lange Strecken sogar mit 100 bis 150 Kilometern. Draußen herrschte ägyptische Finsternis, und der durch die Luft gejagte Schnee nahm uns den letzten Rest von Sicht. Wenn der Sturm ein wenig abflaute, reichte es gerade zu einem kurzen Besuch bei den Hunden und zu einer hastigen Kontrolle der Drahtseile, mit denen unsere Baracken verankert waren. Die Station bebte im beständigen Brüllen des Sturms, und ich verbrachte die meiste Zeit damit, nach eventuellen Schäden zu schauen und den Windgeschwindigkeitsmesser zu beobachten. Der Wind raste den Hang vor der Station herauf und erzeugte einen so gewaltigen Sog, dass die Dächer von zwei Baracken auf beängstigende Weise flatterten. Sie hielten glücklicherweise Stand, aber wir nutzten die erste Gelegenheit, um eine Art Netz herzustellen und die Dächer dann mit Drahtseilen verlässlich niederzuhalten. Als der Sturm sich erschöpft hatte und Kälte und Sternenhimmel zurückgekehrt waren, atmeten wir erleichtert auf. Die Basis hatte sich bewährt; sie war jedem Unwetter gewachsen. Wir hatten etwa jeden Monat einen Sturm; das war nicht viel, aber manche dauerten bis zu einer Woche. Die höchste Windgeschwindigkeit, die wir maßen, betrug 152 Stundenkilometer, die tiefste gemessene Temperatur lag bei minus 50 Grad. Im Allgemeinen hatten wir klares, frisches Wetter, und bei Vollmond war es beinahe taghell.

Unsere wichtigste Aufgabe während des Winters bestand darin, unsere Fahrzeuge und Schlitten für die Reise nach Süden herzurichten. Murray Ellis und Jim Bates überholten die drei Fergusons gründlich und bauten stabile Überrollbügel ein. Sie versuchten auch die Leinwandverkleidung der Traktoren zu verbessern, damit der Fahrer sicher gegen Wind und Schnee geschützt wäre. Wir arbeiteten viel am Kettensystem, um eine bessere Leistung der Fahrzeuge bei lockerem Schnee zu erreichen, und ersetzten die stählernen Kufenbeläge unserer Schlitten durch geeignetere Kunststoffbeläge. Die scheußlichen Nächte am Kap Crozier waren mir noch recht deutlich in Erinnerung, deshalb begann ich einen Wohnwagen auf Skiern zu bauen. Der Rahmen bestand aus zusammengeschweißten Rohren und Winkeleisen, die Verkleidung aus Sperrholz, die Außenhaut aus festem grünem Segeltuch. Der Wagen maß innen nur 1,80 auf 3,60 Meter, aber es reichte für Kojen, Spinde, eine kleine Bank für den Primuskocher und unsere Funkausrüstung. Er sah einem Pferdetransporter lächerlich ähnlich, aber wir waren sehr stolz darauf.

Am 23. August sahen wir zum ersten Mal die Sonne wieder. Es war ein schöner Tag mit Temperaturen um minus 35 Grad, und um elf Uhr erglühten die Berge im Westen in einem wunderbaren Rosa, als die Sonnenstrahlen sie berührten. Um halb zwei bekam das Meer hinter Cape Armitage eine hellere Farbe, und die Sonne schien auf den Observationsberg. Unsere Basis lag noch im Schatten, und wir strebten alle der Sonne entgegen wie Motten einer Kerze. Anfang September, als das Eis im McMurdo-Sund noch fest und die Temperaturen noch sehr niedrig waren, begannen wir unsere Vorbereitungsfahrten mit Traktoren und Hundegespannen. Am 4. Oktober fuhr das erste Team ab, um mit der Sommerarbeit zu beginnen. Es war das Nord-Team, das auf einer langen und erfolgreichen Reise geologische Forschungen betrieb und Karten zeichnete.

Und wir machten uns an unsere vordringlichste Aufgabe: so schnell wie möglich D700 zu errichten. Zuerst sollte John Claydon sein Kerosindepot auf dem Ross-Eisschelf anlegen. Mir graute bei dem Gedanken, die Beaver könnte bei den komplizierten Manövern der Versorgungsflüge zu Schaden kommen. Ich hatte vor, D700 hauptsächlich mit Hilfe der Traktoren aufzubauen. Die Hundegespanne konnten zwar beachtliche Strecken zurücklegen, aber nicht viel transportieren. Doch man konnte sie gut für Erkundungsfahrten oder Notfälle einsetzen. Nach meiner Rechnung konnten wir mit den Traktoren alles Nötige nach D700 schaffen, wenn wir reichlich mit Treibstoff versehen vom Plateau-Depot starteten. Aber zuerst mussten die Traktoren aufs Plateau hinauf.

Das Team für diese Aufgabe hatte sich während des Winters wie von selbst herausgebildet. Es waren die gleichen Leute, die schon zum Kap Crozier gefahren waren: Jim Bates, Murray Ellis, Peter Mulgrew und ich. Peter war ein guter Funker, aber er hatte sich nie mit einem friedlichen Funkerleben in der Basis begnügt, sondern sich immer intensiver an den Außenaktivitäten beteiligt und betrachtete sich wahrscheinlich schon als Mitglied des Traktorenteams, bevor ich noch auf die Idee kam, ihn mitzunehmen. Sein technisches Geschick ermöglichte uns immer eine enge Verbindung zur Basis und zur Außenwelt. Jim war ein ganz anderer Typ, ein hervorragender Skifahrer, der nie einen Gedanken an sein Äußeres oder seine Kleidung verschwendete. Er war ein genialer Mechaniker und Erfinder, der sich immer zu helfen wusste. Murray Ellis, ein Diplomingenieur, war groß, stark und zuverlässig. Gelegentlich war er etwas mürrisch, aber er packte alle Aufgaben unverzüglich an, auch wenn sie noch so unangenehm waren. Leute wie ihn hat man in kritischen Situationen gern um sich.

9

Depot 700

Am 14. Oktober, einem Montag, koppelten wir unsere Schlitten an unseren Weasel und die drei Ferguson-Traktoren und fuhren los. Wir hatten schon mit zwei unbeladenen Traktoren an der Route über die Eiswälle gearbeitet, aber jetzt, mit den schwer beladenen Schlitten hintendran, war das eine ganz andere Sache. Nach nur drei Kilometern brach einer der Schlitten in eine Eisspalte ein, und wir mussten die zwölf Hundertfünfzigliterfässer Treibstoff abladen, den Schlitten heraufziehen und die Fässer wieder aufladen. Aber das war bei weitem nicht das einzige Problem. Nach fünfeinhalb Stunden hatten wir erst zehn Kilometer Luftlinie von der Station hinter uns gebracht. Es ging jämmerlich langsam voran. Am Abend waren wir buchstäblich noch in Sichtweite der Scott-Basis. Die Vorstellung wurmte mich, dass man in der Station den Kopf schütteln und murmeln würde: »Ich hab's ja gleich gesagt.«

Am nächsten Morgen kamen wir in tiefen, lockeren Schnee und mussten unsere Lasten umpacken. Die Hälfte luden wir ab, brachten die andere ein Stück weiter und holten dann die erste Hälfte nach. In zwei Stunden schafften wir so eineinhalb Kilometer. Schließlich musste ich mir das Offensichtliche eingestehen – wir waren überladen. Also nahmen wir acht Kraftstofffässer von den Schlitten herunter und stapelten sie auf; unsere Leute von der Basis konnten sie dann später abholen. Und wieder setzten wir uns in Bewegung, langsam zwar, aber jetzt wenigstens, ohne immer wieder anhalten zu müssen. Wir umgingen eine stark zerklüftete Gegend in weitem Bogen, banden aber vorsichtshalber alle Fahrzeuge mit einer starken Trosse aneinander. Als wir nach einem langen Tag unser Lager aufschlugen, hatten wir immerhin 37 Kilometer zurückgelegt, und meine Zuversicht kehrte allmählich zurück.

Ich bestimmte unsere Route mit Hilfe eines Astrokompasses. Den Umgang mit diesem nützlichen kleinen Instrument hatte ich als Flugzeugnavigator gelernt und zog es dem traditionellen Sonnenkompass vor. Auch unsere Position konnte ich damit bestimmen, denn in dem Gebiet, in dem wir uns befanden, war es gar nicht so schwer, ein paar bekannte Berge anzupeilen und die Ergebnisse in einer Tabelle zusammenzutragen.

Wir kamen nun schneller voran; am dritten Tag schafften wir 48 Kilometer, am vierten 51 und am fünften 60. Wir waren nur mehr 80 Kilometer vom Skelton-Depot entfernt. Aber am nächsten Morgen sprang der Weasel nicht an. Murray schuftete den ganzen Tag, und um fünf Uhr nachmittags erwachte der Motor endlich zum Leben. Wir beschlossen, die Nacht durchzufahren – es war ja vierundzwanzig Stunden hell –, um vor dem Depot nicht noch einmal Halt machen zu müssen. Um vier Uhr morgens kamen wir an den Skelton-Gletscher und mussten höllisch aufpassen wegen der Spalten. Ich bestimmte unsere genaue Position und fuhr geradewegs in der Mitte des Gletschers. Um sechs sichteten wir einen schwar-

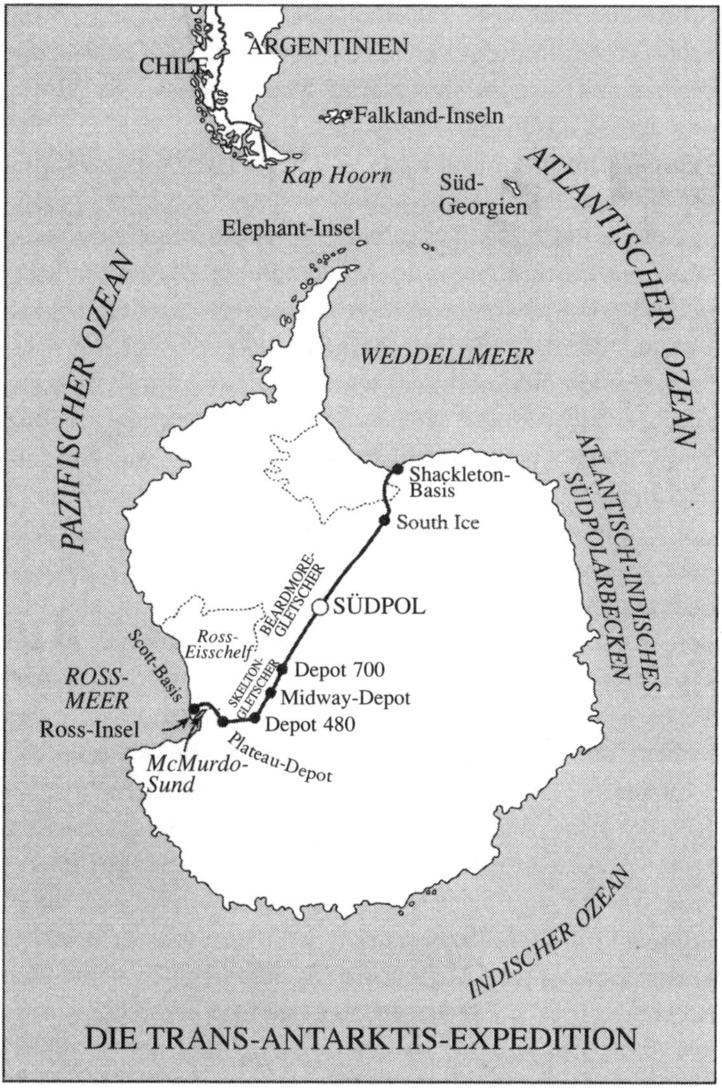

zen Fleck und steuerten ihn an. Um sieben wurden wir von achtzehn Hunden, Bob Miller, George Marsh und Jim Bates begrüßt, die alle am Vortag hergeflogen waren. Wir hatten für die 80 Kilometer dreizehn Stunden gebraucht und krochen erschöpft und erleichtert in die Schlafsäcke. In den zwei Tagen, die wir im Skelton-Depot blieben, bauten Jim Bates und Murray Ellis den Motor aus dem Weasel und reparierten ihn – und das bei einer Temperatur von minus 37 Grad. Vor allem Murray schien für Kälte völlig unempfindlich zu sein.

Am späten Nachmittag des 22. Oktober ließen wir die Motoren an und begannen das unebene Eis des Skelton-Gletschers hinaufzufahren. Aus Sicherheitsgründen banden wir die drei Fergusons aneinander; der Weasel folgte allein. Die Bedingungen waren ideal für die Fergusons, aber der schwächere Weasel musste sich arg plagen. Bob und George waren mit ihren Hunden schon Stunden früher aufgebrochen, und wir erreichten ihr Lager abends um viertel nach neun. Sie hatten 29 Kilometer hinter sich gebracht, waren aber doch erschöpft, denn sie hatten sich auf dem harten, holprigen Boden schwer getan, und die beiden Schlitten waren insgesamt dreizehnmal umgekippt.

Am Morgen fegten Böen von bis zu 50 Knoten über uns hinweg und trieben den Schnee so dicht vor sich her, dass man nicht einmal die anderen Zelte ausmachen konnte. Mittags kam plötzlich die Sonne heraus, und wir bereiteten alles zur Abfahrt vor. Die Hundegespanne sausten auf einer Decke von Treibschnee los, und wir folgten ihnen kurz darauf. Der Sturm setzte wieder ein; wir verloren die Gespanne aus den Augen und fanden sie auch nicht wieder. Ich verließ mich darauf, dass sie für sich selbst sorgen konnten, und wir fuhren weiter, direkt dem Sturm entgegen, auf hartem Eisboden. Auf einmal war die Oberfläche des Gletschers von Spalten durchzogen, und unsere Traktoren schlingerten hin und her und brachen so manches Loch in die Schneebrücken. Es war äußerst unerfreulich, denn manche Spalten waren ziemlich breit, und wir kamen gerade noch so hinüber. Ich hatte ein unangenehmes

Gefühl in der Magengrube – wann würden wir auf eine Spalte stoßen, die breit genug war, um einen Traktor zu verschlingen?

Wir hielten uns weiter rechts und folgten einer breiten Rinne den Gletscher aufwärts. Die Gletscherspalten waren meistens nur einen halben Meter breit, aber die Schneebrücken brachen unweigerlich unter uns ein, so dass wir eine Reihe schwarzer Löcher hinterließen. Mit Spalten dieser Größe konnten wir fertig werden. Nach etwa hundert Spalten besserte sich das Gelände, und je höher wir kamen, desto großartiger wurde die Szenerie mit den prächtigen Gipfeln. Die hiesigen Stürme, das erkannte ich bald, waren von besonderer Art: Sie entwickelten sich offenbar aus den starken Fallwinden, die von den kalten Höhen herabkamen.

Um acht Uhr abends machten wir Halt und schlugen unser Lager auf. Wir hatten bei sehr schlechten Bodenverhältnissen 31 Kilometer geschafft. In den folgenden zwei Tagen mühten wir uns die steilen Schneehänge zwischen den breiten Spalten auf beiden Seiten des Lower Staircase hinauf, kamen an den Twin Rocks vorbei und kampierten auf einem flachen Schneeplateau in 900 Meter Höhe. Es war mit 25 Minusgraden verhältnismäßig mild. Nachdem ich mit der Basis Funkkontakt aufgenommen und etwas gegessen hatte, wanderte ich sorgenvoll draußen herum. Wo zum Teufel blieben George und Bob? Ich konnte sie auch per Funk nicht erreichen. Wir beschlossen, hier einen Tag zu warten. Jim Bates konnte sich derweil um die Fergusons kümmern.

Mittags hatten wir immer noch kein Zeichen von den Hundeteams. Peter Mulgrew und ich nahmen den wendigen Weasel und fuhren auf unseren eigenen Spuren bergab. Und gerade als ich es allmählich mit der Angst zu tun bekam, hörten wir die scharfen Kommandos eines Hundeführers. Wir gingen zur seitlichen Hangkante und erblickten, 60 Meter unter uns, Bob und George mit ihren Hundeschlitten. Am Abend waren sie bei uns im Lager. Wir hatten sie im Sturm überholt, ohne es zu merken, und sie waren dann so schnell, wie sie es den Hunden zumuten konnten, hinter uns hergefahren.

Ein paar Kilometer voraus ragte ein Felssporn aus dem Eis, der Stepaside Spur. Wir erreichten ihn nach einem langen Umweg um spaltendurchzogenes Terrain und plagten uns dann das steile Upper Staircase hinauf. Wir waren sehr erleichtert, als wir auf dem Skelton-Firnfeld ankamen. Als wir um acht Uhr abends das Lager aufschlagen wollten, befanden wir uns in einer Gegend mit heftigen Winden und viel Treibschnee und in einer Höhe von 2100 Metern. John Claydon flog in der Beaver über uns hinweg und teilte uns per Funk mit, er habe gerade Harry Ayres und den Geometer Roy Carlyon mitsamt ihren Hunden zum Plateau-Depot gebracht. Das Wetter dort sei gut. Das mussten wir ausnutzen, also brachen wir bald wieder auf und erklommen noch die steilen Hänge, die zum Portal führen. In der Nacht schwankte und schaukelte unser Wohnwagen, als der Wind zum Sturm wurde. Am nächsten Tag brachen wir bei schönem Wetter auf, aber schon nach wenigen hundert Metern befanden wir uns inmitten von Sturm und Schneetreiben. Die Sonne drang nur noch schwach hindurch, gerade so, dass ich noch navigieren konnte. An diesem Tag kamen wir mit größter Mühe und Anstrengung vier Kilometer weiter.

In der Nacht fiel die Temperatur auf minus 40 Grad. Kurz nachdem wir am Morgen aufgebrochen waren, klarte es auf, und ich nutzte die Gelegenheit, durch Peilungen an den Bergen unsere Position genau zu bestimmen. Aber schon bald umtoste uns wieder der Sturm, und die Sicht war verstellt. Trotzdem fuhren wir mit grimmiger Entschlossenheit weiter. Nach einer Stunde mussten wir eigentlich in der Nähe des Plateau-Depots sein – aber wie sollten wir es bei diesen Sichtverhältnissen finden? Und da, ganz plötzlich, riss der Nebel auf, und ich sah direkt vor uns ein schwarzes Dreieck. Das Plateau-Depot! Ich bin kein Mensch, der bei jeder Gelegenheit seine Gefühle zur Schau trägt, aber das war der großartigste und erregendste Augenblick in meinem Leben und in jedem Fall wichtiger für mich als jener Moment, in dem ich den Gipfel des Mount Everest betreten hatte. Ich schrie und johlte vor Freude. Es war eine wahrhaft herkulische Aufgabe gewesen, mit unseren Traktoren und den schweren Lasten den Skelton-Gletscher zu bezwingen, aber wir hatten es geschafft! Es war zu schön, um wahr zu sein.

Voller Dankbarkeit dachte ich in dieser Nacht des 31. Oktober an meine drei Freunde von der »Traktorengang«, wie wir uns nannten – an den ewig pessimistischen Murray, den unverbesserlichen Optimisten Peter und Jim, der zwischen beiden Extremen schwankte. Sie waren eine tüchtige Mannschaft – talentiert, erfinderisch, ausdauernd und unerschrocken. Und auch mit mir und meinen Navigationsleistungen war ich hoch zufrieden. Ich schlief gut in dieser Nacht.

Jetzt war es Zeit, über die Schwachstelle in unserer Versorgungskette nachzudenken. Was sollten wir tun, wenn unserer Beaver etwas passierte? Mit der Auster war so hoch heroben nichts anzufangen. Ich beschloss, weitere Vorräte per Flugzeug ins Plateau-Depot bringen zu lassen und dann mit vollbeladenen Traktoren und Hundeschlitten auszurücken. Auf diese Weise konnten wir, selbst wenn die Beaver später ausfiel, mit den Traktoren allein ein ordentliches Depot weiter südlich errichten.

Doch zuvor hatte die Traktorengang zwei schwere Schläge zu verkraften. Murray zog sich eine Rückenverletzung zu, und Peter fiel vom Dach unseres Wohnwagens auf eine Anhängerkupplung und brach sich drei Rippen. Beide mussten in die Basis geschafft werden. Doch ich brauchte vier Fahrer für die Traktorenkolonne. Verzweifelt flog ich zur Scott-Basis und telegrafierte an Admiral Dufek, ob es eine Möglichkeit gäbe, Derek Wright schon jetzt zu uns zu schicken. Derek war der Kameramann der National Film Unit und hatte sich als geschickter Traktorfahrer erwiesen. Zu meiner größten Freude und Erleichterung informierte mich Dufek, dass Wright mit dem nächsten Flug der Globemaster ankommen würde. Und Ted Gawn sollte Peter ersetzen. Ted war ein hervorragender Funker, aber nicht gerade ein leidenschaftlicher Sportler. Trotzdem willigte er tapfer ein.

Nachdem dieses Problem gelöst war, flog ich sofort zum Plateau-Depot zurück, um die Weiterfahrt vorzubereiten. Am gleichen Abend trug mir Jim Bates in ernstem Ton seine Bedenken vor. Er hatte mit Murray gesprochen, bevor der ausgeflogen wurde, und beide waren sich einig, dass sie nicht darauf aus waren, über Depot 700 hinaus vorzudringen. Sie fürchteten, die Traktoren würden bis dahin zu stark abgenutzt sein. Außerdem würde man sich dann außerhalb der Reichweite der Beaver befinden. Ich beruhigte Jim und sagte, dass wir erst einmal D700 erreichen mussten, bevor wir uns über das Weitere Gedanken machten. Ich hatte mehr Zutrauen zu den Traktoren und zu den Fähigkeiten der Mechaniker als sie selbst und beschloss, mich von ihren Befürchtungen nicht anstecken zu lassen. Aber trotzdem – die Tage im Plateau-Depot markierten stimmungsmäßig den Tiefpunkt auf unserer Reise nach Süden.

Als alle notwendigen Flüge absolviert waren, trat unerwartet eine Wetterbesserung ein, und am 11. November hatten wir herrlichen Sonnenschein. Wir beluden die Schlitten und überprüften die Fahrzeuge ein letztes Mal.

Auch am 12. November war es schön; wir fuhren mit dem Beladen fort und zurrten die Lasten auf den Schlitten fest. Alles in allem hatten wir elf Tonnen Nutzlast; das würde nicht leicht zu ziehen sein. Abends um halb sieben brachen wir auf. Es gab für uns keinen Unterschied zwischen Tag und Nacht – wenn das Wetter gut war, fuhren wir. Nachts war es sogar einfacher, die Richtung zu bestimmen, weil die Sonne vor uns stand. Wir befreiten also die Fahrzeuge vom Treibschnee und setzten uns in Bewegung. Aber allzu bald blieben wir stecken. Wir versuchten auf unterschiedlichste Weise, freizukommen, aber nur wenn wir dem ersten Traktor keinen Schlitten anhängten, so dass er seine ganze Kraft in das Zugseil legen konnte, das ihn mit dem zweiten Traktor verband, kamen wir voran. Der zweite Traktor zog zwei Schlitten, und an einem weiteren Seil hing der dritte Traktor mit drei Schlitten. Der Weasel hatte keine Mühe, im weichen Schnee zwei Schlitten zu ziehen.

Zwei Stunden nach dem Aufbruch hatten wir schon ein gewaltiges Arbeitspensum hinter uns, aber erst sieben Kilometer zurückgelegt. Wir hielten an, um uns wie vereinbart über Funk bei Bob Miller zu melden. Er und George waren mit den Hunden und mit Vorräten für zwanzig Tage vorausgefahren. Sie versicherten uns, dass die Bodenbeschaffenheit sich nach 40 Kilometern deutlich besserte. Das hörten wir gern. Mit neuer Kraft gingen wir wieder an die Arbeit, aber je weiter wir kamen, umso steiler wurde es und desto lockerer war der Schnee. Je mehr wir uns anstrengten, umso öfter blieben wir stecken. Ich war verzweifelt über den Verlust von Murray und Peter. Die neuen Männer waren natürlich nicht annähernd so erfahren im Umgang mit den Traktoren. Schließlich entschloss ich mich widerwillig, zum zeit- und kraftstoffraubenden Relaisverfahren zu greifen und immer nur einen Teil der Schlitten zu transportieren, dann umzukehren und den Rest zu holen. Als wir unser Lager aufschlugen, hatten wir trotz unmenschlicher Plackerei nur elf Kilometer zurückgelegt. Bevor ich in den Schlafsack kroch, kontrollierte ich die Temperatur. Sie betrug minus 36 Grad, das war so weit normal.

Mit meiner eigenen Temperatur stand es schlechter. Ich hatte hohes Fieber. Nach zehn Monaten in der Antarktis hatte ich die Grippeviren, die im Flugzeug aus Neuseeland mitgereist waren, offenbar ohne große Abwehr aufgenommen. Ich fühlte mich scheußlich. Jim Bates versuchte, meine Aufgaben zu übernehmen, aber es gelang nicht. So kroch ich wenige Stunden später doch wieder aus dem Bett, zog mich an und ging nach draußen. Dort empfing mich eine chaotische Szene: überall Traktoren und Schlitten tief im Schnee, dazu drei erhitzte Gesichter und gereizte Gemüter. Offenbar musste man die Sache anders anpacken, nämlich systematisch. Wir konzentrierten uns darauf, immer nur einen Traktor oder einen Schlitten zur Zeit flott zu kriegen und auf festeren Grund zu bringen. In einer halben Stunde war Ordnung geschaffen, und ich kehrte in den Wagen zurück. Jim und die anderen zwei bewältigten die ersten dreieinhalb Kilometer durch lockeren Schnee im Relaisverfahren. Dann wurde der Boden etwas besser, und Jim meinte, jetzt könnten die Traktoren alle Schlitten auf einmal ziehen. Ich beschloss, mein Befinden zu ignorieren, kam wieder heraus und übernahm den Weasel, der bei weitem das wärmste und bequemste Fahrzeug war.

Und hier, im tiefen Schnee, zeigte der Weasel seinen wahren Wert. Ich konnte sogar noch einen weiteren Schlitten anhängen, um den Fergusons die Arbeit zu erleichtern. Damit zog der Weasel fünf Tonnen, und er konnte Schritt halten mit den anderen drei Fahrzeugen, die insgesamt sechs Tonnen schleppten. Als wir für die Nacht anhielten, hatten wir 21 Kilometer zurückgelegt.

Das war zwar nicht übermäßig viel, aber wir waren der Stelle, wo der Boden besser wurde, doch deutlich näher gekommen. Ich legte mich einigermaßen zufrieden schlafen.

Der 15. November war schön und windstill, mit einer Temperatur von minus 27 Grad. Mir ging es etwas besser, aber ich beschloss, mich nicht zu übernehmen und wieder den Weasel zu fahren. Wie vorhergesagt, wurde die Oberfläche bei Kilometer 40 besser, und wir konnten die Lasten wieder umverteilen. Unser unmittelbares Ziel war ein Markierungshaufen, den Bob und George 56 Kilometer vom Depot entfernt aufgeschichtet hatten. Dort bog die Route scharf nach Südwesten ab.

Wir bestimmten mit dem Astrokompass die Richtung, bewegten uns auf gut befahrbarem Grund und hatten nach sieben Stunden 24 Kilometer zurückgelegt. Jetzt mussten wir uns in der Nähe der Markierung befinden, doch es war nichts zu sehen. Wir hielten an, ich suchte mit dem Fernglas die Umgebung ab und entdeckte schließlich einen Schneehaufen, der in den Sonnenstrahlen glitzerte. Irgendetwas war mit unserer Navigation gründlich schief gegangen, denn wir befanden uns zehn Kilometer neben der geplanten Route. Wir entdeckten, dass sich der Sockel des Kompasses gelockert hatte, aber das war sicher nicht der einzige Grund. Wahrscheinlich hatte ich in meinem fiebrigen Dämmerzustand falsch gemessen, und ich beschloss, der Navigation in Zukunft wieder meine volle Aufmerksamkeit zu widmen, aber auch darauf Acht zu geben, wie der Kompass im Führungstraktor benutzt wurde. Es bestand eben ein großer Unterschied zwischen meinem neuen Team und der alten Traktorengang. Die Neuen erwarteten, dass ich als Leiter der Expedition immer den ersten Traktor fuhr, was in zerklüftetem Eis ohne Frage die gefährlichste Aufgabe war. Bei geeigneter Gelegenheit machte ich ihnen klar, dass wir ein Team waren. Ich sei zwar bereit, den Löwenanteil zu übernehmen, aber wir müssten uns in der Führung ablösen. In Zukunft würden wir also im Stundentakt wechseln. Aber ehrlich gesagt, war es uns allen lieber, wenn Jim oder ich führten.

Am 16. November hörten wir, dass Bunny Fuchs mit seiner Mannschaft South Ice erreicht hatte. Die Fahrt war sehr schwierig gewesen, und sie hinkten weit hinter ihrem Zeitplan her. Wir fuhren an diesem Tag 48 Kilometer auf sehr rauem Gelände, das den Fergusons lag, nicht aber dem Weasel. Es herrschte starker Wind mit Schneegestöber, aber wir machten weiter. Trotz der schlechten Sicht konnte ich mit dem Libellensextanten arbeiten, und die Ergebnisse stimmten ziemlich genau mit dem überein, was wir ausgerechnet und am Entfernungsmesser abgelesen hatten. Wir waren jetzt 168 Kilometer vom Plateau-Depot entfernt. Ich sprach über Funk mit Bob. Sie waren zwei Tage lang von Wind und Schneegestöber aufgehalten worden, und wir hatten sie überholt. Wir vereinbarten, uns an dem vorgesehenen Platz für Depot 480 zu treffen.

Am nächsten Tag kamen wir bei rauem Grund und großer Kälte 48 Kilometer weit. Wir erhielten über Funk zwei überraschende Nachrichten. Die Erste besagte, dass Bunnys Mannschaft noch viel weiter zurücklag, als wir gedacht hatten, und im günstigsten Fall mit zwei Wochen Verspätung in der Scott-Basis ankommen würde. Bunny schlug uns vor, das letzte Depot schon in 960 Kilometer Entfernung von der Scott-Basis zu errichten, falls wir Schwierigkeiten hätten, bis auf 1120 Kilometer vorzudringen. Ich fand den Vorschlag eigenartig, denn wir waren nur noch 400 Kilometer von D700 entfernt. Außerdem war ich mit meinen Gedanken längst bei dem, was uns jenseits dieses Depots erwarten würde.

Noch erstaunlicher war die Nachricht, die wir vom Rossmeer-Komitee erhielten und die John Claydon, unser Pilot, übermittelt hatte. Aufgrund des großen Publikumsinteresses an der Expedition und der Tatsache, dass die Aktien unseres Unternehmens kontinuierlich stiegen, hatte sich das Komitee für meine Südpolpläne erwärmt. Wenn ich noch daran interessiert sei, selbst bis zum Südpol vorzudringen, würden sie mir jede Unterstützung gewähren und sich darum kümmern, dass das Vorhaben auch in London genehmigt würde.

Wenn ich sage, dass ich überrascht war, dann ist das gewaltig untertrieben. Diese Botschaft stand in krassem Gegensatz zu allen bisherigen Äußerungen des Komitees. Aber mir sollte es recht sein.

Beim nächsten Vorstoß schafften wir bei schlechtem Wetter nur 29 Kilometer. Doch am Tag darauf wurde es plötzlich schön, und die Gegend veränderte sich allmählich. Es ging ständig aufwärts, und überall tauchten Eiskuppen auf und wurden höher und höher, je weiter wir kamen. Wir fuhren in Schlangenlinien zwischen den Hügeln hindurch, und manchmal mussten wir auch den einen oder anderen direkt überqueren. Es waren nur noch 28 Kilometer bis D480, und wir drückten aufs Tempo und freuten uns über unsere raschen Fortschritte. Beunruhigend war nur, dass die Eishügel immer zahlreicher und immer größer wurden. Am Horizont ragten sie in beachtlicher Höhe in den Himmel. In den ersten zwei Stunden legten wir 15 Kilometer zurück. Jim saß am Steuer des führenden Traktors, und ich bildete mit dem Weasel die Nachhut.

Bald fiel mir auf, dass die Fahrzeuge vor mir eine Reihe kleiner Spalten überquerten, wobei sie die Schneedecke durchbrachen und Löcher von 20 bis 30 Zentimeter Länge hinterließen. Das war an sich nicht beunruhigend, aber es konnte bedeuten, dass wir uns einer gefährlichen Spaltengegend näherten. Ich wollte mit dem Weasel die Traktoren überholen und Jim warnen, aber er war in voller Fahrt. Ich kurvte um einen Eishügel und wäre beinahe auf den letzten Schlitten aufgefahren. Die drei Fahrzeuge hatten angehalten, und das mittlere neigte sich deutlich zur Seite. Ich stellte den Weasel ab und trat zu den anderen.

Es war ein höchst unerfreulicher Anblick, der sich mir bot. Der Führungstraktor stand auf sicherem Grund, aber hinter ihm gähnte ein so großes Loch, dass man sich nur wundern konnte, wie er dort hinübergekommen war. Der zweite Traktor hing stark vornüber, und eine seiner Ketten steckte tief in einer Gletscherspalte. Das war ein harter Schlag. Ich hatte gehofft, in zwei Stunden D480 zu erreichen; stattdessen waren wir nun in ernsthaften Schwierigkeiten. Ich untersuchte den Boden sorgfältig mit meinem Eispickel und spähte mit herzlicher Abneigung in die Tiefen der Spalte. Es war einzig sein hohes Tempo gewesen, das Jim hinübergebracht hatte.

Zuerst musste der Führungstraktor aus der Gefahrenzone gebracht werden. Ich hatte festgestellt, dass es einige Spalten gab, die quer zu unserer Fahrtrichtung lagen. Sie waren von Schnee bedeckt, so dass man sie nicht sah, aber die Schneebrücken waren sehr dünn. Ich markierte eine Route über alle Spalten, die ich ausmachen konnte, dann band ich den ersten Traktor von den anderen los und stieg hinauf. Mit klopfendem Herzen wendete ich ihn und lotste ihn dann vorsichtig über die Schneebrücken zurück, wobei ich die Vorstellung, wie sie unter mir nachgaben, keine Sekunde los wurde. Aber schließlich brachte ich den Traktor sicher nach hinten zum Weasel. Offenbar war die ganze Umgebung voller Löcher, kleiner und großer, aber auch die kleinen konnten noch einen Menschen verschlingen. Ich sah, dass Ted Gawn völlig sorglos herumspazierte und ganz offensichtlich keine Ahnung von Gletscherspalten hatte. Ich empfahl ihm zu seinem eigenen Besten, in den Wohnwagen zu gehen und zu warten, bis wir ihn brauchten.

Jetzt mussten wir den zweiten Traktor freikriegen. Er hing mit der linken Kette tief in der Spalte, aber mir schien, dass die anderen drei Fahrzeuge ihn mit vereinten Kräften herausziehen könnten. Zuerst mussten wir die beladenen Schlitten aus der Gefahrenzone bringen. Jede Stelle, die wir zum ersten Mal passierten, untersuchten wir gründlich, und immer kehrten wir so schnell wie möglich zu unserer alten Spur zurück. Wir mussten zweimal fahren, bis alle Schlitten auf sicherem Grund standen. Unter diesem ständigen Hin und Her öffneten sich alle Spalten, und es waren nicht wenige, doch glücklicherweise war keine von nennenswerter Größe. Dann kehrten wir zurück, um den hilflosen Ferguson zu retten. Mit dicken Seilen vertäuten wir die drei Traktoren miteinander und befestigten das Seilende an dem Havaristen. Wir hatten voraussichtlich nur eine einzige Chance, also mussten wir sie optimal nutzen. Ich gab das Signal, ließ die Kupplung des Weasel kommen und beschleunigte so schnell wie möglich. Plötzlich gab es einen Ruck, und einen Augenblick lang rutschten die Ketten auf dem Schnee und ich dachte, wir schafften es nicht. Dann schoss ich nach vorn wie der Korken aus der Flasche, und ich wusste, dass entweder der Traktor befreit oder das Seil gerissen war. Ich sprang aus dem Weasel und ging zurück, um nachzuschauen. Zu meiner größten Freude stand der Traktor wieder auf ebenem Grund, und er sah nicht einmal besonders mitgenommen aus. Diese Fergusons waren wirklich robust!

Plötzlich rief Jim aufgeregt: »Schaut euch bloß mal das Loch da hinten an!« Eine riesige Fläche war eingebrochen und hatte ein gähnendes Loch hinterlassen, das groß genug war, um ein Haus zu verschlucken. Wir krochen an seinen Rand und schauten hinunter. Nichts als blanke Eiswände, die in dunkle Tiefen abfielen und genügend Platz für hundert Fergusons boten. Was hatten wir für ein Glück gehabt, dass wir die Spalte an einer relativ schmalen Stelle überquert hatten, sonst wäre Jims Traktor hineingestürzt und verloren gewesen, und Jim hätte sich nur am Zugseil herausretten können. Kleinlaut manövrierten wir unsere Fahrzeuge in den alten Spuren zu den Schlitten zurück.

Doch die Gefahr war noch nicht gebannt. Wir kamen wieder auf ein ausgedehntes Spaltengelände, und ich sah keine andere Lösung, als zu Fuß vorauszugehen und den Boden mit dem Eispickel zu untersuchen. Ich fand eine Menge Spalten, entdeckte aber auch immer brauchbare Brücken. Jetzt waren wir allmählich in der Region, die ich für D480 vorgesehen hatte, und wir hielten Ausschau nach einem passenden Landeplatz für ein Flugzeug. Nach etwa einer Stunde kamen wir über einen Hügelrücken und fanden ein vielversprechendes Gelände in einer flachen Senke. Wir wanderten umher und inspizierten den Platz. Auch hier gab es noch Sastrugis, aber wir glaubten, sie notfalls wegschaufeln zu können. Freudig erregt parkten wir unsere Fahrzeuge und schlugen ein Zelt auf, um die Position von D480 zu markieren – den Endpunkt der zweiten langen Etappe unserer Reise.

Noch am gleichen Tag kabelte ich dem Rossmeer-Komitee:

Nicht zur Veröffentlichung. Nach Errichtung von D700 werden die Traktoren mit genügend Treibstoff, um den Pol zu erreichen, Richtung Süden weiterfahren und Fuchs treffen. Wenn Fuchs unsere Fahrzeuge nicht benötigt, werden wir weiterfahren und die Traktoren am Pol stehen lassen, wo sie vielleicht jemand brauchen kann. Admiral Dufek hat versprochen, uns mit einem Flugzeug in die Scott-Basis zu bringen. Ich werde Fuchs beim Plateau-Depot erwarten und ihn den Skelton-Gletscher hinunter und über das Ross-Eisschelf führen. Hillary.

Ich hielt das für einen vernünftigen Vorschlag; natürlich ging ich davon aus, dass Fuchs, wie vorgesehen, den Pol lange vor uns erreichen würde. Trotzdem löste dieses Kabel im Komitee eine gewisse Unruhe aus.

An den ersten drei Tagen in D480 war der Himmel bedeckt, so dass die Beaver uns nicht anfliegen konnte. Aber wir hatten genug zu tun. Als Erstes stellten wir eine hohe Aluminiumleiter auf für unser Schwachstrom-Funkleitsystem, das die Beaver zu uns führen sollte. Jim hatte an den Fahrzeugen allerhand zu reparieren, und die Depotvorräte mussten verstaut werden. Am 28. November stießen Bob Miller und George Marsh mit den Hunden zu uns, außerdem Harry Ayres und Roy Carlyon. Es wurde richtig lebhaft im Lager. Bob teilte mir mit, wir seien um fast zehn Kilometer vom Kurs abgekommen, und sie hätten uns nur mit viel Glück gefunden. Ich machte eine Reihe von Peilungen mit meinem Libellensextanten und stellte fest, dass ich mich um vier Seemeilen verrechnet hatte.

Der 29. November war ein wunderbarer Tag, windstill und nur minus 24 Grad kalt. Auch in der Scott-Basis war das Wetter gut, und so rechneten wir damit, dass das Flugzeug kommen würde. Zwei Stunden lang hingen wir am Radio und verfolgten den Flug der Beaver über das Ross-Eisschelf, den Darwin-Gletscher hinauf und über das Polarplateau zu uns. Wir waren sehr erleichtert, als John Claydons Stimme uns über das Funktelefon mitteilte, er habe die Signale unseres Leitsystems eingefangen. Fünf Minuten später kreiste er über uns. Ich hatte direkt einen Kloß im Hals, als ich unser tapferes kleines orangefarbenes Flugzeug wiedersah. John flog ein paar Mal niedrig über die Piste hinweg, die wir markiert hatten, und legte dann eine glatte Landung hin. Als er zum Depot rollte, liefen wir ihm alle entgegen und begrüßten ihn und Murray Ellis, der wieder gesund und fit war. Wir luden eine halbe Tonne Vorräte und einen großen Postsack aus. John blieb nicht lang, denn er wollte das gute Wetter ausnutzen. Ted Gawn sollte wieder als Funker in der Basis fungieren, und so kletterte er mit seinem ganzen Gepäck an Bord und winkte zum Abschied. Er war uns eine unschätzbare Hilfe gewesen, aber ich glaube, er kehrte gern an seinen gewohnten Platz zurück.

Wir blieben neun Tage in D480, während die Beaver unermüdlich hin und her flog, mit immer noch mehr Vorräten für das Depot und unsere Schlitten. Am dritten Tag kam auch Peter Mulgrew wieder zu uns. Wie froh ich war, dass die alte Traktorengang wieder beisammen war! Die Hundemannschaften waren schon vorausgefahren, und über Funk erfuhr ich, dass Bob und George in drei Tagen 85 Kilometer zurückgelegt hatten. Eine gute Leistung. Aber sie warnten uns vor ein paar Spaltengegenden. Nun brach auch die Traktorengang in Richtung D700 auf und kam flott voran. Als wir Halt machten, um die übliche Funkverbindung herzustellen, waren wir bester Stimmung, doch die sollte nicht mehr lang währen.

Das Rossmeer-Komitee teilte uns mit, es müsse immer eine Mannschaft in Depot 700 bleiben für den Fall, dass Bunny Fuchs es nicht fände, und überhaupt sollten wir nur nichts unternehmen, sondern abwarten, was Bunny von uns wollte. Ich wusste nicht, dass das Londoner Komitee dem neuseeländischen mitgeteilt hatte, Fuchs und ich sollten unter uns ausmachen, ob auch ich zum Südpol fahren könne. Bunny selbst gab zwar nie seine Einwilligung, versuchte aber auch nicht, mich daran zu hindern, bis es zu spät war. Dass wir keine Verbindung mit ihm hatten, machte die Sache nicht einfacher. Die Presse war ihm mit den ewigen Fragen nach seiner genauen Position derart auf die Nerven gegangen, dass er ein paar Tage lang den Funkverkehr einfach ruhen ließ. Da hatte er mein volles Verständnis, aber lästig war es doch.

Einigermaßen verstimmt gab ich das Signal zur Weiterfahrt. Der Boden war gut. Wir kamen durch ein Gebiet mit Unheil verkündenden Eishügeln, aber wir ließen uns nicht beirren. Als wir endlich Halt machten, hatten wir 83 Kilometer zurückgelegt, unsere beste Tagesleistung bisher. Der folgende Tag war sehr anstrengend, weil immer wieder mal ein Schlitten in eine Eisspalte einbrach, aber wir bewältigten doch eine Strecke von 65 Kilometern. Peter und ich halfen den anderen beim Aufstellen der Zelte, dann stiegen wir in den Wohnwagen, kochten, aßen und krochen in die Schlafsäcke. Der Wecker klingelte um zwei Uhr nachmittags, und ich ging halb angezogen ins Freie, um mit dem Sextanten unsere Position zu bestimmen. Ich trug sie auf meiner Karte ein und sah mit Befriedigung, dass sie mit meiner Berechnung übereinstimmte. Ich glaubte, ich wäre gerade erst wieder eingeschlafen, als der Wecker um halb sechs wieder läutete, diesmal für die Funkverbindung zur Basis. Jetzt musste Peter aus dem Bett. Er setzte sich schlaftrunken an den kleinen Funktisch und klapperte mit seiner Morsetaste. Dann frühstückten wir und trafen die Vorbereitungen für die Abfahrt. Um acht Uhr abends bestimmte ich unsere Position, indem ich am Sonnenstand Maß nahm und diesen Wert mit dem vom Mittag verglich. Dann arbeitete ich die Peilungen für den Astrokompass für die nächsten zwölf Stunden aus. Mittlerweile reine Routine.

Nun waren wir zur Abfahrt bereit, aber es war Sonntagabend und Radio Neuseeland brachte wie immer um diese Zeit eine halbstündige Sondersendung für unsere Expedition. Das wollten wir nicht versäumen, und so drängten sich alle in den Wohnwagen. Wir hörten eine Zusammenfassung der wichtigsten Nachrichten aus aller Welt, aber internationale Probleme schienen uns doch ziemlich fern. Wirkliches Interesse brachten wir nur für das auf, was sich in Neuseeland und in unseren Heimatorten tat. Der neue Premierminister, Walter Nash, begrüßte uns und wünschte uns Glück. Für eine halbe Stunde wähnten wir uns in den grünen Landschaften Neuseelands, und als die Sendung zu Ende war, wandten sich unsere Gedanken nur widerwillig der öden, buckligen Schneewüste zu, die uns umgab.

Wir fuhren mit hoher Geschwindigkeit los und legten in der ersten Stunde zehn Kilometer zurück. Dann ging die Kupplung des Weasel kaputt. Jim und Murray brauchten sechs Stunden, um eine neue einzubauen, und selbst dann gab das Getriebe noch sehr verdächtige Geräusche von sich. Wir hängten alle Schlitten an die Fergusons, so dass der Weasel nur noch den Wohnwagen zog, und obwohl sich die Schneeverhältnisse zusehends verschlechterten, kamen wir doch leidlich voran und bewältigten an diesem Tag immerhin 43 Kilometer. Mir schien, dass der Weasel nicht mehr lange durchhalten würde, und ich bezweifelte, dass die drei Fergusons auf Dauer die ganze Last würden schleppen können. Bob und George hatten mich gebeten, 160 Kilometer vor D700 ein Behelfsdepot einzurichten, und ich beschloss, daraus ein vollständiges Lager zu machen. Mit der Navigation klappte es wieder einmal hervorragend, und wir stießen auf einen hohen Schneehaufen mit einer Flagge darauf. Das war die Stelle, wo Bob und George ihr Depot haben wollten.

Wir luden sechs Fässer Treibstoff aus, acht Dosen Pemmikan, zwei Proviantpakete und einen Kanister Kerosin. Ich entschied, einen Schlitten dazulassen, und wir stellten ihn senkrecht auf und befestigten eine Flagge daran, so dass man ihn schon von weitem sehen konnte. In der Umgebung des Depots türmten wir noch einige Schneehaufen auf, die wir auch mit Fahnen versahen, damit die Mannschaft der Antarktis-Durchquerer das Depot leichter finden konnte. Bei dieser Gelegenheit stießen wir auf eine Menge kleiner Spalten im Eis – ideal war das Gelände nicht gerade. Die Vorbereitungen kosteten uns den ganzen Tag, und so entschied ich, es wäre besser, hier zu schlafen und anderentags mit frischen Kräften zu starten. Wir wollten in zwei Etappen von je 80 Kilometern den Platz für D700 erreichen.

Um acht Uhr abends am 10. Dezember brachen wir vom Midway-Depot, wie wir es getauft hatten, auf und freuten uns auf eine gute Fahrt. Bob hatte uns nämlich wissen lassen, dass es zwar in 16 Kilometern Entfernung vom Depot einige Spalten gäbe, die aber harmlos seien. Doch schon nach wenigen hundert Metern mussten wir anhalten, weil der Weasel furchtbare Geräusche von sich gab. Unsere Mechaniker wühlten in den Eingeweiden der Maschine und entdeckten ein ausgeleiertes Drucklager, das sie nicht ersetzen konnten. Also beschlossen wir, mit dem Weasel einfach so lange weiterzufahren, bis er liegen blieb. Noch dazu entpuppten sich die vermeintlich harmlosen Spalten als außerordentlich gefährlich, und wir schlichen stundenlang mit größter Vorsicht im Zickzackkurs durch das Gebiet. Für knappe fünf Kilometer brauchten wir achteinhalb Stunden.

Wenig später gab der Weasel seinen Geist auf, und wir mussten ihn stehen lassen. Er sah sehr einsam aus, wie er da in Schnee und Eis zurückblieb. Jetzt mussten die drei Fergusons die ganzen acht Tonnen Last schleppen, und zwar über ein Plateau mit lockerem Schnee, wo sie kaum vorwärts kamen. Wir waren noch 93 Kilometer von der vorgesehenen Stelle für D700 entfernt, und diese 93 Kilometer werde ich nie vergessen. Spalten und loser Schnee wechselten sich ab und machten uns das Leben schwer.

Ich fuhr den Führungstraktor, und in den Spaltenzonen gingen Murray und Jim voran, um den Boden zu untersuchen, und winkten mich dann durch. Wieder einmal gab ich das Startzeichen für den Traktorenzug und fuhr auf eine Schneebrücke. Meine Nerven waren zum Zerreißen gespannt. Es schien gut zu gehen, aber plötzlich ertönte unter mir ein dumpfer Laut, und mein Traktor neigte sich steil nach hinten. Ich fiel beinahe aus dem Sitz, hatte aber die Geistesgegenwart, mich vorzulehnen und Vollgas zu geben. Ein paar scheußliche Augenblicke lang schwankte der Traktor auf der Kante der Spalte, aber dann reichte seine Kraft doch aus, um den Rand förmlich emporzuklettern. Mit einem dumpfen Schlag senkte sich das Vorderteil, und wir waren wieder auf flachem Gelände.

Einigermaßen erschüttert stieg ich aus und schaute mir die Sache an. Das Loch in der Schneedecke war groß genug, um den Traktor zu verschlucken, und ich wusste nicht recht, wie ich da herausgekommen war. Aber es hatte keinen Sinn, darüber nachzugrübeln. Wir mussten eine andere Stelle für den Übergang suchen. Als endlich alle Traktoren und Schlitten auf der anderen Seite der Spalte waren, hatten wir fünfzehn Stunden ununterbrochen hart gearbeitet und waren todmüde. Wir waren zwar nur noch 15 Kilometer von D700 entfernt, aber wir beschlossen, unser Lager aufzuschlagen und zu schlafen, um Kraft zu sammeln für die Schwierigkeiten, die noch vor uns lagen.

Am nächsten Morgen gingen Peter Mulgrew und ich voran und erkundeten das Gelände. Wir waren angeseilt und bewegten uns mit größter Vorsicht, denn die Spalten waren unter dem Schnee nicht zu sehen. Winzige, kaum erkennbare Risse in der harten Schneedecke waren die einzigen Anzeichen, und wenn man den Eispickel hineintrieb, stieß er ins Leere. Trotzdem fanden wir immer wieder Vertrauen erweckende Brücken, und die Traktoren kamen langsam, aber sicher voran.

Ausgerechnet bei der letzten Spalte in diesem Hang passierte es dann. Wir hatten die Brücke geprüft und als nicht übermäßig stabil befunden, aber weil bisher alles gut gegangen war, verließen wir uns auf unser Glück. Jim Bates, der den ersten Traktor steuerte, fuhr in hohem Tempo auf die Brücke, um sie so schnell wie möglich hinter sich zu lassen, und erreichte mit den Vorderrädern auch die jenseitige Kante, aber unter den schweren Antriebsrädern brach die Brücke ein, und wie in Zeitlupe sank der Traktor in die Spalte hinein.

Einen schrecklichen Augenblick lang dachte ich, er würde verschwinden. Aber das hintere Ende fand einen Halt am Rand, und so schwebte der Traktor über der Spalte.

Ich rannte hin und schrie: »Jim, alles klar?«

Seine Antwort klang ziemlich nervös: »Bei mir ist so weit alles klar, aber die Aussicht gefällt mir nicht!«

Von seinem Sitz aus konnte er direkt in die Tiefen der Spalte blicken, und das war wahrlich kein angenehmer Anblick. Hastig kletterte er aus dem Fahrzeug und sprang an Land.

Die Spalte war riesig, und diesmal würde es noch viel schwieriger werden, den Traktor herauszubekommen. Es dauerte schon lang genug, die beiden anderen Traktoren ans jenseitige Ufer zu bringen. Wir schlugen vor dem eingeklemmten Fahrzeug eine Rampe ins Eis, auf der wir ihn herausziehen wollten.

Wir wussten, dass wir nur eine Chance hatten. Glückte es nicht beim ersten Mal, dann war der Traktor verloren. Ich übernahm das erste Fahrzeug und war mit einem langen Seil mit dem zweiten verbunden, das Murray fuhr. Murray seinerseits hielt am straffen Seil das Unfallfahrzeug in seiner Position. Ich ließ meinen Traktor warmlaufen und fuhr dann zurück bis zu Murray, so dass das Seil schlaff am Boden lag. Dann gab ich Vollgas und zog voll durch. Von mir musste der heftige Ruck ausgehen, der das Fahrzeug aus der Spalte riss. Gerade als das Seil sich spannte, gab auch Murray Vollgas, und die vereinte Kraft der beiden Traktoren zerrte den dritten tatsächlich über die Rampe und auf ebenen Grund. Überglücklich sprang ich aus meinem Traktor, um nachzusehen, ob der Havarist Schaden gelitten hatte. Aber es war nichts zu sehen – wenn es je robuste Fahrzeuge gab, dann unsere Fergusons.

Wir waren jetzt nur noch etwa zehn Kilometer von D700 entfernt und hielten ständig Ausschau nach dem Lager der Hundegespanne. Von einem Hügelkamm aus sahen wir zum ersten Mal nach der Eintönigkeit der Landschaft auf dem Plateau weit im Osten wieder einen Berg. Es war der Mount Markham (4570 Meter), südlich des Nimrod-Gletschers. Und wenige Augenblicke später lag vor uns ein breites, schneebedecktes Becken, und in wenigen Kilometern Entfernung erblickten wir einen schwarzen Fleck – ein Zelt.

Wir freuten uns riesig, Bob und George wiederzutreffen. Die Hunde hießen uns mit wildem Gekläff willkommen, und bald war das Zelt von Traktoren und Schlitten umgeben. Es war der 15. Dezember 1957. Tiefe Befriedigung erfüllte uns – wir hatten D700 erreicht. Es war das letzte Depot für Bunny Fuchs und das eigentliche Ziel unserer Expedition. Wir hatten es fast ohne Verluste und in einer ordentlichen Zeit geschafft, und das schien mir weiter reichende Pläne zu rechtfertigen.

10

Zum Pol und zurück

Die Botschaft, die wir vom Rossmeer-Komitee erhielten, war genauso wenig enthusiastisch wie die bisherigen. Warum konnten sie uns nicht einfach herzlich gratulieren? Stattdessen machten sie sich Gedanken über meine weiteren Pläne und wanden sich um eine konkrete Antwort herum. Ich könne versuchen, den Pol zu erreichen, wenn es »Menschen und Ausrüstung nicht zu sehr in Anspruch nähme«. Und vor allem solle ich meine weiteren Schritte mit Bunny Fuchs persönlich absprechen. Dann sollten wir den Komitees in Neuseeland und London gemeinsame Vorschläge unterbreiten.

Die ersten zwei Tage in D700 war ich so müde, dass ich nicht viel über die Zukunft nachdachte. Das hatte sowieso keinen Sinn, bevor uns die Beaver wieder erreichte. Doch es fanden zwei wichtige Besprechungen im Lager statt. Bob und George wollten nicht, dass wir zum Pol fuhren, stattdessen sollten wir ein Depot 160 Kilometer weiter östlich errichten, in der Gegend des Beardmore-Gletschers, die sie kartografisch erfassen wollten. Ich misstraute Bobs Motiven. Er war ein großer Anhänger von Bunny Fuchs, und mir schien, er wollte um jeden Preis verhindern, dass wir zuerst den Pol erreichten. Also lehnte ich seinen Vorschlag ab, erklärte mich aber damit einverstanden, dass John Claydon mit der Beaver ein Depot für sie anlegte.

Dann suchte mich Murray Ellis auf. Er sagte, Bob habe ihn eingeladen, mit den Hundeteams zum Nimrod-Gletscher zu fahren, und er wolle zusagen. »So ein alter Traktor springt einem nicht entgegen und wedelt mit dem Schwanz«, sagte er. »Ich bin ein Hundetyp, kein Traktorentyp.« Ich dachte daran, welche Wunder er mit den Traktoren vollbracht hatte, und glaubte ihm nicht recht. Also entgegnete ich, wenn er nicht mitkäme, würde sich auch Jim weigern.

Es war Zeit, der Mannschaft auf den Zahn zu fühlen. Ich rief die alte Traktorengang zusammen und erklärte, ich würde zum Pol fahren, und wenn ich es allein tun müsste. Ich wusste natürlich, dass Peter Mulgrew auf meiner Seite war. Es war ein direkter Appell an ihre Loyalität. Murray und Jim gaben widerstrebend nach und erklärten sich bereit mitzukommen, trotz der schwierigen 800 Kilometer Polarplateau, die vor uns lagen. Und ich hatte nicht geblufft: Notfalls hätte ich die Fahrt zum Pol auch mit Peter allein unternommen.

Am 17. Dezember hörten wir, dass Bunny Fuchs zwischen Weihnachten und Neujahr den Pol erreichen wollte. Das kam mir ziemlich unwahrscheinlich vor. Am 18. Dezember erschien zu unserer großen Freude die Beaver und brachte neben ihrer Ladung eine beunruhigende Nachricht: Bunnys Team rechne nicht damit, vor dem 15. Dezember von South Ice abzufahren. Das war einigermaßen verwirrend, und ich beschloss, mich unabhängig zu machen und keine Vermutungen mehr anzustellen, wann wir das andere Team treffen würden. Am 20. Dezember kam die Beaver zum letzten Mal. Das

Depot war reichlich mit allem Nötigen versehen, und wir hatten meiner Meinung nach genug Treibstoff, um bis zum Pol vorzudringen. Mein Team war großartig – die alte Traktorengang, erweitert um den Kameramann Derek Wright, der auch ein geschickter Fahrer war. Ich formulierte eine Nachricht für Bunny, dass wir 150 Kilometer weiterfahren würden, um Spaltengebiete zu erkunden. Dann würden wir auf seine Anweisungen warten.

Noch am selben Tag um acht Uhr abends gab ich das Signal zum Aufbruch, und wir verließen Depot 700. Wir kamen uns einsam und verlassen vor, und sehr weit weg von aller Welt. Wir nahmen drei Fahrzeuge mit, damit die beiden anderen Traktoren, wenn nötig, den dritten aus einer Spalte ziehen könnten. Wenn uns der Treibstoff auszugehen drohte, wollte ich einen Traktor zurücklassen und es riskieren, mit zweien weiterzufahren. Für den Notfall hatten wir auch einen Schlitten dabei, den wir selbst ziehen konnten, so dass wir die letzten 150 Kilometer auch zu Fuß zurücklegen konnten. Meiner Meinung nach waren wir für alle Eventualitäten gerüstet. Um sechs Uhr morgens hatten wir 43 Kilometer zurückgelegt und keine einzige Spalte gesehen. Unter den regelmäßig über Funk gesendeten Nachrichten war eine Botschaft von Bunny Fuchs, mit dem Inhalt, dass sie große Probleme mit Gletscherspalten gehabt hätten und hofften, an diesem oder dem folgenden Tag in South Ice anzukommen. Ich schickte ihm auch eine Nachricht:

An Fuchs persönlich:
Depots angelegt wie vereinbart. Verließen gestern D700 mit drei Fergusons und zwanzig Fässern Treibstoff in der Absicht, die Route weitere 300 Kilometer zu erkunden und bei günstigen Verhältnissen zum Pol weiterzufahren. Gestern 43 Kilometer auf schwierigem Gelände gemacht, dann aufgehalten durch kleines Spaltengebiet. Streichen

Ausflug zum Pol, wenn Fahrzeuge und Treibstoff für die Durchquerer von Nutzen sein können, entweder durch Errichten eines weiteren Depots oder sonst wie. Bis wir eine Antwort erhalten, fahren wir nur 150 Kilometer weiter und markieren Spaltengebiete.

Die besten Wünsche für eine schnelle Reise.
Ed Hillary

Wir fuhren weiter; ein Spaltengebiet folgte dem anderen, und wir flaggten alle aus für Bunnys Team. Am 24. Dezember um acht Uhr morgens hatten wir eine Tagesleistung von 73 Kilometern hinter uns und waren nur noch 620 Kilometer vom Pol entfernt. Ich erhielt eine weitere Nachricht von Bunny, in der er ungewohnt konkret wurde und sich in Details erging. Sie hatten in neunundzwanzig Tagen 558 Kilometer geschafft und hofften, den schlimmsten Teil der Reise hinter sich zu haben. Sie fuhren mit vier Sno-cats, drei Weasel und einem Muskeg. Zwei Hundegespanne sollten vorausfahren. Am 25. wollten sie von South Ice aufbrechen. Schließlich wünschte er uns fröhliche Weihnachten.

Ich schrieb zurück, erläuterte ihm, wo wir uns befanden und dass wir schon zwei Spaltengebiete markiert hätten, und erwiderte die guten Wünsche.

An Weihnachten waren wir in Feststimmung. Alles lief gut, und wir kamen rasch vorwärts. Wir hatten umsonst auf Anweisungen von Fuchs gewartet, deshalb fasste ich im Alleingang einen Entschluss und gab am zweiten Weihnachtstag 1957 eine Pressemitteilung heraus: »Fahre zum Pol, wenn Gott will und die Gletscherspalten es erlauben.«

Wir ahnten nicht, dass sich die Politik mittlerweile eingeschaltet hatte. Der neuseeländische Premierminister hatte das Auswärtige Amt um eine Stellungnahme gebeten, und die schloss mit den folgenden Worten:

Die wichtigsten Überlegungen in der gegenwärtigen Situation sind:

a) Hillary hat seine eigenen Aufgaben bemerkenswert erfolgreich ausgeführt.

b) Wenn Hillary am Depot 700 auf Fuchs warten müsste, säße er vielleicht viele Wochen untätig herum.

c) Eine weitere Erkundung der Route würde Fuchs sehr helfen.

d) Hillary traut sich zu – und niemand in Neuseeland wird sein Urteil anzweifeln –, den Pol mit den Mitteln, die ihm zur Verfügung stehen, zu erreichen.

e) Wenn Fuchs nicht schneller vorwärts kommt und die Durchquerung der Antarktis nicht gelingt, wird die Trans-Antarktis-Expedition vielleicht froh sein um das Prestige, das aus Hillarys Unternehmung entspringt.

f) Hillary hat sich verpflichtet, Fuchs in der Endphase der Durchquerung zu helfen.

Es gibt also keinen triftigen Grund für eine Weisung an Hillary, zum Depot 700 zurückzukehren, um dort auf Fuchs zu warten. Auch ließe sich ein solcher Befehl dem neuseeländischen Publikum schwer vermitteln.

Dieses Schreiben habe ich leider nicht zu sehen bekommen.

Am Tag nach Weihnachten bewältigten wir 91 Kilometer, am nächsten 70 und am übernächsten 66, obwohl wir uns nun in einer Höhe von über 3000 Metern befanden. Wir hatten etwa die halbe Strecke von D700 bis zum Pol hinter uns, als mich eine dringende persönliche Nachricht von Bunny erreichte, die wie eine Bombe einschlug. Bunny erklärte, unbedingt ein weiteres Treibstoffdepot zu benötigen. Beim Verlassen von South Ice hätten sie an Treibstoff 109 Zweihundertliterfässer sowie knapp 1500 Liter in den Tanks der Fahrzeuge, was zusammen mit den Vorräten in D700 vier Sno-cats und einen Weasel auf direktem Weg zu D480 bringen würde, vorausgesetzt sie seien in der Lage, drei weitere Fahrzeuge in angemessener Entfernung zurückzulassen. Die einzige Möglichkeit, danach auftretende Treibstoffengpässe abzuwenden, die ihnen dann noch bliebe, bestünde darin, noch mehr Fahrzeuge stillzulegen, und das unter Umständen, wenn sie in schwieriges Gebiet kämen oder technische Probleme aufträten. Dieses Risiko, das er bereit gewesen wäre zu tragen, wenn ich Probleme gehabt hätte, D700 zu bestücken, scheine ihm nun vermeidbar. Er bedauere, mich enttäuschen zu müssen, aber er müsse im Interesse der gesamten Expedition mein Angebot, mich um ein zusätzliches Lager zu kümmern, annehmen, was bedeute, dass ich meinen Plan, zum Pol zu fahren, aufgeben müsse.

Ich war perplex. Was sollte das heißen? Wenn er glaubte, Treibstoffprobleme zu bekommen, dann konnte er gleich aufgeben. Einmal in D700 angelangt, hätte er so viel Treibstoff wie nötig zur Verfügung gehabt. Und wenn er meinte, nicht genug Benzin zu haben, um vom Pol zu D700 zu fahren, sollte er besser gleich dort bleiben. Wir hatten gerade so viel Treibstoff bei uns, um entweder bis zum Pol oder zurück nach D700 zu kommen. Ein zusätzliches Depot hätten wir nur dort anlegen können, wo wir uns gerade befanden, aber wir hatten nicht genug Verpflegung dabei, um einen Monat hier herumzusitzen. Mein Eindruck war, dass Bunny hier einen letzten, verzweifelten Versuch startete, uns vom Pol fernzuhalten. Wie sich später herausstellte, benötigte Bunny dann auch von den insgesamt fünfzig Fässern Treibstoff, welche die neuseeländische Expedition in den Depots bereitgestellt hatte, nur zwanzig. Ich schlug Bunny vor, er solle die Durchquerung für diesmal am Südpol beenden und erst im nächsten Jahr weitermachen.

Wir brachen auf, entschlossen, den Südpol so schnell wie möglich zu erreichen. Wieder kamen wir in ein ausgedehntes Gebiet mit tiefem, lockerem Schnee, und wieder war es ein harter Kampf. Trotzdem fuhren wir viele Stunden lang und schafften 72 Kilometer. Am nächsten Tag hatten wir noch weicheren Schnee; die Traktoren mahlten sich mühsam im ersten Gang vorwärts und hinterließen tiefe Gräben. Der Spritverbrauch war ungeheuer und die Navigation fast nicht mehr machbar, aber trotzdem legten wir 58 Kilometer zurück. Wir hätten es nicht für möglich gehalten, aber am folgenden Tag wurde der Schnee noch unerträglicher, noch tiefer und lockerer – es war zum Verzweifeln. In sechs furchtbaren Stunden bewältigten wir nur zehn Kilometer. Wir ließen einen riesigen Haufen überflüssiger Lasten einfach liegen, und trotzdem gelang es uns nur mit Mühe, die Traktoren überhaupt in Bewegung zu halten. Der Höhenmesser zeigte 3322 Meter an, die Temperatur betrug minus 33 Grad, und unser Treibstoffvorrat nahm rapide ab. Mit äußerster Anstrengung schafften wir 35 Kilometer. Die Scott-Basis informierte uns, dass Bunny Fuchs nur mehr 500 Kilometer vom Pol entfernt war – ein gewaltiger Fortschritt. Wir beschlossen, einfach weiterzumachen, bis wir dort ankamen.

Noch zwei Stunden ging es so weiter, dann kamen die Fahrzeuge etwas schneller voran, und der Höhenmesser zeigte einen Verlust an Höhe an – ein gutes Zeichen, denn die Polstation lag auf nur 2830 Metern. Zwölf Stunden lang fuhren wir verbissen weiter und legten 48 Kilometer zurück. Wir machten nur einmal Halt, um zu essen und die Funkverbindung herzustellen. Und wir konnten hören, wie Bunny sagte, er habe noch 600 Kilometer bis zum Pol. »Mann, der geht ja rückwärts«, murmelte einer. Und weiter ging's.

Beim turnusmäßigen Fahrerwechsel erspähte ich in weiter Ferne, ein wenig rechts von unserem Kurs, einen schwarzen Fleck. Es war tatsächlich eine Fahne, und eine ganze Reihe weiterer verlor sich in der Ferne. »Genug für heute«, sagte ich. »Ich geh ins Bett.« Wir waren vierundzwanzig Stunden auf Achse gewesen und hatten genau 96 Kilometer zurückgelegt.

Das Rossmeer-Komitee hatte uns gebeten, es zu informieren, wenn wir in die Nähe des Pols kamen, damit sie unseren Sponsoren, der Londoner *Times* und der BBC, die Nachricht übermitteln konnten. Peter rief die Scott-Basis an und sagte das Codewort »Rhabarber«. Dann kroch er in seinen Schlafsack.

Am 4. Januar 1958 brachen wir um halb zehn Uhr morgens auf und kamen zunächst über eine Reihe von Geländefalten. Um halb elf tauchte dann eine kuppelförmige Wölbung am Horizont auf. Um halb eins kam uns ein Weasel mit wehender amerikanischer Flagge entgegen, und die zwei Kommandeure der Polstation, Dr. Houk und Major Mogesson, begrüßten uns herzlich. Wir folgten ihrem Weasel in den Kreis aus Fässern und Fahnenstangen, der den Südpol markierte, und wurden von unzähligen Kameras und freundlichen Menschen empfangen.

Zum letzten Mal schaltete ich den Motor ab und kletterte steif aus dem Sitz. Ein Wirbel von Gratulationen, Fotografen und Fragen umgab mich, bevor wir in die Wärme der unterirdischen Polstation geleitet wurden. Bevor ich hinabstieg, ließ ich meinen Blick noch einmal über unseren Zug gleiten – die drei Bauerntraktoren standen etwas schief in der Gegend herum wie hüftlahme Pferde und wirkten so einsam und verlassen wie Spielzeug, das nicht mehr gebraucht wird. Der Wohnwagen, der uns Wärme und Geborgenheit geschenkt hatte, sah einem Pferdetransporter ähnlicher denn je, und die einzige Last auf den zwei Schlitten war ein halb leeres Treibstofffass. Ein bisschen lächerlich sah das Ganze schon aus. Und trotzdem – unsere Fergusons hatten uns über 2000 Kilometer Schnee und Eis, Spalten und Sastrugis, durch Treibschnee und Schneesturm gebracht und waren die ersten Fahrzeuge, die es bis zum Südpol geschafft hatten.

Ich flog mit einer Neptune zum McMurdo-Sund und stellte fest, dass unsere Fahrt zum Pol und meine Empfehlung an Bunny, er solle seine Reise im nächsten Jahr fortsetzen, weltweit für Pressewirbel gesorgt hatten. Ich sprach mit Admiral Dufek, der sich Sorgen um Bunny und seine Mannschaft machte. Er fühlte sich irgendwie für die Sicherheit der Expedition verantwortlich und verschob die Abfahrt des US-Eisbrechers *Glacier* vorläufig auf den 10. März. Ich war erleichtert, weil uns das wahrscheinlich eine weitere Überwinterung ersparte.

Der Admiral und ich waren wieder am Pol, als die Durchquerungsmannschaft am 20. Januar dort eintraf. Es war ein imposanter Anblick, wie die vier gewaltigen Sno-cats heranrollten mit dem Weasel und den beiden Hundegespannen als würdigem Tross im Schlepptau. Auf jedem Fahrzeug und jedem Schlitten flatterte eine Fahne, und sie kamen in hohem Tempo auf uns zu. Bunny sprang aus dem ersten Sno-cat, und wir begrüßten uns herzlich. Ich weiß nicht, was er dachte, aber ich war jedenfalls heilfroh, ihn zu sehen. Ich riss mich nicht darum, noch einen Winter in der Antarktis zu verbringen. Die Fahrzeuge und die hochbeladenen Schlitten wurden neben unseren drei Fergusons abgestellt und machten die Unterschiedlichkeit unserer Ausrüstung überdeutlich.

Es gelang mir, Bunny für ein paar Augenblicke der Medienmeute zu entführen, und ich übergab ihm eine Karte, auf der die Depots und die Spaltengebiete eingezeichnet waren. Wir vereinbarten, uns in D700 wieder zu treffen. Dann flog ich mit Dufek zurück zur Scott-Basis. In seiner Gesellschaft fühlte ich mich deutlich wohler als in der von Bunny Fuchs.

Das Durchquerungsteam ruhte sich in der Polstation aus und überholte seine Fahrzeuge in den Werkstätten. Am 24. Januar brachen sie wieder auf. Indem sie unserer Spur folgten, konnten sie ihre bisherigen Tagesleistungen von knapp 50 Kilometern weit überbieten und so eine Menge Zeit sparen. Bunny hatte mich am Pol gebeten, bei Admiral Dufek dafür zu sorgen, dass die Amerikaner die Schlittenhunde zum McMurdo-Sund ausflogen. Ich hatte die Bitte nur ungern weitergegeben, aber liebenswürdig wie immer hatte Dufek zugesagt, und die Amerikaner hatten tatsächlich keine Mühe gescheut, die Hunde zur Scott-Basis zu befördern. Dann, am 28., kam ein Notruf von Bunny. Geoffrey Pratt war mit einer Kohlenmonoxidvergiftung zusammengebrochen und brauchte unbedingt reinen Sauerstoff. Das Team befand sich außer Reichweite unseres kleinen Flugzeugs, also musste ich wieder zur Basis der Amerikaner, um George Dufek um Hilfe zu bitten. Die Rettungsaktion lief sofort an. Die Wetterverhältnisse waren über der gesamten Antarktis höchst unsicher, aber unser Freund Commander Coley ließ sich nicht abschrecken und startete mit seiner Neptune. Dank hervorragender Navigation fand er die Expedition auch, konnte aber aufgrund des schlechten Wetters nicht landen. So ließ er die Sauerstoffflaschen neben den Fahrzeugen in den weichen Schnee fallen. Nachdem Geoffrey Pratt über einige Tage hinweg den Sauerstoff eingeatmet hatte, erholte er sich. Die Ironie an der Geschichte bestand darin, dass Bunny wieder und wieder seine Entschlossenheit bekundet hatte, von den Amerikanern keine Hilfe anzunehmen. Und jetzt rief er nach ihnen, sobald ein Problem auftauchte – und ich musste immer den Mittelsmann spielen.

Inzwischen hatte sich herausgestellt, dass Bunny uns mit seinen Hunden ein echtes Problem aufgehalst hatte. Das Rossmeer-Komitee ließ mich wissen, dass die Tiere aufgrund von Bestimmungen zum Schutz der Landwirtschaft nicht mehr nach Neuseeland zurückkehren durften. Nach einigem Hin und Her wurde klar, dass wir nur die Wahl hatten, die Hunde freizulassen, was ihren langsamen Tod bedeutet hätte, oder sie gleich zu erschießen. Keiner der Hundeführer wollte diese schreckliche Aufgabe übernehmen, nur Harry Ayres erklärte sich widerstrebend bereit, mir zu helfen. Also erschossen Harry und ich die Hunde, obwohl wir uns dabei wie Schurken vorkamen, und warfen sie dann ins Meer. Was für ein elendes Ende für diese prächtigen Tiere, die so Großartiges geleistet hatten! Ich war der Meinung, darüber hätte Bunny sich früher Gedanken machen sollen, anstatt alles mir zu überlassen, und ein paar Nächte lang schlief ich nicht besonders gut.

Bunny Fuchs und seine starken Sno-cats brauchten für die 800 Kilometer vom Pol bis zu D700 fünfzehn Tage, genauso lang wie wir, und dabei mussten sie nur auf unseren Spuren dahinzockeln. Am 9. Februar brachte mich John Claydon mit der Beaver in einem sehr gewagten Flug über die Berge ins Depot 700.

Die folgenden drei Wochen waren eigenartig und verwirrend. Ich kam mir vor wie damals im Weddellmeer. Ich schlief in Bunnys Zelt, hatte aber nichts mehr zu sagen – außer wenn die Truppe sich verirrt hatte oder wenn es über Spaltengebiete ging. Am ersten Tag allerdings saß ich auf Bunnys Sitz im ersten Sno-cat und half den Konvoi über zwei ausgedehnte Spaltengebiete zu bringen. Ich wunderte mich, dass unsere Spuren trotz Wind und Schneesturm noch deutlich erkennbar waren. Das Gewicht der Fergusons hatte den Schnee zusammengepresst und so einen festen Untergrund geschaffen, auf dem sich gut fahren ließ. Deshalb wurde ich nach dem ersten Tag nur noch selten gebraucht. Tag für Tag lag ich nun trübsinnig hinten in Bunnys Sno-cat, nur durch meine Schlafsäcke vor der Kälte geschützt, sah nichts und wusste nicht, was draußen vor sich ging, bis wieder einmal die Spur verloren wurde oder ein Spaltengelände vor uns lag. Dann wurde ich aus dem Dunkel geholt, zog Skier an und ging voran. Aber kaum war das Problem gelöst, war für mich kein Platz mehr in der Fahrerkabine, und ich kroch wieder in mein dunkles, kaltes Loch zurück. Ich wüsste gern, ob Bunny ahnte, wie grässlich ich mich fühlte.

Eine mit vielen Spalten durchsetzte Strecke, für die wir mit den Fergusons achteinhalb Stunden gebraucht hatten, schafften wir jetzt in eineinhalb Stunden. Wir brauchten ja nur der Spur zu folgen. Am 23. Februar fuhren wir auf festem Grund zeitweise 16 Stundenkilometer und erreichten abends glücklich das Plateau-Depot. Am nächsten Morgen landeten die Otter und die Beaver mit einem Heidenlärm neben dem Depot. Sie brachten frische Lebensmittel und vor allem die Post. Am Abend fuhren wir weiter; die Temperatur betrug minus 38 Grad, und ich war nicht überrascht, als wir beim Portal in tobendem Schneesturm kampieren mussten. Diese Gegend kannte ich recht gut.

Am nächsten Morgen war es noch fast genauso schlimm, und eigentlich wollte niemand aufbrechen. Doch ich war überzeugt, dass es unten auf dem Skelton-Firnfeld besseres Wetter gäbe. Bunny willigte zögernd ein, es zu versuchen, und wir kämpften uns durch peitschenden Wind und Schneetreiben hinunter, wobei die Motoren immer wieder vereisten. Und plötzlich, wie durch ein Wunder, trieb der Schnee nur noch flach über den Boden dahin, und wir hatten freien Blick auf die großartige Kette der westlichen Berge. Auf dem Firnfeld lag helles Sonnenlicht. Hinter uns, beim Portal, wurde der Schnee immer noch vom Sturm herumgepeitscht.

Jetzt war es wichtig, das Upper Staircase an der richtigen Stelle anzufahren. Aber weil ich bei der Hinfahrt unter schlechten Sichtverhältnissen kein genaues Bild von der Gegend gewonnen hatte, gerieten wir zu weit hinüber in Richtung des Midway Nunatak, einer Felsspitze, die aus dem Eis ragte. Es gab nur zwei Möglichkeiten: Wir konnten uns zurückziehen und vom Firnfeld aus die alte Route ansteuern oder auf gut Glück weiterfahren. Ich entschied mich für Letzteres. Ich ging mit Hal Lister voraus und flaggte die neue Route aus. Wir versuchten, auf das sichere Gelände rund um den Stepaside Spur zu gelangen. Als uns die Flaggen ausgingen, warteten wir auf die Sno-cats. Es war wirklich beeindruckend, zu sehen, wie sie langsam die steilen Hänge herunterkamen. Als uns der Erste erreichte, sprang ich zu David Stratton in die Führerkabine und dirigierte ihn zum Stepaside Spur und zur alten Route.

Jetzt kannte ich mich wieder aus, und wir fuhren stetig bergab, vorbei am Stepaside Spur und in weitem Bogen um die Spaltengebiete herum. Das Wetter war wunderbar, und je tiefer wir kamen, desto wärmer wurde es; 23 Minusgrade kamen uns direkt lau vor. Und weiter ging es, die steile Schneerinne zu den Twin Rocks hinab. Auf die Rinne folgten die langen Hänge des Lower Staircase; wir hielten uns von den Spalten auf der rechten Seite fern und überwanden die steilen Geländefalten. Die hohen Gipfel ringsum erglühten im Licht der untergehenden Sonne, und es sah aus, als stiegen wir ins Dunkel der Nacht hinab. Als wir die schwarzen Zacken von Clinker Bluff erreichten, fiel der Wind wieder ein, und der Schnee wirbelte um uns herum. Der Wind wurde immer stärker, die Sicht immer schlechter, und ich wusste, dass wir keine großen Fortschritte mehr machen konnten. Stattdessen hielt ich nach einer Stelle Ausschau, die sich für ein Lager eignete, denn unterhalb von Clinker Bluff bestand die Oberfläche des Gletschers aus blankem Eis.

Aber sosehr wir auch suchten, es fand sich nichts Geeignetes, und bald merkten wir, dass der Schnee weniger wurde und das Eis schon hindurchschien, und beschlossen anzuhalten. David Stratton positionierte unser Fahrzeug quer zum Wind, und die anderen machten es ihm nach, so dass wir beim Aufstellen der Zelte ein wenig Windschutz hatten. Trotzdem war es nicht leicht, denn der Wind hatte sich zu einem veritablen Orkan gesteigert. Wir häuften rund um die Zelte große Mengen Schnee auf, verankerten die Zeltschnüre solide und errichteten an den exponiertesten Stellen Mauern aus großen Schneeblöcken. Trotzdem knatterten die Zelte wie verrückt. Aber wir krochen gerne hinein, und es war erstaunlich, wie geborgen wir uns fühlten mit zwei dünnen Lagen Stoff zwischen uns und der Außenwelt. Für mich war es ein wunderbarer Tag gewesen. Wir waren nicht nur 80 Kilometer weit über einen der großen antarktischen Gletscher gefahren, sondern hatten noch dazu 1500 Meter Höhe verloren und waren vom nahenden Winter des Polarplateaus in den Spätsommer der Küstenregion gekommen. Ich war stolz auf das, was ich geleistet hatte, aber seltsamerweise kann ich mich an kein einziges anerkennendes Wort von Seiten der anderen erinnern. Vielleicht hatten sie keine Ahnung, dass wir etwas Großartiges vollbracht hatten. Das wäre die wohlwollendste Erklärung.

Gegen Mittag des folgenden Tages legte sich der Sturm, und ich schlug vor, aufzubrechen. Um zwei Uhr mittags starteten wir, fuhren den Gletscher hinunter und ratterten ein paar Stunden über blaues Eis und kleine Spalten, wobei immer wieder die üblichen kleinen Unfälle passierten. Abends um halb neun hatten wir endlich das Eis hinter uns und kamen auf festen Schnee. Zugleich aber zog sich der Himmel zu, und Whiteout setzte ein, jene Lichtverhältnisse, in denen es keine Schatten gibt und Entfernungen nicht abzuschätzen sind. Ich navigierte auf gut Glück und bestimmte unsere Position, so gut es ging, nach den Gipfeln und Felsklippen rundum. Am späten Mittag fuhren wir im Skelton-Depot ein.

Die nächsten vier Tage brausten wir über das Ross-Eisschelf und legten 290 Kilometer zurück. Am Sonntag, dem 2. März, erblickten wir die hohen Masten und gelben Gebäude der Scott-Basis. Wir wanden uns durch das Presseis, rumpelten um Pram Point herum und hielten auf dem glatten Meereis vor der Basis. Der Begrüßungstumult war unbeschreiblich, und es muss für Bunny Fuchs und seine Mannschaft ein großer Augenblick gewesen sein. Eine großartige Reise war erfolgreich beendet!

Auch meine neuseeländische Expedition war erfolgreich gewesen. Wir hatten ein breites Programm wissenschaftlicher Forschung initiiert, das bis auf den heutigen Tag von der neuseeländischen Regierung fortgesetzt wird. Wir haben weite unerforschte Gebiete erkundet und ausführliche geologische Studien betrieben. Und ich finde es auch bemerkenswert, dass wir mit drei gewöhnlichen Bauerntraktoren zum Südpol gefahren sind.

Was Bunnys Expedition betrifft, so hatte ich nicht mehr damit gerechnet, dass sie noch rechtzeitig die Scott-Basis erreichen würde. Meine Spuren waren natürlich eine große Hilfe für die Mannschaft. Die andere große Hilfe war, dass ich sie über den schwierigen Skelton-Gletscher hinunterführte. Ohne diese Unterstützung hätten sie zweifellos einen weiteren Winter in der Scott-Basis zubringen müssen. Es war sehr knapp gewesen.

Bunny lud mich ein, mit nach London zu kommen und mit ihm auf Vortragsreise zu gehen, aber ich lehnte dankend ab. Ich wollte meinen Frieden haben und mit meiner Familie auf grünem Gras und unter grünen Bäumen leben. Ich gönnte Bunny die Ehrungen, die ihn erwarteten. Er hatte sich als tapfer, entschlossen und unglaublich stur erwiesen und mit ein bisschen Unterstützung seine Reise wie geplant in hundert Tagen gemeistert.

11

Yetis in dünner Luft

Drei Jahre lang hatte sich alles um die Antarktis gedreht, und ich war heilfroh, nach Neuseeland und zu einem normalen Familienleben zurückzukehren. Louise hatte es mir leicht gemacht. Während meiner Abwesenheit hatte sie die Kinder in alles, was ich machte, mit einbezogen. Sie hatte jeden Tag erzählt, wo ich war, wie wir vorankamen und was wir taten. So war ich kein Fremdkörper in der Familie, als ich nach fünfzehn Monaten heimkehrte, und bald war es, als wäre ich nie fort gewesen.

Ich beschäftigte mich wieder mit den Bienen – zum letzten Mal, wie sich herausstellen sollte – und schrieb ein Buch über die Antarktis. Louise gebar unser drittes Kind, Belinda, die uns viel Freude machte. Nach dem Everest hatten alle gemeint, ich müsse nie wieder arbeiten; Dutzende von Firmen würden mich als Public-Relations-Manager einstellen wollen, und das Geld würde nur so hereinströmen, so dass ich im Handumdrehen ein reicher Mann sein würde. Ganz so war es dann aber doch nicht.

Ich wurde zwar häufig eingeladen, die Schirmherrschaft für irgendeine verdienstvolle Sache zu übernehmen, aber man zahlte mir keinen Pfennig dafür. Ich musste mir auf andere Weise Geld beschaffen. Mitte 1959 schickte mir der Herausgeber der US-Zeitschrift *Argosy* die Nachricht, das Magazin habe mich zum Forscher des Jahres gewählt. Er bat mich, mit meiner Frau auf seine Kosten nach New York zu kommen und beim Preisverleihungsbankett eine Rede zu halten. Das Honorar betrage 1000 Dollar – was damals eine recht nette Summe war. Diese angenehme und erfolgreiche Reise erfuhr noch eine Steigerung durch einen Telefonanruf aus Chicago, in dem ich gebeten wurde, auf der Heimreise in Chicago Station zu machen und bei einem Fernsehfilm für ein Bildungsprogramm mitzuwirken. Alle Kosten würden übernommen, und es gebe ein anständiges Honorar. Das war etwas ganz anderes als in Neuseeland, wo man damals noch glaubte, die Einladung zu einem Vortrag sei eine so große Ehre, dass sich eine Bezahlung erübrige.

Die Firma hieß Field Enterprises Educational Corporation und war ein riesiges Unternehmen. Man behandelte mich äußerst liebenswürdig und filmte ein Interview mit mir. Dieser Film war Teil einer Serie mit dem Titel »Anfänge«, mit der jungen Leuten gezeigt werden sollte, wie auch sie erfolgreich, ja sogar berühmt werden könnten.

Eines Abends aßen wir mit dem Direktor der Public-Relations-Abteilung, John Dienhart, einem ideenreichen und fantasievollen Mann, der eine Menge hübscher Freundinnen hatte. Er fragte mich nach weiteren Expeditionsplänen. Ich geriet schnell in Fahrt und sagte, ich würde gern eine weitere Himalaja-Expedition unternehmen, bei der sich Wissenschaft und alpines Abenteuer mischen sollten. Dabei sollten die Geheimnisse der Höhenakklimatisation erforscht werden, über die noch wenig bekannt war, und gleichzeitig sollte nach dem Yeti, dem furchtbaren Schneemenschen, gesucht werden.

John Dienhart zeigte lebhaftes Interesse, besonders an

dem Yeti, und erwähnte, dass seine Firma sich vielleicht finanziell beteiligen wolle. Aber ich nahm das nicht ernst. Wir kehrten zufrieden nach Neuseeland zurück, und auf Dienharts Bitte hin erarbeitete ich einen Plan für die Expedition und schickte ihn nach Chicago. Zu meiner größten Überraschung erhielt ich umgehend ein Telegramm mit folgendem Inhalt: »Können Sie sofort kommen stop unsere Kosten stop Besprechung Expedition«. Eben hatte ich mir noch geschworen, ein paar Jahre mit meiner Familie zu verbringen – und schon war ich auf dem Weg nach Chicago.

Ich sollte dem Aufsichtsrat von Field Enterprises meine Pläne darlegen und wurde hineingebeten, um den Vorsitzenden, Bailey C. Howard, kennen zu lernen. Als ich meine abgenutzte Brieftasche herauszog, die mit einer Schnur zugebunden war, zog manch einer der Anwesenden eine Augenbraue empor. Bailey C. Howard fragte mich nach den geschätzten Kosten der Expedition. Ich sagte, meine Berechnungen hätten einen Betrag von ungefähr 125 000 US-Dollar ergeben – eine beträchtliche Summe. Mr. Howard bat mich, einen Augenblick hinauszugehen. Kaum zehn Minuten später wurde ich wieder hineingebeten, und der Vorsitzende teilte mir mit, dass der Aufsichtsrat die Reise finanzieren würde. Seine nächsten Worte werde ich nie vergessen: »Sagen Sie, Sir Edmund, was sollen wir mit den 125 000 Dollar tun? Sollen wir sie auf Ihr Konto in Neuseeland überweisen?« Ich stellte mir das Gesicht meines Bankdirektors in Auckland vor, wenn ein solcher Betrag plötzlich auf meinem bescheidenen Konto eingehen würde. Er war derjenige, der mir vor ein paar Jahren nicht die 400 Pfund hatte leihen wollen, die ich brauchte, damit ich Louise nach London mitnehmen konnte. »Nein«, sagte ich vernünftigerweise, »es wäre besser, wenn Sie immer so viel anweisen würden, wie gerade gebraucht wird.«

Bailey C. Howards Schlussworte waren wieder eine Überraschung. »Ich hoffe, Sie nehmen es nicht übel«, sagte er, »aber wir möchten Ihnen gern eine neue Brieftasche schenken.« Ich nahm es durchaus nicht übel und fuhr mit einer sehr eleganten neuen Brieftasche zurück nach Neuseeland.

Die Amerikaner interessierten sich ganz ungeheuer für die Suche nach dem Yeti. Niemand wusste etwas über dieses Geschöpf, aber es gingen Gerüchte um, es sei halb Tier, halb Mensch. Eine Zeitung in Chicago erörterte zum Spaß die Frage, ob man den Yeti, wenn er nach Chicago gebracht würde, im Zoo oder im Hilton unterbringen solle.

Ich meinerseits hatte nie so recht an den Yeti geglaubt. Es gab zwar eine Menge Dinge, für die ich keine Erklärung hatte: Fußabdrücke im Schnee, einen Skalp im Khumjung-Kloster, eine Knochenhand im Pangboche-Kloster oder Geschichten von Mönchen in Klöstern und Sherpas in einsamen Hirtenhütten, die ihn gesehen haben wollten. Mehrere Expeditionen hatten schon nach dem Yeti gesucht, aber ohne brauchbares Ergebnis geendet. Immerhin, es war einen Versuch wert.

Was die ernsthaftere Wissenschaft anbetraf, so war ich mit Griffith Pugh, dem Physiologen unserer Everest-Expedition von 1953, in Verbindung geblieben. Wir hatten häufig darüber gesprochen, wie wichtig es wäre, zu untersuchen, was in Menschen vorgeht, die längere Zeit in großer Höhe verbringen. Nun wurde Griffith Pugh zum leitenden Wissenschaftler der Expedition ernannt, und wir vereinbarten, in ungefähr 6000 Meter Höhe einen isolierten Raum zu errichten, in dem an einer Gruppe von Physiologen Langzeittests durchgeführt werden sollten. Wir entschieden, dass der geeignete Ort für diese Isolierbaracke der Ama-Dablam-Sattel sei, den Eric Shipton und ich 1951 überquert hatten.

Unser Ausgangspunkt war das entlegene, großartige Rolwaling-Tal, das Earle Riddiford und ich 1951 als die ersten Fremden herabgestiegen waren. Wir hatten zwei Tierspezialisten dabei: Marlin Perkins, den Direktor des Lincoln Park Zoo in Chicago, und den amerikanischen Biologen Larry Swan, der ein erfahrener Himalaja-Reisender war. Wir brauchten eine volle Woche, um aus dem breiten Tal von Katmandu zum engen Eingang des Rolwaling-Tals und seinem größten Ort, Beding, zu marschieren. Dort wurden wir acht Tage lang durch wolkenbruchartige Regenfälle aufgehalten. Alles, was wir tun konnten, war, mit den Talbewohnern zu sprechen, und alle versicherten uns, es gebe den Yeti tatsächlich.

Der Korrespondent, der uns begleitete, Desmond Doig, war uns von großem Nutzen. Er war Künstler, Schriftsteller und Romantiker, und er sprach fließend nepalesisch. Jeden Tag brachte er eine neue Yeti-Geschichte aus dem Dorf mit, aber nicht alle erschienen uns glaubwürdig. Er hörte von einem Fell, das jemand im Dorf besaß, und nach langen Verhandlungen konnten wir es kaufen. Es entsprach ziemlich genau den Beschreibungen des tibetischen Braunbären, die ich gelesen hatte.

Anfang Oktober besserte sich das Wetter, und wir zogen zwischen Gletschern und hohen Gipfeln talaufwärts. Auf dem Ripimu-Gletscher entdeckten wir in Höhen zwischen 5500 und 5800 Metern zahlreiche Spuren, die nach Überzeugung unserer Sherpas vom Yeti stammten. Wenn man aber diesen Spuren folgte und in ein Gebiet kam, wo der Schnee im Schatten lag, dann verschwanden die großen Fußspuren und verwandelten sich in die kleinen Fußabdrücke eines Fuchses oder eines wilden Hundes. Wir konnten erkennen, wie die Sonne auf die Spuren einwirkte, wie sie sie erweiterte und zusammenschmolz und so Yeti-Spuren schuf, wie man sie sich nicht schöner wünschen konnte.

Eines Abends saßen wir auf dem Tolam-Bau-Gletscher um ein qualmendes Feuer herum, und das Gespräch kam auf die Sherpas und ihre Zukunft. »Was wird aus euch werden?«, fragte ich den Sirdar Urkein. Er überlegte und antwortete: »In den Bergen sind wir so stark wie ihr – vielleicht sogar stärker. Aber unsere Kinder wissen nichts. Sie haben Augen, aber sie können nicht sehen. Was wir am dringendsten bräuchten, wäre eine Schule in Khumjung.« Da kam mir zum ersten Mal die Idee, eine Schule für die Sherpas zu bauen. Das war das Mindeste, was ich für diese guten Freunde tun konnte.

Ich beschloss, ins Khumbu-Gebiet vorzurücken, und zwar über den Tesi-Lapcha-Pass, den Earle Riddiford und ich 1951 überquert hatten. Wir engagierten in Beding ein paar Träger, die den Auftrag allerdings nur widerstrebend annahmen, und ließen sie vollbepackt mit den anderen losziehen. Peter Mulgrew und ich bildeten die Nachhut und trugen die übrig gebliebenen Lasten, und das waren nicht wenige. Zweimal mussten wir kampieren, einmal am Fuß des Eisfalls, wo es zum Tesi-Lapcha-Pass ging, das zweite Mal, nach beträchtlichen Anstrengungen, auf der Passhöhe selbst. Am nächsten Morgen stiegen wir einen langen, steilen Schneehang hinab, der in eine enge, mit Felsbrocken übersäte Rinne mündete. Ich hatte die Hälfte des Wegs hinter mir, als oben ein gewaltiger Lärm ausbrach und eine Steinlawine hinunterdonnerte. Ich konnte mich unter einen vorstehenden Felsen ducken, aber manche von uns waren völlig ungeschützt. Wie durch ein Wunder blieben alle so gut wie unverletzt, und wir stiegen 1500 Meter ab und erreichten das Dorf Thami in Khumbu.

Thami bot einen ganz außergewöhnlichen Anblick. Auf den Wiesen unterhalb des Dorfes lagerten Tausende von tibetischen Flüchtlingen, die mit ihren Yaks über den Nangpa-La-Pass geflohen waren. Sehr bald hatten die Tiere kein Futter mehr gefunden, und so hatten die Tibeter sie geschlachtet und ihr Fleisch auf unzähligen Schnüren zum Trocknen aufgehängt. Dieser Anblick machte uns nur zu deutlich bewusst, wie viel Unheil die chinesische Invasion in Tibet angerichtet hatte.

Im Khumbu-Tal befragten wir Mönche und Sherpas, und alle beteuerten, an den Yeti zu glauben. Aber nur ein Sherpa, Sen Tensing, behauptete, ihn tatsächlich gesehen zu haben. Er erzählte mir die Geschichte, wie er an einem wichtigen Fest im Tengpoche-Kloster teilgenommen hatte. Das Fest endete mit Trinkzeremonien, bei denen er viel Chang (Bier) trank. Er gab zu, nicht mehr ganz nüchtern gewesen zu sein, als er auf dem Heimweg zum Dorf Phortse den steilen, verschneiten Pfad zum Fluss hinunterstieg. Er war allein. Auf halbem Weg sah er plötzlich einen haarigen Yeti, der ihm entgegenkam. Sen Tensing versteckte sich sofort hinter einem Felsen und lauschte mit angehaltenem Atem, wie die Fußtritte näher kamen, innehielten und sich nach einer Weile wieder talwärts entfernten. Er wartete noch lang, bevor er wieder aufstand und vorsichtig den Pfad hinunterschlich. Die großen Fußspuren des Yeti waren im Mondlicht deutlich zu sehen. Sen Tensing traf die Kreatur nicht wieder, behauptete aber steif und fest, es sei der Yeti gewesen.

Am interessantesten erschienen uns die Yeti-Skalpe in den Klöstern von Khumjung, Pangboche und Namche Bazar. Sie sahen alle sehr ähnlich aus, stammten von spitzen Schädeln und waren mit struppigem, rötlich-schwarzem Haar bedeckt. Desmond Doig und Marlin Perkins stellten Versuche mit Häuten von Gorals, Tieren aus der Familie der Antilopen, an, deren Fell in der Struktur dem Haar der Skalpe ähnlich war. Sie zogen die Häute über hölzerne Schädelmodelle, und obwohl sich das Ergebnis in mancher Hinsicht von den Originalen unterschied, sah es doch so aus, als wären wir auf der richtigen Spur. Aber das genügte nicht. Wenn das Problem der Skalpe nicht ein für alle Mal gelöst wurde, würden sich auch in Zukunft Legenden um sie ranken. Der einzige Skalp, der nicht als religiöse Reliquie galt, war der in Khumjung. Und nach langen Verhandlungen, in denen auch eine größere Menge Rupien eine gewisse Rolle spielte, bekamen wir die Erlaubnis, den Skalp auszuleihen, aber nur für höchstens sechs Wochen und unter der Bedingung, dass einer der Dorfältesten ihn auf seiner Reise begleiten und beschützen konnte. Desmond Doig, Marlin Perkins, ich und der Dorfälteste Khunjo Chumbi bewältigten die 270 Kilometer durchs Gebirge nach Katmandu in einem neuntägigen Gewaltmarsch. Von dort aus flogen wir nach Chicago, Paris und London, und überall erregten Khunjo und der Skalp mehr Aufsehen als ein Filmstar. Der Skalp und die Braunbärfelle, die wir dabeihatten, wurden von Zoologen, Anthropologen und anderen Wissenschaftlern untersucht. Alle waren sich einig, dass der Skalp sehr alt war, und alle Untersuchungen führten zum gleichen Ergebnis. Wie wir vermutet hatten, stammte der Skalp von einem Goral, einem gemsenähnlichen Tier. Und wir wurden auch in unserer Meinung bestätigt, dass es sich bei den Yetihäuten um die Haut von Tibet-Braunbären handelte.

Die Firma Field Enterprises in Chicago freute sich über die weltweite Publicity und war zu weiteren Ausgaben bereit. Sie sollten dem Schulprojekt von Khumjung zugute kommen, das bereits Gestalt annahm. In Kalkutta hatte ich eine Aluminiumfirma um Hilfe gebeten, und sie hatte eine Baracke gestiftet und sie sogar vor meinen Augen zusammenbauen lassen, damit ich wusste, wie man das machte. Dann wurde sie nach Katmandu verfrachtet.

Wir kamen zu dem Ergebnis, dass der Yeti ein mythisches Wesen sei und dass der Mythos durch gelegentliche Sichtungen des seltenen tibetischen Braunbären am Leben gehalten werde. Aber irgendwie würde es mich doch freuen, wenn wir diese These eines Tages widerlegen könnten. In all den Jahren seither ist der Yeti angeblich immer wieder gesehen worden, aber ausnahmslos bei schlechten Sichtverhältnissen. Heute steigen eine Menge Leute mit vorzüglicher Kameraausrüstung im Himalaja umher, aber noch keiner hat ein Foto des Yeti vorlegen können. Er scheint so schwer fassbar zu sein wie das Ungeheuer vom Loch Ness.

Die Suche nach dem Yeti war sehr interessant gewesen und hatte auch viel Spaß gemacht, aber jetzt wandten wir uns dem Hauptzweck der Expedition zu, unserem physiologischen Forschungsprogramm. In England war ein röhrenförmiges, isoliertes Gebäude konstruiert worden; seine Bestandteile waren gerade so groß, dass ein Mensch sie tragen konnte. Diese Teile wurden nun per Schiff nach Indien und dann mit dem Lastwagen nach Katmandu geschafft. Am 13. September 1959 brach ich mit meiner Gruppe ins Rolwaling-Tal auf, und am folgenden Tag setzte sich eine Kolonne von dreihundertzehn Trägern in Richtung Everest und Mingbo-Tal in Bewegung. Leiter dieser Abteilung war Norman Hardie, ein Mann mit großer Himalaja-Erfahrung. Zu seinem Team gehörten noch Jim Milledge, Barry Bishop und Wally Romanes, lauter geübte Bergsteiger. Auf dem Marsch nach Tengpoche waren sie sintflutartigen Regenfällen ausgesetzt und waren heilfroh, als die Karawane mit dem Baumaterial endlich am Ziel war und sie die Träger heimschicken konnten. Auch der Monsunregen hatte aufgehört.

Norm Hardie organisierte den Transport von beinahe vierhundert Trägerlasten das Mingbo-Tal hinauf, was nicht einfach war, weil der Schnee bis weit ins Tal hinunterreichte. In 5300 Meter Höhe errichtete unser Baumeister Wally Romanes die grüne Baracke; der Rest des

Teams erkundete eine Route zum Ama-Dablam-Sattel. Am 29. Oktober trafen wir uns alle in Khumjung, und hier stieß auch Griffith Pugh mit fünfzig Trägerlasten wissenschaftlicher Ausrüstung zu uns. Schon am 3. November erreichten wir das Mingbo-Tal.

Mit mir ging wieder Peter Mulgrew, einer aus der Traktorengang von der Scott-Basis. Ich fühlte mich topfit und war glücklich. Wir kamen in unser vorläufiges Basislager in 4400 Meter Höhe, aßen und stiegen weiter, meist über grasbewachsene Hänge. Dann stolperten wir über Moränenschutt und kletterten zu einem kleinen Pass hinauf. Nur 30 Meter unter uns lag ein See, und an seinem Ufer entdeckten wir das grüne Rechteck der Hütte, über dem sich die letzten Eisklippen des Mingbo-Gletschers erhoben. Wally hatte gute Arbeit geleistet. Die Hütte war warm und gemütlich und machte den Eindruck, auch niedrigen Temperaturen und starken Stürmen gewachsen zu sein. Jetzt mussten wir die silberne Baracke aufbauen, in welcher der Großteil der wissenschaftlichen Arbeit stattfinden sollte. Als Standort war der Ama-Dablam-Sattel vorgesehen.

Aber als unsere vier Mann starke Vorausabteilung den Sattel erreichte, warf uns der Wind beinahe um. Wir fanden keinen passenden Platz für unsere Baracke und fürchteten auch, durch winterliche Schneefälle hier oben von den anderen abgeschnitten zu werden. Wir flüchteten uns vor dem Sturm in unser knatterndes Zelt und verbrachten dort eine äußerst unbehagliche Nacht.

Am nächsten Morgen stiegen wir schleunigst ein Stück ab und fanden einen günstigen Standort auf einem kleinen Schneefeld. Von dort aus konnte man leicht zur grünen Baracke kommen, und eine breite, offene Gletscherspalte oberhalb schützte uns vor Lawinen. Der Platz lag zwar nur 5800 Meter hoch, aber wir hofften, das würde für unsere Zwecke reichen. Also ebneten wir am nächsten Tag eine ausreichend große Schneefläche, setzten die Balken für das Fundament zusammen und legten die Fragmente der Baracke zurecht. Schnell und problemlos fügten sich die Teile zu der gewaltigen Röhre zusammen, die wir die silberne Baracke nannten. Glücklich stieg ich wieder ins Tal hinab. Dort empfing mich Griff Pugh mit einer lautstarken Schimpftirade, weil wir ihn zum Aufbau der Baracke nicht mitgenommen hatten, aber er musste zugeben, dass die Lage ideal war. Er machte sich sofort an sein Forschungsprogramm, das sich über den ganzen Winter erstreckte und wertvolle Ergebnisse brachte.

Gemeinsam mit ein paar von den anderen ging ich Anfang Januar nach Katmandu zurück, um weiteren Nachschub zu organisieren. Dort wandte sich ein Schweizer Pilot, Captain Schreiber, an mich und wollte wissen, wo er Hilfsgüter für die tibetischen Flüchtlinge absetzen könnte. Sie waren in einer verzweifelten Lage. Am 10. März 1959 hatte es in Lhasa einen Aufstand gegen die chinesischen Besatzer gegeben. Die Machthaber übten grausame Rache; Tausende von Tibetern wurden von den chinesischen Streitkräften getötet. Der junge Dalai-Lama floh nach Indien und bat dort um politisches Asyl, und achtzigtausend tibetische Flüchtlinge folgten ihm. Ein Teil davon drang in die Everest-Region ein. Captain Schreiber hatte eine Pilatus-Porter-Maschine, die für große Höhen geeignet war, aber er kannte in Khumbu keinen Landeplatz. Ich erinnerte mich, dass ich im Mingbo-Tal eine passende Stelle gesehen hatte, wies Schreiber aber darauf hin, dass sie in 4500 Meter Höhe lag. Das schien ihn nicht zu stören, und so trafen wir eine Vereinbarung. Die Expedition würde eine Startbahn herstellen, und Schreiber würde uns dafür ein paar Ladungen Bauteile für die Schule in Khumjung einfliegen. Auf meine Bitte hin stellte die Überwinterungsgruppe in der Silberbaracke einen Trupp Männer für die Arbeiten an der Startbahn ab. Sie schnitten die verschneiten und gefrorenen Grasklumpen ab, füllten die ärgsten Löcher auf und rollten die größeren Felsbrocken beiseite. Als die Bahn 360 Meter lang war, landete Schreiber zum ersten Mal. Doch die Arbeit ging weiter, und nach einigen Monaten hatten wir eine recht ordentliche Startbahn von 460 Meter Länge gebaut.

An ihrem Ende lagen zwei riesige Felsblöcke, fast zwei Meter hoch und viele Tonnen schwer. Sie widerstanden allen Versuchen, sie wegzuwälzen oder zu zertrümmern. Schließlich hatten die Sherpas eine geniale Idee. Sie gruben neben den Blöcken je ein riesiges Loch, setzten dicke Stangen hinter den Blöcken an und kippten sie in die Löcher. Wenn man die Arbeitsstunden zusammenrechnete, hatte uns die ganze Geschichte 900 Pfund gekostet, so dass wir uns nicht nur mit einem der höchsten, sondern auch mit einem extrem billigen Flugplatz brüsten konnten. Dem Geschick und der Erfahrung von Captain Schreiber war es zu danken, dass große Mengen Hilfsgüter für die Flüchtlinge nach Mingbo geschafft wurden, und auch wir profitierten davon durch den schnellen Transport von Personen, wissenschaftlicher Ausrüstung und Bauteilen für die Schule.

Peter und ich kehrten erst im Februar 1960 wieder nach Nepal zurück. Wir brachten eine Menge Vorräte mit und auch die nötige Ausrüstung für unser letztes Projekt: die Besteigung des Makalu (8463 Meter), des fünfthöchsten Berges der Erde, ohne Sauerstoff. Mit uns kamen Louise und Peters Frau June. Der Fußmarsch nach Tengpoche war eine große Freude für mich. Louise war noch nie im Himalaja gewesen, und ihre Begeisterung bewirkte, dass auch ich alles mit neuen Augen sah. Vor allem die Blumen waren wunderbar. Die purpurfarbenen Rhododendren standen in voller Blüte, und oft lief unser Pfad mitten durch ein Blütenmeer. Beim Anstieg auf die Pässe war die Luft schwer vom Duft des Seidelbasts, und die Wiesen waren von einem Teppich aus Primeln bedeckt. Die Magnolien erblühten gerade, und an schattigen Stellen wucherten Orchideen.

Als wir am Dudh Kosi lagerten, brachte man mir die Nachricht, dass unsere Kameraden Mike Ward, Mike Gill, Barry Bishop und Wally Romanes den Gipfel des Ama Dablam erreicht hatten. Aus der Sicht der vier Bergsteiger war das eine wunderbare Nachricht, und es war gewiss ein Erfolg für unsere Expedition. Der Ama Dablam war mir zu steil und zu schwierig erschienen, und als ich den vieren gestattete, ihn anzugehen, hatte ich nicht damit gerechnet, dass sie ihn bezwingen würden. Problematisch war nur, dass in Nepal vor kurzem Erlaubnisscheine und Gebühren für Gipfel eingeführt worden waren – etwas völlig Neues im Himalaja – und wir keine solchen für den Ama Dablam hatten.

Am 22. März landete Griff Pugh auf unserem Flugplatz und brachte beunruhigende Neuigkeiten aus Katmandu mit. Die nepalesische Regierung machte Schwierigkeiten wegen des Ama Dablam und verlangte eine offizielle Erklärung. Mir wurde schnell klar, dass ich nach Katmandu musste, um die Sache in Ordnung zu bringen. Ich raffte meine Papiere zusammen und bestieg mit Louise und June die Maschine. Louise hatte immer Angst vor kleinen Flugzeugen, aber es half nichts.

Wir waren schwer beladen. Captain Schreiber ließ den Motor aufheulen, während die zwei Felsbrocken, die als Bremsen dienten, entfernt wurden. Dann gab er Vollgas, die Räder holperten über kleine Steine, der Motor brüllte, der kurze Streifen Startbahn vor uns schien meinen entsetzten Augen völlig ungenügend, und der Hügel an seinem Ende wuchs rasend schnell in die Höhe. Im allerletzten Moment hob Captain Schreiber ab und legte die Maschine sofort in die Kurve, um dem Hügel auszuweichen. Dann ging es noch zwischen zwei Felszacken hindurch, und endlich waren wir in freier Luft, und das Tal fiel unter uns tief ab. Mit einem Seufzer der Erleichterung löste ich meine verkrampften Hände.

Unser Empfang in Katmandu hätte nicht ungünstiger sein können: Die Regierung wies uns an, sofort wieder abzureisen. An uns sollte ein Exempel statuiert werden. Neun Tage lang lief ich von einem Regierungsgebäude zum anderen, suchte Beamte und Minister auf und versuchte verzweifelt, sie zur Abänderung dieser Entscheidung zu bewegen. Es sah hoffnungslos aus. Schließlich wurde ich zum Außenminister bestellt, der mir in einer zehnminütigen Standpauke vorhielt, dass erfahrene Bergsteiger Verantwortungsbewusstsein zeigen sollten, woran ich es hätte sträflich mangeln lassen. Schließlich ließ er mich wissen, die Regierung habe eine Entscheidung gefällt. Ich wartete nervös. »Wir haben beschlossen, dass Sie weitermachen dürfen, aber Sie müssen ein beträchtliches Bußgeld zahlen.« Ich machte mich auf einige tausend Dollar gefasst. »Wir haben beschlossen, dass Sie 3000 Rupien bezahlen müssen.« Das waren ungefähr 60 Dollar. Ich musste mir das Lachen verkneifen und bezahlte hastig. Ich war ungeheuer erleichtert, aber auch völlig erschöpft. Ohne Louise hätte ich diese neun grauenhaften Tage nicht ausgehalten.

Der Rückflug nach Mingbo am 5. April war noch eine Erfahrung, die ich lieber nicht gemacht hätte. In Katmandu hatte man eben erst gemerkt, dass es in Mingbo einen Flugplatz gab, obwohl er schon ein paar Monate in Betrieb war. Die Luftfahrtbehörde verlangte, dass ein Experte mit uns kommen und den Flugplatz abnehmen müsse. Es gab Turbulenzen, als wir uns dem Hügel am unteren Ende der Landebahn näherten. Als Captain Schreiber zur Landung ansetzte, erwischte uns eine starke Bö von der Seite und trieb uns zum linken Rand der Piste. Schreiber reagierte sofort – er ließ die Maschine aus einer Höhe von neun Metern fallen, setzte mit lautem Krach auf und ließ das Flugzeug bergauf ausrollen. Wir waren alle einigermaßen erschüttert. Der Herr von der zivilen Luftfahrt taumelte aus dem Flugzeug und erbrach sich geräuschvoll. Dann erklärte er den Flugplatz für geschlossen, ein für alle Mal. Wir teilten ihm mit, das bedeute für ihn einen siebzehntägigen Fußmarsch nach Katmandu, woraufhin er den Flugplatz wieder öffnete – für einen einzigen, letzten Flug. Captain Schreiber nahm es gelassen, er hatte genügend Lebensmittel für die Tibeter eingeflogen, und das Baumaterial für unsere Khumjung-Schule war auch da.

Durch meine Rettungsaktion in Katmandu hatten wir zwei Wochen Zeit verloren, und unser Angriff auf den Makalu stellte hohe technische Anforderungen an uns – höhere vielleicht als alle anderen wirklich hohen Berge. Ich hatte mir eine Höhenroute ausgedacht: vom Mingbo-Tal über den Ama-Dablam-Sattel (5970 Meter), dann quer über den Hongu-Gletscher, über zwei 6000 Meter hohe Pässe zu beiden Seiten des Barun-Plateaus und schließlich hinunter zum Barun-Gletscher. Zehn Tage waren wir damit beschäftigt, das Gepäck zum Hongu-Gletscher und dann die sehr steile Flanke zum Westsattel hinaufzuschaffen. Ich führte das erste Team bis zum Fuß des Westsattels und merkte deutlich, dass meine Akklimatisierung unter den furchtbaren zwei Wochen in Katmandu gelitten hatte. Als wir Rast machten, ließ ich meine Last erschöpft vom Rücken gleiten. Und als ich sie wieder aufnehmen wollte, war sie nicht mehr da – Pembatharkay, einer der stärksten Sherpas, die ich je kennen gelernt habe, hatte sich meine 18 Kilo noch zusätzlich zu seinen 24 aufgeladen. Und das in einer Höhe von nahezu 6000 Metern! Kein Wunder, dass ich für meine Sherpa-Freunde Bewunderung und Zuneigung hege.

Am 16. April hatten wir einhundertdreiunddreißig Traglasten auf dem Westsattel. Davon musste ein großer Teil über das breite Barun-Plateau und auf den Ostsattel ins Lager I geschafft werden. Ich wollte mich eigentlich nach den Strapazen in Katmandu ein paar Tage ausruhen, aber im Mingbo-Tal gab es Probleme, die meine Anwesenheit erforderten. Also eilte ich mit Peter Mulgrew zurück zur grünen Baracke, und dann mit neuen Lasten wieder zum Lager I. Ich leistete zwar genau so viel wie alle, aber nach dieser Gewalttour war ich sehr erschöpft.

Jetzt ging es darum, die Lager an den Flanken des Makalu einzurichten. Am 1. Mai waren Lager II (5800 Meter) und Lager III (6400 Meter) angelegt und mit Vorräten versehen. Wally Romanes und ich machten uns daran, die Route zum Lager IV vorzubereiten. Wir führten weiter, was ein anderes Team am Vortag begonnen hatte, kamen zügig über die Terrasse, hatten aber im Couloir viel Arbeit; es mussten Stufen gehackt und Seile befestigt werden. Noch dazu fühlten wir uns hier völlig ungeschützt, denn am unteren Ende des Couloirs stürzte das Gelände 300 Meter tief ab. Bei dichtem Nebel und Schneetreiben erreichten wir das obere Ende der Schlucht, und obwohl ich sehr müde war, suchten wir noch nach einem geeigneten Platz für ein Lager. Nach einer steilen Traverse kamen wir über einen schmalen Grat auf eine kleine Schneefläche, die wie geschaffen schien für unsere Zwecke. Die Höhe lag ungefähr bei 7000 Metern. Beim Abstieg herrschten schlechte Sicht und dichter Schneefall, und in Lager III lag knöcheltief Schnee. Der Wind peitschte unsere Zelte, und ich kam mir vor wie in der Antarktis. In dieser Sturmnacht lag ich die meiste Zeit wach, weil mich heftiger Kopfschmerz plagte. Trotz des schlechten Wetters wurde Lager IV am nächsten Tag errichtet und mit allem Nötigen versehen, und am 5. Mai beobachteten wir mit großer Spannung, wie Mike Gill und Mike Ward sich den Weg zum Makalu-Sattel bahnten.

Meine Kopfschmerzen wollten nicht weichen. Ich sah ein, dass ich mir zu viel zugemutet hatte, und beschloss, zum Lager II abzusteigen und mich von der Höhe zu erholen. Dort schlief ich zwar ganz ordentlich, fühlte mich aber am Morgen darauf und den ganzen Tag über nicht besonders gut. Abends hatte ich wieder furchtbare Kopfschmerzen, und als ein Sherpa mir das Essen brachte, konnte ich nicht mehr richtig sprechen, sondern nur noch unverständlich brabbeln. Unsere Ärzte gaben mir für die Nacht Sauerstoff und eine Pethidin-Spritze. Am Morgen fühlte ich mich wieder einigermaßen wie ein Mensch – wenn man davon absieht, dass ich noch immer undeutlich sprach, dass mir die Hände zitterten, mein Gleichgewicht gestört war und ich alles doppelt sah. Es gab keinen Zweifel: Meine Zeit am Berg war vorbei. Nachmittags stieg ich ohne größere Schwierigkeiten zum Lager I ab.

Mike Ward besprach meinen Fall über Funk mit Griff Pugh in Mingbo, und dieser drängte, ich solle sofort mit einem Hubschrauber nach Katmandu gebracht werden. Doch ich wollte unbedingt noch die Schule in Khumjung bauen, war aber bereit, den längeren Weg nach Mingbo über den Arun zu nehmen, auf dem man immer unterhalb einer Höhe von 4500 Metern bleibt. Jim Milledge verzichtete großmütig auf seine Chancen am Makalu und begleitete mich. Das Expeditionsteam war in guter Verfassung, alles lief wie am Schnürchen, also konnten sie gut auch ohne mich auskommen. Dachte ich jedenfalls. Was sollte schon schief gehen?

Tatsächlich aber ging eine ganze Menge schief, während Jim und ich nach Khumbu zurückwanderten. Zuerst kamen sie gut voran. Am 13. Mai errichteten Mike Gill, Wally Romanes und Leigh Ortenburger, ein bekannter amerikanischer Alpinist, in 7800 Meter Höhe Lager VI. Am nächsten Tag legten sie bei miserablem Wetter auf 8000 Meter ein Depot an und hatten große Mühe, sich im Sturm zum Lager VI zurückzukämpfen. Gill und Romanes kamen bei einem Sturz gerade noch mit dem Leben davon. Das Wetter blieb unverändert schlecht, und so zogen sie sich zum Sattel zurück. Mike Gill meinte, ich hätte vermutlich genug Erfahrung gehabt, um sie unter diesen Umständen vom Gipfelangriff abzuhalten.

Als Nächste sollten Tom Nevison und Peter Mulgrew den Gipfelsturm versuchen. Das Wetter besserte sich, und sie stiegen mit sechs Sherpas zum Lager VI auf. Am nächsten Morgen trugen die Sherpas das ganze Gepäck und übernahmen das Spuren, damit die beiden Gipfelstürmer sich schonen konnten. Die Sherpas gingen alle an einem einzigen Seil, was ich niemals erlaubt hätte. Als sie schon beinahe beim Depot waren, rutschte einer von ihnen ab und riss alle anderen mit sich. Es war pures Glück, dass zwei von ihnen durch eine Schneebrücke brachen und in eine Gletscherspalte stürzten. Das bremste die rasende Fahrt mit einem Ruck, sonst wären sie alle zu Tode gekommen. Zwei von den Sherpas waren verletzt, fühlten sich aber imstande, allein zum Lager VI abzusteigen. Die vier übrigen Sherpas und die zwei Bergsteiger gingen langsam weiter, über das Depot hinaus und bis auf 8200 Meter, wo sie am Rand einer Gletscherspalte Lager VII errichteten. Nevison, Mulgrew und Sherpa Annullu übernachteten hier; die anderen stiegen ab.

Trotz der großen Höhe hatten sie eine gute Nacht, aber am nächsten Tag kamen sie nur langsam vorwärts. Nach vier Stunden waren sie erst 120 Meter über den Zelten – aber auch nur noch ebenso viele Meter unter dem Gipfel. Sie plagten sich unendlich, entschlossen, ihr Ziel zu erreichen. Doch plötzlich brach Mulgrew zusammen und blieb im Schnee liegen. Später entdeckte man, dass er ein

Lungenödem hatte, das in dieser Höhe eigentlich zum Tod hätte führen müssen. Irgendwie schafften Nevison und Annullu ihn zum Lager VII hinunter. Annullu war auch ziemlich geschwächt; er hatte sich beim Sturz der Sherpas eine Rippe gebrochen. In der Nacht hustete Mulgrew Blut, aber am Morgen fühlte er sich stark genug, um langsam abzusteigen. Annullu und Nevison sicherten ihn. Aber sie hatten erst 200 Höhenmeter geschafft, als er in Ohnmacht fiel. Nevison blieb bei ihm und schickte Annullu hinunter ins Lager VI, um Hilfe zu holen. Am späten Nachmittag kamen Pemba Tensing und Pasang Tensing mit einem Zelt und etwas zu essen, und die Rettungsaktion nahm ihren Anfang.

Wie Peter Mulgrew den Abstieg überlebt hat, bleibt ein Rätsel. Es war ein einziger Albtraum, und eine Menge Leute mussten unglaubliche Leistungen erbringen, allen voran Leigh Ortenburger und John Harrison, ein Neuseeländer. Urkein und seine Sherpas waren einfach großartig. Peter erreichte Lager I mehr tot als lebendig und wurde mit einem Hubschrauber nach Katmandu geflogen. Während des langen Abtransports hatte er sich obendrein noch schwere Erfrierungen an Händen und Füßen zugezogen. Er kam sofort ins United Missions Hospital, das beste Krankenhaus Katmandus.

Die Expedition hatte viel erreicht. Die Besteigung des Makalu ohne Sauerstoff war uns zwar nicht gelungen, aber wir waren nur sehr knapp gescheitert. Wir hatten die gründlichsten physiologischen Untersuchungen in großer Höhe unternommen, die es je gegeben hatte. Vielleicht sind sie sogar heute noch unübertroffen. Auch in das Dunkel um die Existenz des Yeti hatten wir ein bisschen Licht gebracht. Aber eine Aufgabe lag noch vor uns – der Bau der Schule für Khumjung.

Jim Milledge und ich erreichten Mingbo nach einem fünfzehntägigen Gewaltmarsch, und bei unserer Ankunft fühlte ich mich schon wieder so gesund und stark wie eh und je. Wir machten uns daran, die silberne Baracke abzubauen und unser ganzes Hab und Gut wieder hinunterzuschaffen. Wally Romanes, Desmond Doig und Bhanu Bannerjee, ein Freund aus Kalkutta, blieben bei mir. Captain Schreiber hatte die Aluminium-Bauteile nach Mingbo geflogen, und Träger hatten sie nach Khumjung gebracht. Unter Leitung von Wally Romanes konstruierten wir in einem flachen Tal in der Nähe des Dorfes hölzerne Fundamente und setzten die Bauteile zu einer funktionsfähigen Schule zusammen.

Die Eröffnung war ein großartiges Ereignis. Die Monsunregen hatten wieder eingesetzt, aber trotz Wolken, Nebel und häufigen Regenschauern feierten die Dorfbewohner den großen Augenblick mit viel Begeisterung. Der oberste Lama und sein Gefolge von Musikanten führten die offizielle Segnung durch, und ich wurde gebeten, das Band durchzuschneiden und die Tür zu öffnen. Die vierzig Schüler waren barfuß und ihre Kleidung schmutzig, aber ihre Wangen glühten und ihre Augen leuchteten. Ich war glücklich und zufrieden. Als ich Khumjung am 13. Juni verließ, ahnte ich noch nicht, dass hier ein neuer Lebensabschnitt für mich begonnen hatte.

Nach einem langen, nassen Fußmarsch im Monsunregen kamen wir nach Katmandu und besuchten Peter Mulgrew im Krankenhaus. Seine Frau June war bei ihm. Er war sehr schwach, stark abgemagert und ziemlich apathisch von all den Schmerzmitteln, die er bekam, und seine erfrorenen Hände und Füße waren schwarz und schrumpelig. Mir kamen beinahe die Tränen, als ich ihn so sah.

Peter sollte so bald wie möglich nach Neuseeland geschafft werden, also verfrachteten June und ich ihn von einem Flugzeug ins andere und brachten ihn heim. Ich kannte June schon ein paar Jahre, und wir waren gute

Freunde. Jetzt lernte ich sie von einer neuen Seite kennen. Man hatte ihr beigebracht, Injektionen zu geben, und sie versorgte Peter auf der ganzen Reise regelmäßig mit Schmerzmitteln. Sie war geduldig, zuverlässig und freundlich.

Peter stand noch viel Schlimmes bevor. Beide Beine wurden ihm 15 Zentimeter unterhalb der Knie amputiert. Dann musste er seine Morphiumabhängigkeit überwinden und das Gehen mit den Prothesen lernen. Er schaffte beides. Seine militärische Laufbahn war zu Ende, und er wurde ein sehr tüchtiger Manager und obendrein ein Weltklasse-Segler. Aber der Umgang mit ihm wurde schwierig; er war aggressiver, ehrgeiziger und auch missmutiger geworden. June hatte es nicht leicht mit ihm. In meiner Erinnerung jedoch blieb er immer der treue und liebenswürdige Freund, mein verlässlicher Kamerad in der Antarktis und im Himalaja.

Meine zweite Erkrankung am Makalu bedeutete das Ende meiner Laufbahn als Bergsteiger in großen Höhen. Aber gleichzeitig entwickelte ich andere Interessen, und es boten sich neue Möglichkeiten. Sie waren nicht mehr so gefährlich und aufregend wie meine früheren Abenteuer, aber auf eine andere Weise genauso bedeutend.

12

Zelterprobung und Schulbau

Field Enterprises hatte eine Menge Geld für unsere Himalaja-Expedition ausgegeben und wollte dafür natürlich auch etwas bekommen. Wir hatten vereinbart, dass ich nach Beendigung des Projekts mit meiner ganzen Familie nach Chicago ziehen und ein Jahr lang in allen Niederlassungen der Firma Vorträge halten würde. Bald nach Weihnachten 1961 vermieteten Louise und ich unser Haus in Auckland, packten unsere Koffer und flogen nach Chicago. Peter war damals acht Jahre alt, Sarah sechs und Belinda drei. Die Firma hatte für uns im Vorort Park Ridge ein Haus gemietet, das zwar ganz ordentlich war, aber längst nicht so komfortabel wie unser eigenes. Es fühlte sich irgendwie verlassen an, und wir erfuhren auch bald, warum: In diesem Haus war ein Mord geschehen, und seitdem hatte es leer gestanden. Aber es lag ganz in der Nähe des O'Hare-Flughafens, und das war für mich von großem Vorteil. Fast jeden Montagmorgen flog ich von dort aus in irgendeine Stadt Amerikas, hielt die Woche über eine Reihe von Vorträgen und flog am Samstagnachmittag wieder zurück. Es war ein sehr umtriebiges und dabei einsames Leben. Einsam vor allem für Louise. Aber mit ihrer herzlichen und geselligen Art schuf sie sich bald einen großen Freundeskreis.

John Dienhart schien mir nicht zuzutrauen, dass ich auf Reisen allein zurechtkäme, und so schickte er mir immer eine von seinen vielen hübschen jungen Damen als Begleitung, die alles organisieren und planen sollte. Vielleicht begriff er auch bloß nicht, dass nicht jeder jeden Abend weibliche Gesellschaft haben musste.

Bald nach unserer Ankunft in Chicago lud mich das gigantische Versandhaus Sears Roebuck & Co. ein, bei ihnen als Berater für Campingausrüstung zu fungieren. Die Firma unternahm damals gewaltige Anstrengungen, die Qualität und den Ruf ihrer Sportartikel zu heben. Sie suchte sich Berater aus allen sportlichen Disziplinen, lauter bekannte Namen, darunter nicht wenige Goldmedaillenträger. Wenn ein berühmter Sportler für etwas Reklame macht, ist das noch nicht unbedingt ein Gütesiegel, denn auch Sportshelden stellen für Geld ihre Prinzipien schon mal hintenan. Aber die Mitglieder dieses Beratungsteams bei Sears Roebuck sollten sich tatsächlich selbst um Design und Funktion ihrer jeweiligen Ausrüstungen kümmern und die Sachen auch selbst testen. Ich machte mit und bin noch heute, fünfunddreißig Jahre später, Campingberater der Firma. Es war und ist eine befriedigende und einträgliche Tätigkeit; ich habe bei der Entwicklung einiger hervorragender Familienzelte mitgewirkt und sie auch auf den verschiedensten Reisen in aller Welt ausprobiert.

Sears schlug vor, unsere ganze Familie solle im Sommer in Alaska Campingurlaub machen, und die Firma würde einen Film darüber drehen. Louise und ich fanden die Idee großartig. Sears stellte uns einen großen, leistungsstarken Kombiwagen zur Verfügung, und wir koppelten einen Campinganhänger, der sich gerade in der Erprobungsphase befand, hinten dran. Es war ein geniales kleines Ding, aus dem man ein großes, bequemes Zelt machen konnte. Diese Tour wurde unser erstes größeres Familienabenteuer. Wir kampierten in den wunderbaren Bergen und Wäldern von Colorado, brausten durch die großen Wüsten von Nevada, bewunderten den Lake Tahoe und kamen so ständig weiter nach Norden.

Das Landwirtschaftsministerium hatte mich zusätzlich beauftragt, die Campingplätze der National Forest Grounds zu testen. Das taten wir und waren sehr beeindruckt, weil sie geräumig und ruhig waren, in auffallendem Gegensatz zu dem Gedränge auf den Campingplätzen der Nationalparks.

Die Kinder benahmen sich auf der Fahrt meist recht manierlich, aber manchmal gab es doch Krach auf dem Rücksitz. Wenn es mir zu viel wurde, hielt ich am Straßenrand und sprang aus dem Auto, um da hinten für Ruhe zu sorgen. Aber ich kam immer zu spät – sie krabbelten blitzschnell nach vorn und scharten sich kichernd um ihre Mutter. Louise und ich lachten bloß, und es ging in bester Stimmung weiter.

In Vancouver verluden wir unser Auto auf die *Princess Louise* und fuhren nach Norden in Richtung Alaska. Wir hatten schönes Wetter und begeisterten uns an der ruhigen See und den unzähligen kiefernbestandenen Felsinseln. In der Gegend von Juneau beobachteten wir kalbende Eisberge und fischten in Bergseen Forellen. In einem Fjord fing ich einmal einen Lachs mit beinahe sechseinhalb Kilo Gewicht und war mächtig stolz, aber mein Gastgeber lächelte nur mitleidig. Wir flogen mit dem Hubschrauber über Felsgipfel und tiefe Gletscherspalten, und einmal schreckten wir auf einem Hochplateau einen riesigen Braunbären auf, der sich hoch aufrichtete und zornig seine Pranken hob.

In Haines trafen wir die Filmcrew, und gemeinsam fuhren wir nach Anchorage. Es waren nette Leute, und wir fühlten uns wohl in ihrer Gesellschaft, wenn sie uns am Lagerfeuer oder während der Fahrt filmten. Abends setzte ich mich meist mit den Kindern zusammen und erzählte ihnen die Geschichten von Jimmy Job, die mein Vater uns vor vielen Jahren erzählt hatte. In Anchorage wurde ein Zug gechartert, der uns mitsamt unseren Fahrzeugen ins Inland nach Fairbanks bringen sollte. Solch eine Reise werde ich wohl nie wieder erleben. Wir ratterten durch die Tundra, an Wäldern und Seen vorüber, und nirgends war eine Spur von Menschen zu sehen. An jedem Fluss hielten wir an, angelten Lachse und zogen sie auf die glatt geschliffenen Kiesel am Ufer. Am Mount-McKinley-Park luden wir die Autos wieder aus und zelteten am Fuß des Berges, wo es viele Karibus und Bären gab, aber wenig Menschen. Ich hatte leider nicht genug Zeit für den Mount McKinley, aber ich unternahm mit einem berühmten Buschpiloten einen Rundflug und erstieg die Gletscher und Grate im Komfort des geheizten Flugzeugs. Und mich überkam die alte Mischung aus Angst und Erregung, der wohl bekannte Drang, das Zelt im Schnee aufzuschlagen und den Kampf mit dem großartigen Berg aufzunehmen.

Um mich abzulenken, organisierte das Filmteam eine Elchjagd, obwohl ich mir aus dem Jagen nicht viel mache. In einer kleinen Maschine flogen wir über die weite Tundra und landeten auf einer Sandbank inmitten eines mäandrierenden Flusses, wo ein Camp aus abgenutzen Zelten aufgebaut war – einfach, aber ausreichend. Die anderen hatten schon eine Elchherde aufgespürt, so berichtete man mir, deren Bulle ein großer Bursche war, vielleicht sogar für einen Rekord gut. Den ganzen Tag über fuhren wir mit Weasels durch die Ebene, genau solchen, wie ich sie vom Südpol her kannte. Über Funk hielt uns unser Flugzeug über die Bewegung der Herde auf dem Laufenden. Am späten Nachmittag hielten wir an, versteckten die Fahrzeuge im Gebüsch und gingen zu Fuß weiter. Plötzlich gab uns unser Führer ein Zeichen, stehen zu bleiben, und forderte mich mit einer Kopfbewegung auf, zu ihm zu kommen. Ich schlich vor und spähte durch die Zweige eines Busches. Knapp 200 Meter vor uns graste eine Elchherde friedlich vor sich hin, in ihrer Mitte der prächtige Bulle.

»Schieß!«, forderte mich der Führer auf.

Widerstrebend hob ich mein Gewehr und gab einen Schuss ab. Die Tiere schreckten hoch und blieben dann zitternd wie angewurzelt stehen.

»Schnell, schieß noch mal! Schieß!«, schrie der Führer.

Und so schoss ich wieder und wieder, bis der Bulle zu Boden ging. Dann lief ich hinüber, kniete mich neben das Tier, hielt seinen Kopf mit dem prächtigen Geweih und ließ mich fotografieren. Das Geweih maß 1,20 Meter – ein sehr guter Wert, wie man mir versicherte, aber kein Rekord. Doch bei mir stellte sich kein Gefühl des Triumphes ein, vielmehr schämte ich mich und empfand Ekel. Welches Recht hatte ich, dieses Tier zu töten? Mit Flugzeug und Raupenfahrzeugen hatten wir es bezwungen. Welche Art von Mut, Kraft oder Können hatte ich dabei bewiesen? Ich beschloss, nie wieder bei einem derart sinnlosen und kaltblütigen Gemetzel, das sich Sport nannte, mitzumachen.

Das Filmteam verabschiedete sich, und wir fuhren in Richtung Yukon weiter. Namen wie Dawson City, Klondike oder Whitehorse schmeckten nach Abenteuer und Romantik. Im Banff National Park besuchten uns Bären an unserem Lagerplatz, und am Diamond Lake gemahnte uns der erste Schnee daran, dass der Sommer zu Ende war. Über die weiten kanadischen Prärien fuhren wir wieder ostwärts, trunken vor Freude an der Natur, am Reisen und Zelten. Längst hatte sich eine einfache Routine herausgebildet, das Leben war frei und ohne Druck und das Land wunderbar. Wir hätten ewig so weitermachen mögen, und nur ungern nahmen wir zur Kenntnis, dass der Traum vorüber war.

Field Enterprises war mit der Bezahlung nicht kleinlich gewesen, und wir hatten sparsam gelebt. Ende 1962 lagen 20 000 US-Dollar auf unserem Konto. Ich befragte einen Freund, einen erfolgreichen Börsenmakler, was ich mit dem Geld tun solle. »Lass es mich für dich anlegen«, sagte er, »und ich werde es dir alle sieben Jahre verdoppeln.« Er machte sein Versprechen wahr.

Meine Verbindung mit Sears Roebuck wurde immer enger. Wir veranstalteten eine Reihe von Campingtrips, an denen die Einkäufer der Firma und die Zelthersteller teilnahmen, und testeten die neuen Modelle bei jedem Wetter. Wir machten Verbesserungsvorschläge und legten fest, welche Zelte wir in den kommenden Jahren anbieten würden. Die primitiven Verhältnisse, unter denen diese Unternehmungen stattfanden, brachten uns einander sehr nahe, und wir hatten viel Spaß zusammen.

Ende 1962 verließen wir Chicago und kehrten in unser großzügiges Haus in Auckland zurück. Ich hörte aus Khumjung, dass die neue Schule unter der Leitung von Tem Dorje ein Riesenerfolg war. Nun trafen Bittschreiben aus anderen Dörfern ein, die um Hilfe für den Bau einer Schule, einer Wasserleitung oder aber einer Brücke ersuchten. Sowohl Field Enterprises als auch Sears Roebuck hatten für solche Projekte Interesse gezeigt, und so konnte ich mit ihrem Geld im Rücken im März 1963 wieder nach Nepal fahren. Für meine Mannschaft brauchte ich Leute mit technischem Geschick und Erfahrung im Hochgebirge. Zu meiner großen Freude konnte ich einige der Teilnehmer der letzten Expedition verpflichten: Desmond Doig, Bhanu Bannerjee, Murray Ellis, Michael Gill, Phillip Houghton und Jim Wilson; dazu kamen noch die erfahrenen amerikanischen Bergsteiger Tom Frost und Dave Dornan. Als Erstes legten wir eine Wasserleitung zum Dorf Khumjung, doch obwohl sie hervorragend arbeitete, konnte sie in den Trockenzeiten, wenn die Quelle versiegte, kein Wasser liefern.

Dann stiegen wir zum Dorf Pangboche hinauf, wo wir den Bau einer Schule mit der Besteigung des imposanten Taweche verbinden wollten. Wir mussten den Gipfelsturm aufgeben, als das Team nur noch 60 Meter vom Gipfel entfernt war, und zwar deswegen, weil zu beiden Seiten des schmalen Gipfelgrats gewaltige Wechten überhingen – eine sehr seltene Sache. Aber die Schule stellten wir fertig.

In Pangboche hatten wir ein ungewöhnliches Erlebnis. Einer unserer jungen Sherpas, Purbu Chundu, ein Neffe des berühmten Sirdars Pasang Dawa Lama, kam in größter Erregung zu uns und bat, eine Geschichte erzählen zu dürfen. Er hatte 1962 an einer deutschen Expedition teilgenommen, bei der sein Onkel Sirdar war. Ziel der Expedition war der gewaltige Pumori, ein Berg, der schon einigen Angriffen standgehalten hatte. Die Deutschen aber ließen sich nicht abhalten und kamen auf einer schwierigen und spektakulären Route zum Gipfel. Beim Abstieg waren sie spät dran, und es war kalt und neblig geworden. An einem Seil gingen der einzige Schweizer Bergsteiger und ein erfahrener Sherpa. Erschöpft vom Aufstieg und irritiert durch die schlechte Sicht, kamen die beiden zu nahe an den Rand eines Abgrunds, und als der Schnee unter ihnen wegbrach, stürzten sie tausend Meter tief in den Tod. Am nächsten Tag hatte man nach den Leichen gesucht und sie auf dem Gletscher am Fuß des Berges gefunden. Man bereitete ihnen Gräber in einer tiefen Gletscherspalte. Der Expeditionsleiter legte dem toten Sherpa seine Daunenjacke unter und dem Schweizer seinen bunten Wollpullover. Dann wurden die Leichen sanft hinabgelassen, und nach einer kurzen Zeremonie wurden sie mit Steinen bedeckt. Am Grab des Schweizers wurde ein Kreuz errichtet, an dem des Sherpas ein Chorten, ein kleines buddhistisches Heiligtum.

Einige Höhensherpas und gewöhnliche Träger seien bei der Zeremonie anwesend gewesen, sagte Purbu, unter anderem ein Dorfältester, den wir Nike nannten und der beim Bau der Schule half. Diesen Nike habe Purbu gestern in einem Pullover gesehen, der ihm viel zu groß war. »Auch die Sahibs haben das bemerkt und Witze darüber gemacht«, erklärte er. Er habe den Pullover wieder erkannt: Es war der aus dem Grab.

Ich schickte Mingma Tsering aus, um Nike zu holen, und gegen Abend wurde er zu uns gebracht. Desmond Doig begann mit der Befragung.

Nike gab es sofort zu. »Ja«, sagte er, »ich hatte den Pullover des toten Sahib an.«

Auf weitere Fragen gestand er, auch die Daunenjacke zu besitzen, die dem toten Sherpa gehört hatte.

»Auf welche Weise hast du die Sachen bekommen?«, fragte Desmond.

Die Antwort kam schnell und klang gut vorbereitet: »Sirdar Pasang Dawa Lama hat sie mir gegeben.«

Als er hörte, dass sein Onkel derart beschuldigt wurde, sprang Purbu Chundu auf und rief mit vor Zorn blitzenden Augen, das sei eine glatte Lüge. »Ich war die ganze Zeit nach dem Unglück bei meinem Onkel, und er ging nie in die Nähe der Gräber. Im Gegenteil, er warnte alle (einschließlich Nike), wenn jemand die Ruhe der Gräber störte, würde er ihn eigenhändig umbringen.«

Auf diesen wütenden Protest hin ließ Nike seine Behauptung fallen und wartete mit einer neuen Geschichte auf. Er sei einige Zeit später zufällig auf diesem einsamen Gletscher herumgewandert, sei zu den Gräbern gekommen und habe sie geöffnet vorgefunden. Zu seinem Erstaunen habe er Jacke und Pullover herumliegen sehen. Er habe sie mitgenommen, weil er fand, es wäre schade drum.

Der Mann log so offensichtlich, dass der Zorn in mir aufwallte. Ich sprang auf und versetzte ihm einen solch gewaltigen Schlag, dass er umfiel. Er kroch am Boden herum und wandte mir sein Hinterteil zu. Da konnte ich nicht widerstehen und gab ihm einen kräftigen Tritt, der ihn aus dem Kreis der Sherpas hinaus- und den Hügel hinunterbeförderte. Die Sherpas lachten schallend.

Ich schämte mich ein bisschen wegen meiner Heftigkeit, denn die Sherpas vermieden körperliche Gewalt. Der Dorfoberste bat, den Missetäter nicht der Polizei zu übergeben, sondern ihn der »Entehrungszeremonie« des Dorfes zu unterwerfen. Wir versammelten uns in einem Hof, und Nike wurde gebracht. Er wirkte zerknirscht und hatte einen Verband um den Kopf. Er setzte sich in eine dunkle Ecke und verbarg sein Gesicht in den Händen. Desmond aber zwang ihn, sich ins Licht zu stellen und mit offenen Augen seine Strafe entgegenzunehmen.

Die Atmosphäre war spannungsgeladen. Zuerst wurde der Versammlung Nikes Geständnis vorgelesen, in dem er seine Schuld zugab und um Gnade und Vergebung bat. Das nächste Dokument hatten alle älteren Männer des Dorfes unterschrieben; sie verurteilten darin Nikes Tat und versicherten, dass etwas Derartiges in ihrem Dorf nicht mehr vorkommen werde. Dann sollte ich ein paar Worte sagen. Mir tat der Mann inzwischen Leid, und ich äußerte, er sei meiner Meinung nach durch dieses Verfahren ausreichend bestraft und solle Gelegenheit bekommen, sich im Lauf der Zeit zu rehabilitieren. Desmond gab meine Worte auf Nepalesisch wieder, und Mingma Tsering übersetzte sie in die Sprache der Sherpas.

Desmond sprach die Schlussworte: »Wir können dir

dein Verbrechen vergeben. Aber du musst selbst zusehen, wie du deinen Frieden mit Gott machst.«

Ringsum herrschte beeindrucktes Schweigen. Später hörten wir, dass Nike das Dorf verlassen hatte und nicht zurückgekehrt war. Und ich frage mich manchmal, ob wir nicht westliche Maßstäbe angelegt hatten, als wir uns einmischten.

Gegen Ende der Expedition stießen zu meiner großen Freude Louise, Ann Wilson und Doreen Del Fium, eine junge Geologin aus Los Angeles, zu uns. Mit ihnen kam Ralph Wyeth, der Generaldirektor der Nepal-Bank, der unser Unternehmen sehr gefördert hatte. Sie waren bis Jiri, das etwa auf halber Strecke nach Khumjung liegt, geflogen und hatten den Rest der Strecke zu Fuß zurückgelegt. Sie trafen gerade rechtzeitig zum Sportfest der Schule ein, und es wurde eine sehr heitere und gelungene Veranstaltung.

Unser nächstes größeres Vorhaben war der Bau einer Schule in Thami, nahe der tibetischen Grenze. Hier gab es kaum Holz, und so musste das Bauholz von weither angeschleppt werden. Wir fügten die Wände aus Felsbrocken zusammen; der Dachstuhl war aus Holz und das Dach aus Wellblech. Zwei Jahre später fiel das Gebäude einem Sturm zum Opfer, und wir mussten es neu errichten. Diesmal sicherten wir das Dach mit Drahtseilen. Aber auch das war nicht genug, und nach ein paar Jahren wurde die Schule wieder von einem Sturm zerstört. Da wurde mir schließlich klar, dass der Platz nicht geeignet war, und wir suchten eine andere Stelle, die vor dem Sturm geschützt war. Die endgültige Schule von Thami hatte Mauern aus Fels und Mörtel und ein schweres Wellblechdach.

Einweihungsfeiern sind immer freudige Anlässe, und so war es auch hier. Ich musste mich auf einen geeigneten Felsen setzen, und der Dorfälteste trat vor und zog aus seinen Gewändern eine Flasche mit dem Etikett »Johnny Walker Red«, aber der Inhalt war das selbst gebrannte Feuerwasser der Sherpas. Er brachte auch ein großes Glas zum Vorschein, füllte es bis zum Rand und reichte es mir. Ich sollte trinken, da ließen seine Gesten keinen Zweifel. Ich wollte ihn nicht kränken, also kippte ich den Schnaps hinunter und fühlte, wie er sich seinen Weg in den Magen brannte. Ich gab das Glas zurück; er füllte es erneut und reichte es mir. Und wieder trank ich es aus. Als er mir das Glas zum dritten Mal reichte, musste ich nicht mehr trinken, das wusste ich. Der Brauch verlangte, dass ich diesmal einen Finger in das Feuerwasser tauchte und ein paar Tropfen in der Luft verspritzte, für den Fall, dass gerade einer der minderen Götter vorbeikam und Lust auf Schnaps verspürte. Der Dorfälteste verstaute Flasche und Glas wieder in seinen Gewändern und trat zurück. Aber es gab noch mehr Dorfälteste, und die Prozedur wiederholte sich. Nach dem fünften oder sechsten Mal war ich dann schon angeheitert. Dann kamen die Schüler und beschenkten uns mit weißen Schals und Blumenkränzen. Als sie fertig waren, sahen wir ziemlich eigenartig aus.

Das letzte Vorhaben unserer Expedition von 1963 war ein Angriff auf den Kangtega (6809 Meter), der unbezwingbar erschien. Von Tengpoche aus gesehen, bestand der Berg aus einer Ansammlung von jähen schwarzen Felsabstürzen, über denen brüchige Eisklippen hingen. Aber wir wussten, dass er auch andere Seiten hatte, auf denen ihm vielleicht beizukommen war. Am 29. Mai 1963, dem zehnten Jahrestag der Everest-Besteigung, brachen Mike Gill, Jim Wilson, Tom Frost und Dave Dornan talabwärts nach Chaunrikarka auf. Dann mussten sie über den Pass ins Inuku-Tal.

Derweil wurden Louise, Desmond und ich in Khumbu gefeiert. Annullu lud uns zu einem großartigen Frühstück ein und hielt dann eine kleine Ansprache. Wir hätten Licht in die Dunkelheit ihres Lebens gebracht, ja ihr Leben gerettet und viele ihrer Probleme gelöst. Wir seien für das Dorf zu Vater und Mutter geworden. Auch wenn uns das übertrieben erschien, schmeichelte es uns doch. Der Tag endete mit einem großartigen Dinner im Haus von Mingma Tsering und seiner Frau Ang Doule. Alles war festlich geschmückt, und wir bekamen ein tibetisches Festmahl serviert. Es gab Berge von Tukpa, selbst gemachten Nudeln, und eine wunderbare klare Suppe, die uns in feinen chinesischen Schalen gereicht wurde. Wir taten zuerst die Nudeln und dann frisches Yakfleisch, Frühlingszwiebeln und Butter in die Suppe. Es war ein sehr schmackhaftes Gericht, zu dem wir Ang Doules selbst gebrautes Bier tranken, das ebenfalls köstlich war. Dann führten die Sherpas ihre wilden Tänze auf, und schließlich fielen wir hochzufrieden ins Bett.

Der Abschied von unseren Freunden fiel uns schwer. Der Monsunregen hatte schon eingesetzt, und die Pfade waren schlüpfrig, als wir das Dudh-Kosi-Tal nach Ghat hinunterwanderten. Wir überquerten den Fluss und schlugen den langen Weg nach Junbesi ein, der uns über einen 4570 Meter hohen Pass führte. Die Weiden in den Höhenlagen waren ein einziges Blütenmeer aus Primeln und Mohnblumen. Kaum hatten wir den Pass überschritten und unsere Zelte aufgestellt, als wir lautes Geschrei vernahmen und das Kangtega-Team ins Lager gestürmt kam.

Sie hatten aufregende Dinge zu erzählen. In strömendem Regen waren sie von Lukla ins Inuku-Tal gequert, wo die Hänge rot waren vom Rhododendron. Nach zwei Tagesmärschen talaufwärts hatten sie ihr Basislager am Fuß des Kangtega errichtet. Die erste Schwierigkeit bildete ein großer Eisbruch, aber Mike und Jim zwängten sich hindurch. Am nächsten Tag ging es über steile Hänge, die mit losem Schnee bedeckt und deshalb recht unsicher waren. Schließlich kamen sie an den Fuß des 240 Meter hohen Gipfelkegels. Es war erst Mittag, und sie hatten noch reichlich Zeit, aber der Hang war sehr steil, und wenn der Schnee zu weich war, brachen die Stufen weg. Kurz unterhalb des Gipfels brach eine Lawine los und brauste über Jim hinweg, aber glücklicherweise hielt sein Beleg. An Tom und Dave, die weiter unten waren, sauste die Lawine vorbei. Nach mühsamem Gekraxel kam Mike zum Grat und erblickte die hohe Felswand des Kangtega, die jäh bis ins Khumbu-Tal hin abfällt. Der eigentliche Gipfel war zwar noch einen knappen Meter höher, aber mit dem Kopf waren sie schon darüber, und das reichte ihnen. Sie stiegen vorsichtig über den losen Schnee ab und eilten dann zurück ins Lager. Und jetzt, wenige Tage später, waren sie wieder bei uns. Es war ein würdiger Abschluss einer ereignisreichen Expedition.

13

Familienabenteuer

Die nächsten zehn Jahre, von 1964 bis 1974, waren eine sehr glückliche Zeit für mich. Wir gründeten den Himalayan Trust, um unsere Bauprogramme in Nepal zu organisieren. Die Mitglieder waren lauter gute Freunde und hatten Bergerfahrung im Himalaja gesammelt. Vor allem aber hatte ich Louise, die sich im Himalaja sehr wohl fühlte und mit mir und meinen Plänen nie die Geduld verlor.

Bei allem, was wir bauten – Schulen, Krankenhäuser, Wasserleitungen, Brücken –, war der Sirdar Mingma Tsering unentbehrlich. Ich hatte ihn 1953 als jungen Träger bei der Everest-Expedition kennen gelernt. 1960/61, als wir den Yeti suchten, Akklimatisationsforschung betrieben und die Schule in Khumjung bauten, war Mingma Hilfssirdar gewesen. 1963, bei der ersten meiner vielen Expeditionen, die hauptsächlich Baumaßnahmen zum Ziel hatten, hatte ich Mingma dann gebeten, mein Sirdar zu sein. Zu diesem Amt gehörte, dass er den ganzen Lastentransport von Katmandu ins Khumbu-Gebiet organisierte, Sherpas und Träger engagierte und sich um Arbeitskräfte und Baumaterial vor Ort kümmerte. Wir hatten manchmal bis zu zweihundert Träger, aber Mingma verlor nie den Überblick. Auch beim Bau selbst wusste er genau, wer wie viel gearbeitet hatte und was jedem Einzelnen an Lohn zustand. An den Zahltagen trat einer nach dem anderen vor, Mingma nannte mir die Summe, die er verdient hatte, und ich griff in den Sack mit kleinen Banknoten und händigte Mingma den Betrag aus. Er zählte sie dem Träger in die Hand und rief den nächsten auf. Wenn es Streit gab, was oft genug vorkam, schlichtete Mingma ihn, streng, aber gerecht. Er wurde allgemein respektiert.

Er war mir auch unentbehrlich bei der Entscheidung, welches Projekt am vordringlichsten war. An ihn wurden alle Bitten herangetragen, er gab mir nützliche Hinweise und teilte dann meine Entscheidung den Delegationen mit. Sein Englisch war rudimentär, und mein Nepalesisch und Sherpa waren noch weniger ausgebildet, aber wir konnten uns mühelos verständigen. Uneingeweihte, die uns zuhörten, verstanden keinen von uns beiden. Und wenn ich monatelang mit Mingma in unserer eigenartigen Mischung aus Pidginenglisch und Bruchstücken von Nepalesisch und Sherpa gesprochen hatte, hatte ich direkt Mühe, wieder anständiges Englisch zu sprechen. Als unsere Projekte immer zahlreicher und anspruchsvoller wurden, schickte ich Mingma oft aus Neuseeland eine Liste von allem, was benötigt wurde: Steine und Holz aus der Gegend, Nägel und dergleichen aus Katmandu. Und wenn ich kam, war immer alles da, und er wusste genau, was alles gekostet hatte. Genauso bemerkenswert wie sein Organisationstalent war sein Gedächtnis. Ich hatte immer eine Menge Listen und Pläne bei mir, und bei der Auszahlung notierte ich mir jeden Posten, aber Mingma behielt alles in seinem beeindruckenden Gedächtnis – tatsächlich konnte er gar nicht schreiben.

Mingma und seine Frau Ang Doule wurden enge Freun-

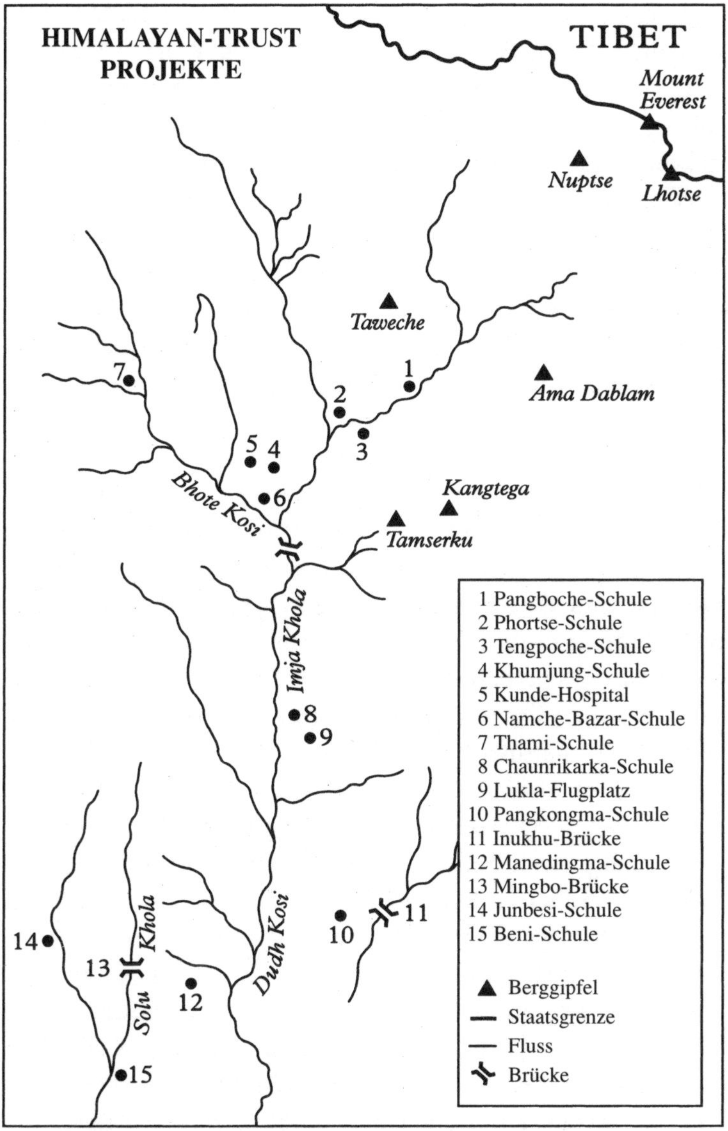

HIMALAYAN-TRUST
PROJEKTE
TIBET
Mount Everest
Nuptse
Lhotse
Taweche
Ama Dablam
Kangtega
Tamserku
Bhote Kosi
Imja Khola
Dudh Kosi
Solu Khola
1
2
3
4
5
6
7
8
9
10
11
12
13
14
15
1 Pangboche-Schule
2 Phortse-Schule
3 Tengpoche-Schule
4 Khumjung-Schule
5 Kunde-Hospital
6 Namche-Bazar-Schule
7 Thami-Schule
8 Chaunrikarka-Schule
9 Lukla-Flugplatz
10 Pangkongma-Schule
11 Inukhu-Brücke
12 Manedingma-Schule
13 Mingbo-Brücke
14 Junbesi-Schule
15 Beni-Schule
Berggipfel
Staatsgrenze
Fluss
Brücke

de unserer Familie, und ihr Familienleben erhielt durch uns eine glückliche Wendung. Als wir sie kennen lernten, hatte Ang Doule schon dreizehn Schwangerschaften hinter sich, aber nur zwei Kinder waren lebend zur Welt gekommen, und davon war das eine schwachsinnig, das andere taub. Das war eine Folge von Jodmangel. Kaum bekam sie regelmäßig Jodspritzen, gebar sie zwei völlig gesunde und normale Jungen und war überglücklich.

Nicht nur Mingma und Ang Doule waren uns ans Herz gewachsen, sondern die Sherpas ganz allgemein. Sie arbeiteten für uns und schenkten uns ihre Freundschaft, und wir revanchierten uns, indem wir ihnen zu Schulen und medizinischer Versorgung verhalfen.

Die bergsteigerischen Großtaten überließ ich jetzt anderen. Ich kümmerte mich nun um die Planung und Organisation und hatte die Leitung unserer Projekte. Wir bauten in Kunde eine Klinik, in der ein neuseeländischer Arzt arbeitete; wir errichteten ein halbes Dutzend neue Schulen, bauten Brücken über schäumende Gebirgsflüsse und konstruierten Pipelines aus Plastik, mit denen Wasser in die Dörfer geführt werden konnte. Und weil alles an Material in einem Siebzehntagemarsch von Katmandu hinaufgeschleppt werden musste, begann ich mich nach einer geeigneten Stelle für einen Flugplatz umzusehen.

1964 war ich wieder in Khumbu, diesmal zusammen mit Jim Wilson, Peter Mulgrew und zahlreichen Mitgliedern des Himalayan Trust. Und wieder ging es um den Flugplatz. Die Stelle, die mir zuerst geeignet erschien, erwies sich als zu kurz, und außerdem handelte es sich um sehr fruchtbares Land, das uns die Besitzer wohl nur ungern verkauft hätten. Da geschah etwas Eigenartiges. Ein paar Bauern aus dem kleinen Ort Lukla, der in einem Nebental in 2700 Meter Höhe liegt, kamen zu Jim und erzählten ihm, sie hätten Land zu verkaufen, und es eigne sich gut für einen Flugplatz. Sogar der Wind wehe immer in der richtigen Richtung! Wie Bergbauern, die keine Ahnung von Flugplätzen hatten, das beurteilen wollten, war mir schleierhaft. Aber als wir nach Lukla hinaufgingen, stellten wir fest, dass sie Recht hatten. Und das Beste war, dass wir kein wertvolles Ackerland vernichten mussten. Das Areal bestand zu einem Drittel aus steiniger Weide, zu einem weiteren Drittel war es mit dichtem Buschwerk bewachsen, und das letzte Drittel bildeten kleine, terrassierte Kartoffelfelder. Flach war es nicht gerade: Der Höhenunterschied betrug im Ganzen über 30 Meter, aber das würde für ein STOL-Flugzeug (*short take-off or landing*) kein Problem darstellen. Auch die Kaufverhandlungen waren relativ einfach. Ich erwarb das Areal im Namen der nepalesischen Regierung für 635 Dollar, was damals in dieser Gegend eine schöne Menge Geld war.

Wir hatten natürlich keine Maschinen; alles musste mit der Hand gemacht werden. Mingma engagierte über hundert Sherpas, und sie rückten mit Hacke und Schaufel an, rodeten das Gebüsch, gruben die Wurzeln aus und ebneten das Land. Bei den terrassierten Feldern war eine Menge zu schaufeln, und es gab auch einige Felsblöcke, die so groß waren, dass wir sie nicht bewegen konnten. Da griffen wir auf die Methode zurück, welche die Sherpas beim Flugplatz von Mingbo erfunden hatten: Wir gruben tiefe Löcher, rollten die Steine hinein und schaufelten Erde darüber.

Peter Mulgrew hatte eine Funkausrüstung mitgebracht, und so konnten wir mit Katmandu in Kontakt bleiben. Der Flugplatz war erst halb fertig, da landete ein großer russischer Hubschrauber und brachte Louise, June Mulgrew und Lois Pearl. Unsere Lebensgeister hoben sich beträchtlich, und nach der Arbeit sangen und lachten wir bis in die Nacht.

Die Oberfläche unserer Landebahn gefiel mir noch

nicht recht; sie war zu weich. Ich fand eine sehr simple und praktische Lösung für dieses Problem. Bei den Tänzen der Sherpas geht es sehr lebhaft zu, und es wird viel mit den Füßen gestampft. Wir kauften große Mengen Chang und animierten fünfzig Sherpas, die Landebahn hinauf- und hinunterzutanzen. Sie hatten einen Heidenspaß, und der Boden erzitterte von ihrem Gestampfe. Nach zwei Tagen erlahmte ihre Begeisterung etwas, aber unsere Landebahn war fest und glatt. Sie war 350 Meter lang und 30 Meter breit und mit weiß gestrichenen Planken markiert. Alles in allem hatte sie 2000 Dollar gekostet.

Weil man sich offenbar noch an unseren Flugplatz in Mingbo erinnerte, sollten mit dem ersten Flugzeug zwei Beamte der Zivilluftfahrtbehörde kommen und das Flugfeld in Augenschein nehmen. Ein Sherpa mit besonders scharfen Ohren hörte das Flugzeug das Tal heraufkommen, und wir scheuchten hastig alle Kinder und Tiere von der Landebahn. Ich war ziemlich nervös, als die Pilatus Porter über uns kreiste. Dann fuhr sie das Fahrgestell aus, die Klappen kamen herunter, und sie kurvte zum unteren Ende der Bahn. Die Räder berührten den Boden in einer Staubwolke, und schon rollte die Maschine die Landebahn hinauf und kam schnell zum Stehen. Wir begrüßten Mannschaft und Passagiere, die alle ganz begeistert waren. Meine Erleichterung war riesig. Lukla wurde schnell der belebteste Bergflugplatz in Nepal und das Tor zum Everest.

Die Hälfte des Jahres verbrachte ich immer noch in Neuseeland, und ich kaufte ein 2000 Quadratmeter großes Waldgrundstück in Central Otago auf der Südinsel. Es war ein wunderbarer Platz zum Zelten, in der Nähe des Wanaka-Sees und mit Blick auf den großartigen Fluss Clutha. Fünf Jahre lang verbrachten wir dort immer vier herrliche Ferienwochen in der Weihnachtszeit. Es gab so viel zu tun – man konnte in dem klaren, kühlen Wasser des Flusses oder des Sees schwimmen, auf Berge steigen, mit dem Schlauchboot den Fluss hinabfahren und Forellen fischen. Der Platz bot eine ideale Gelegenheit für unsere Kinder, die Schönheiten der Natur kennen zu lernen, und sie genossen dieses Leben in vollen Zügen. Diese Campingferien mit meiner jungen Familie gehören zu den glücklichsten Tagen meines Lebens.

Aber auch an Abenteuern war kein Mangel. Unter meiner Leitung meisterte mein Team die schwierige Besteigung des Tamserku (6620 Meter), und auch in die Antarktis zog es uns 1967 noch einmal. Wir flogen zum McMurdo-Sund mit einem Linienflugzeug und weiter nach Norden mit einer Hercules, die uns mit unseren zwei Schneefahrzeugen und den vier schwer beladenen Schlitten am Kap Hallet auf dem Eis absetzte. Über die Bucht hinweg konnten wir den prächtigen Mount Herschel sehen, das Ziel unserer Reise. Kap Hallet ist eine beliebte Brutstätte für Pinguine, und ihr Geschnatter und der besondere Geruch, den sie verströmen, sind mir noch gut in Erinnerung. Zunächst kamen wir gut voran, doch dann wurde der Schnee lockerer, und wir bekamen Probleme mit unseren schweren Schlitten. Zwischendurch mussten wir immer wieder das Gepäck umschichten, und so bahnten wir uns mühsam unseren Weg, vorbei an mächtigen Eisbergen.

Das Besondere bei der Besteigung des 3560 Meter hohen Mount Herschel war der Ausgangspunkt. Man musste vom Meeresniveau aus starten, und unser Basislager lag so nahe an der Küstenlinie, dass wir gelegentlich sogar Besuch von neugierigen Seehunden bekamen. Entlang der Bucht ragte eine steile Eiswand in die Höhe, an der es keinen Weg hinauf zu geben schien. Wir suchten den Fuß der Wand nach einem sicheren Ausgangspunkt ab, brachen einige Male durch Spalten und Risse und versanken bis zu den Hüften im eiskalten Meerwasser. Dann sahen wir eine Möglichkeit hinaufzukommen, wenn auch auf einem schwierigen, gewundenen Weg, der durch Gletscherspalten und über Eishügel führte. Als wir nach drei Tagen endlich die Wand bewältigt hatten, lagen erst 90 Höhenmeter hinter uns. Mit den schweren Lasten kämpften wir uns durch lockeren Schnee ein steiles Gletschertal hinauf und schwitzten unter der Anstrengung. Der Schweiß drang durch unsere wollene Kleidung nach außen, wo er sofort gefror und in Klumpen herunterhing. Am Talende ging es noch einmal steil hinauf, und mit besonderer Vorsicht erklommen wir den letzten Hang. Ich hackte ein Loch durch eine Wechte, und wir arbeiteten uns nach oben bis zum Kamm, der in einer Höhe von 1500 Metern lag. Hier war ein geräumiger Platz, ideal für ein Lager. Wir errichteten ein Zelt, ließen zwei der jüngeren Bergsteiger dort und machten uns an den Abstieg zum Basiscamp. Ich war 48 Jahre alt, und die Höhe, die wir erreicht hatten, war genug für mich.

Am nächsten Tag stürmten Michael Gill und Bruce Jenkinson in einem Gewaltmarsch den Gipfel. Sie hatten noch 1800 Meter Höhenunterschied zu bewältigen, steiles und schwieriges Gelände. In einer beispielhaften Leistung, wie sie wohl kaum je zuvor in der Antarktis gelungen ist, meisterten sie alle Hindernisse wie Eiswände und Gletscherspalten und erreichten als erste Menschen überhaupt den Gipfel dieses prächtigen Berges. Und auch ihr Abstieg war beispielhaft, denn sie kamen, obwohl sie bereits neunzehn Stunden auf den Beinen waren, trotz Kälte und Dunkelheit sicher im Camp an. Welch ein Abenteuer!

Sears veranstaltete eine große Testfahrt mit verschiedenen Motorschlitten zur amerikanischen Wasserscheide in den Rocky Mountains. Eine Horde junger Männer, die schon Rennen mit solchen Schlitten ausgetragen hatten, nahm daran teil. Sie schwankten zwischen Verachtung und Mitleid, als sie meiner ansichtig wurden. Aber die Bedingungen waren schwierig, es ging etwa tausend Meter bergauf, der Schnee war zu weich für sie – und wenn es schwierig wurde, machte mir keiner etwas vor. Da zahlte sich die antarktische Erfahrung aus. Ich war als Erster im Ziel, und die meisten anderen schafften es überhaupt nicht. Sears entschied daraufhin, dass die Motorschlitten für die Kunden nicht geeignet seien.

Im Jahr darauf erledigten wir ein umfangreiches Schulbauprogramm in Nepal, und im Anschluss daran fuhren wir mit Jetboats reißende Flüsse hinauf. Jetboats sind außerordentlich stark und wendig und können auch in seichtem Wasser fahren. Unser Hauptziel war es, den Sun Kosi hinaufzufahren, einen Fluss, der sich mit einer unendlichen Abfolge von Stromschnellen und Schluchten durch Nepal windet. Ich schätzte die Strecke, die wir befahren wollten – von der indischen Grenze bis fast nach Katmandu, der Hauptstadt von Nepal –, auf 400 Kilometer. Wir schafften unsere ganze Ausrüstung in die grüne Oase von Tribeni nahe der indischen Grenze, wo sich drei große Flüsse treffen – Arun, Tamur und Sun Kosi. Dort errichteten wir an einem schönen Platz unser Basislager.

Zuerst unternahmen wir eine Fahrt auf dem Arun, der größer ist als der Sun Kosi und auf der tibetischen Seite des Everest entspringt. Wir fuhren in eine tiefe Schlucht hinein, durch die der Fluss in großen Wellen toste. Mit verzweifelter Anstrengung kämpften wir uns vorwärts und hatten schon etwa 20 Kilometer geschafft, als uns das Unheil traf. Ich schaute mich gerade rechtzeitig um, um zu sehen, wie unser zweites Boot von riesigen Wellen zum Kentern gebracht wurde. Wir drehten um, fuhren rasch zurück und fischten unsere Kameraden aus dem

Wasser, aber das Boot blieb verschwunden. Kleinlaut kehrten wir ins Basislager zurück. Wir hatten nur noch ein einziges Boot, und dabei lag die wichtigste Aufgabe noch vor uns. Aber Aufgeben kam nicht in Frage. Wir reduzierten die Zahl der Teilnehmer, und los ging's.

Tag um Tag plagten wir uns stromauf, durch endlose Stromschnellen und an riesigen Felsen vorbei. Wir passierten viele abgelegene Dörfer, und wenn die Menschen uns sahen, waren sie starr vor Staunen, weil sie noch nie Europäer zu Gesicht bekommen hatten. Eine Stromschnelle folgte auf die andere, aber unser Boot ließ uns nie im Stich. Abends kampierten wir an schönen Flecken, und die Einheimischen waren immer freundlich zu uns. Als wir unserem Ziel schon sehr nahe waren, brach eine wahre Sintflut los. Der Fluss schwoll gewaltig an und war rot von Schlamm. Sogar bei voller Kraft hatten wir Mühe, gegen die Strömung anzukommen. Wir kämpften uns im Zickzackkurs vorwärts und nutzten jede Stelle, wo das Wasser ein bisschen ruhiger war. Manchmal zweifelten wir schon daran, dass wir es schaffen würden. Dann hatten wir zu unserer größten Erleichterung auf einmal die letzte Stromschnelle hinter uns und brausten über glattes, rotes, schnell fließendes Wasser. Nach einer Stunde kamen wir um eine Biegung und erblickten die Straße zur Hauptstadt und eine riesige Menschenmenge, die uns begrüßte. Wir hatten es geschafft! 400 Kilometer von der indischen Grenze bis nach Katmandu – keine schlechte Leistung.

Unsere Kinder wuchsen heran, wurden Teenager und bereiteten uns die üblichen Probleme, die alle Eltern kennen. Aber wir sorgten dafür, dass sie die Natur und sportliche Betätigung im Freien schätzten, und sie wanderten ohne Schwierigkeit bis zum Basislager am Everest. Sie sahen mehr von der Welt und machten mehr Erfahrungen mit fremden Kulturen als andere Kinder ihres Alters.

Belinda war meinem Herzen besonders nah; sie war so lebendig, klug und liebevoll.

Ja, es waren großartige Jahre und für mich eine Zeit des Glücks. Louise war es, die uns alle so eng zusammenhielt. Sie sorgte für uns, begleitete uns auf unseren Abenteuern, tröstete uns bei Bedarf und spielte in einem erstklassigen Orchester Viola. Wir hatten Glück, eine solch liebenswerte und großherzige Mutter und Ehefrau zu haben.

14

Die Katastrophe

Louise fuhr jetzt beinahe jedes Jahr mit mir nach Nepal und wurde von den Sherpas immer begeistert begrüßt. Vor allem die Sherpa-Frauen, die Sherpanis, liebten sie sehr, und wenn unsere Kinder mitkamen, war die Freude besonders groß. Louise brachte für unsere Projekte eine Menge Geld zusammen, indem sie in Katmandu Teppiche, Schmuck, Kupferarbeiten und Statuetten kaufte und in Neuseeland erfolgreiche Bazare organisierte, wo sie alles wieder verkaufte. Wir waren ein gutes Team. Seit langem schon hatten wir vorgehabt, ein ganzes Jahr mit den Kindern in Nepal zu verbringen, wobei es uns vor allem darum ging, in Paphlu ein großes Krankenhaus zu bauen. Die neuseeländische Regierung war bereit, dieses Projekt zu unterstützen, und Anfang 1975 vermieteten wir unser Haus in Auckland und zogen in ein kleineres in Katmandu. Wir hatten große Mengen Baumaterial und medizinische Ausrüstung nach Nepal geschafft und das kleine Flugfeld in Paphlu so weit ausgebaut, dass wir alles direkt dorthin transportieren konnten. Der Bauplatz für die Klinik war wunderschön gelegen, auf einem mit Föhren bestandenen Hang im Solu-Tal mit einem atemberaubenden Blick auf die Nordseite der großen Himalaja-Gipfel. In der Bauphase pendelte ich zwischen Katmandu und Paphlu, weil immer etwas zu erledigen war. Louise lernte Nepalesisch, und Belinda nahm mit Eifer und großem Erfolg an einem neuseeländischen Fernstudienprogramm teil. Die beiden anderen Kinder reisten mit Freunden in ganz Indien herum. Es war für uns alle eine erfüllte, schöne Zeit.

Louise und ich wurden zur Krönung von König Bevendra Bir Bikram Shah Dev eingeladen. Wir nahmen an einer Fülle prächtiger Zeremonien teil und trafen in den schönen Palastgärten die Großen und Mächtigen des Landes. Es war wie ein Traum. Auch zu einem Dinner in kleinem Kreis in der Britischen Botschaft waren wir eingeladen, und unter den Ehrengästen befanden sich Lord Mountbatten und Prinz Charles. Ich habe selten einen unterhaltsameren Abend erlebt. Lord Mountbatten bekannte, an Ufos zu glauben, und befragte mich eindringlich nach dem fürchterlichen Schneemenschen. Ich bin eher ein skeptischer Typ, aber wenn ein adliger britischer Großadmiral erzählt, von der Brücke eines Schlachtschiffs aus ein Ufo beobachtet zu haben, darf man nicht einfach erwidern: »So ein Blödsinn!«, sondern muss respektvoll seinen Worten lauschen. Mit dem Yeti war es ähnlich, und ich warf Prinz Charles einen verzweifelten Blick hinüber. Er blinzelte mir verstehend zu, und ich gab mich geschlagen. Seitdem ist mir Prinz Charles außerordentlich sympathisch.

Das Krankenhaus in Paphlu war das ehrgeizigste Projekt, das wir je in Angriff genommen hatten. Es sollte sechs große Gebäude umfassen. Mein Bruder Rex, der das Bauen schon vor Jahren zu seinem Beruf gemacht hatte, übernahm die Leitung, und es ging schnell voran. Ich war hauptsächlich damit beschäftigt, frisches Wasser in einer Zweieinhalb-Zentimeter-Pipeline von einer Quelle weiter oben in den Bergen heranzuschaffen und das Flugfeld zu verbreitern und zu verlängern, so dass Twin-Otter-Flugzeuge darauf landen konnten.

Eines Tages wurde das Hämmern auf dem Krankenhausdach plötzlich vom Lärm eines Hubschraubers übertönt. Seit zwei Stunden schon wartete ich auf eine Pilatus Porter, die Louise und Belinda mitbringen sollte. Wir wollten nach Khumjung trecken. Ich war irgendwie beunruhigt und eilte zum Flugfeld. Der Hubschrauber landete, und heraus stieg meine alte Freundin Elizabeth Hawley, die Geschäftsführerin des Himalayan Trust. Sie war sehr blass und wirkte verzagt.

»Es tut mir furchtbar Leid, Ed. Louises Flugzeug hatte einen Unfall beim Start.«

»Sind sie noch am Leben?«

»Ich fürchte nein.«

Wie betäubt und unfähig, zu fassen, was passiert war, erwiderte ich: »Ich muss es Phyl und Jim sagen.« Louises Eltern waren seit einer Woche zu Besuch. Phyl hielt mir nur die Hand; mein Kummer ging ihr offenbar mehr zu Herzen als ihr eigener. Ich konnte es immer noch nicht glauben. Ich stieg mit Elizabeth in den Hubschrauber, und wir flogen zurück nach Katmandu. Schmerzlich bewegt blickte ich hinunter auf den Pfad über hohe Pässe und durch tiefe Täler, auf dem Louise und ich so oft gegangen waren. Ich bat den Piloten, mich zum Unglücksort zu bringen; er wollte es mir zwar ausreden, aber ich bestand darauf. Wir erreichten das Tal von Katmandu und landeten auf einer Wiese am Ende der Startbahn neben einem kleinen Fluss. Ich stieg aus und arbeitete mich durch die Menge, die sich um die Unglücksstelle herum versammelt hatte und sich nun teilte. Da waren sie – die Überreste der zwei Menschen, die ich am meisten geliebt hatte.

Ein Amerikaner, der dabeistand, fragte: »Können Sie die Leichen identifizieren?« Ich schüttelte nur den Kopf. Wie hätte ich sagen können, diese Leiche ist meine Frau und diese meine sechzehnjährige Tochter? Man brachte mich in unser Haus, und ich ging ins Schlafzimmer und legte mich schmerzerfüllt aufs Bett. Ich kann mich nicht mehr an viel erinnern, was an diesem Nachmittag geschah, aber jedenfalls wurden Jim und Phyl mit dem Hubschrauber gebracht. Am Abend holten mich der Britische Botschafter, Michael Scott, und seine Frau Jennifer ab und brachten mich an einen schönen Platz am Bagmati, dem heiligen Fluss von Katmandu. Dort waren zwei Scheiterhaufen errichtet, und auf jedem lag eine weiß verhüllte Leiche. Auf ein Zeichen des Botschafters hin wurden die Feuer entzündet, und ich musste zusehen, wie die zwei geliebten Menschen in Flammen aufgingen. Dann führten Jennifer und Michael mich behutsam fort.

Um zu verhindern, dass geparkte Flugzeuge sich bei starkem Wind hin- und herbewegen oder gar überschlagen, hatte man in die Landeklappen Bolzen mit langen roten Bändern gesteckt. Aus Versehen war einer dieser Bolzen bei Louises Flugzeug vor dem Start nicht entfernt worden, und so hatte es sich in eine fliegende Bombe verwandelt. Es war kurz aufgestiegen, bevor es in ein Reisfeld gleich hinter dem Flugplatz stürzte und sofort explodierte. Ich fühlte mich schuldig, denn Louise hatte immer Angst gehabt, wenn sie in kleinen Flugzeugen unterwegs war, aber ich hatte darauf keine Rücksicht genommen. Dieses Schuldgefühl sollte mich mein Leben lang begleiten.

Ich schlief nicht viel in dieser Nacht; eigentlich wollte ich nichts als sterben. Wie, daran verschwendete ich keinen Gedanken – ich wollte eben nur tot sein. Aber dann drängten sich andere Gedanken vor – was war mit Peter und Sarah, mit Phyl und Jim, mit Mingma Tsering und all den Projekten für die Sherpas? Was sollte aus ihnen allen werden? Am Morgen hatte ich einen Entschluss gefasst: Ich wollte nach Paphlu zurückkehren und alles zu Ende bringen, was Louise und ich geplant hatten, und dann erst wollte ich an die Zukunft denken. Zutiefst deprimiert flog ich nach Paphlu und machte mich wieder an die Arbeit. Im Kochhaus war ein kleiner Altar mit den Bildern von Louise und Belinda errichtet worden, und jeden Tag kamen neue Zeremonienschals dazu, und rote und weiße Rhododendronblüten wurden darüber gestreut. Ständig brannten ein paar Butterlampen. Ich konnte den Anblick kaum ertragen. Abends wanderte ich allein auf dem Flugfeld herum, und die Tränen liefen mir über die Wangen.

Peter Mulgrew holte Sarah aus Neuseeland und brachte sie zu mir, und mein Sohn Peter wurde in Indien aufgespürt. Er kam sofort nach Katmandu. Ich war derart in meinen Schmerz versunken, dass mir gar nicht bewusst wurde, wie groß der Schock für meine Kinder sein musste. Sie verbargen ihren Kummer vor mir. Zwanzig Jahre später schrieb Sarah über diese schreckliche Zeit: »Manche Familien kommen sich in Zeiten der Trauer näher, und das ist ihnen ein Trost. Aber in unserer Familie sind gerade diejenigen gestorben, die mit einem Unglücksfall besser hätten umgehen können. Wir anderen drei waren hilflos und drifteten auseinander.«

Ich sollte wieder zu Sears nach Chicago fliegen und beschloss, die Kinder mitzunehmen. Zusammen mit meinen alten Freunden aus Chicago fuhren wir im Kanu den Buffalo River hinunter und waren beim Lagerleben so guter Laune, als ob nichts geschehen wäre. Aber als wir schließlich heimkamen, war das Haus in Auckland ohne Louises Wärme und Belindas Lachen kalt wie eine Gruft. Ich hielt es nicht lange aus und kehrte im August 1975 nach Katmandu zurück.

Dort war noch die Zeit der Monsunregen, und es gab keinen Flug nach Khumbu, deshalb beschlossen Mingma und ich, zu Fuß loszuziehen – mit hundert Trägern im Schlepptau. Die Blutegel waren wirklich eine Pest; ihre Bisse entzündeten sich bei mir stark. Ich hatte Kopfschmerzen und Rückenschmerzen, und das Leben war alles in allem so scheußlich, dass es mir egal war, ob ich starb oder nicht. In Paphlu war ich zuerst einmal eine Woche lang sehr krank, dann erholte ich mich langsam. Mitte September kam erstmals ein Hubschrauber durch, der den Bautrupp brachte. Endlich fing die Arbeit wieder an. Meine Kameraden hatten sehr viel Geduld mit mir, und ich war ihnen dafür sehr dankbar.

Mingma und Ang Doule zeigten ihren Schmerz über den Verlust von Louise und Belinda viel offener als ich – ich behielt alles für mich. Sie errichteten auf dem Grat oberhalb ihres Hauses in Kunde zwei Chorten, und einige Wochen lang ging Ang Doule jeden Tag hinauf und zündete ein Feuer aus Wacholderzweigen an, die ihren Duft zum Gedächtnis der Toten gen Himmel sandten. Ich habe diese Chorten nie besucht. Mingma begann schwer zu trinken, wie es Sherpa-Männer in Zeiten großer Trauer zu tun pflegen. Und er war nicht der Einzige. Vier ordentliche Gläser Scotch brachten mich damals über die Abende, und zum Schlafen nahm ich Tabletten. Aber ich konnte noch klar genug denken und betrieb meine Projekte im Himalaja mit mehr Energie denn je. Die Arbeit machte mir zwar keinen Spaß mehr, aber ich wusste, ich musste sie tun.

Ende Dezember war das Krankenhaus von Paphlu so gut wie fertig. Mein Bruder Rex und der Bautrupp hatten wahre Wunder vollbracht. Es gab fünf Gebäude mit insgesamt 900 Quadratmeter Nutzfläche: ein Wohngebäude für das Personal, eine Küche, ein Bad, Schulungsräume, das Behandlungszentrum, ein Stationsgebäude und noch ein weiteres Haus, in dem die Angehörigen der Patienten wohnen konnten. Es gab eine vorzügliche Installation mit Spülklosetts und Duschen, zwei Solarheizsysteme und einen erstklassigen Röntgenapparat. Das Krankenhaus konnte in Betrieb genommen werden.

Nach der feierlichen Eröffnung am 1. März 1976, an der der Premierminister von Nepal und andere hohe Würdenträger teilnahmen, fiel ich wieder zurück in das Bewusstsein meines Verlustes und fühlte wieder die unerträgliche Leere in mir.

15

Mutter Ganges

1977 packte mich wieder die Abenteuerlust. Dieses Mal wollte ich mit drei Jetboats den Ganges hinauffahren, vom Golf von Bengalen bis möglichst weit hinauf zum Himalaja. Louise und ich hatten immer von dieser Idee geschwärmt. Für die ganz großen Gipfel hatte sie sich nicht so recht begeistern können, aber den Ganges befahren – das war ein Abenteuer, bei dem auch sie hätte mitmachen können.

Mein Plan war recht simpel. Wir wollten mit den Booten so weit hinauffahren, wie es ging, wobei wir es mit einer Unzahl gefährlicher Stromschnellen und Klippen aufnehmen mussten. Wenn die Boote nicht mehr weiterkamen, wollten wir den Rest der Strecke bis zur heiligen Stadt Badrinath zu Fuß zurücklegen und dann einen der dortigen eisbedeckten Gipfel besteigen, die an die 5800 Meter hoch waren und mit ihrem Schnee die Quellen des Flusses speisten. So würde unsere Reise vom Meer bis fast zum Himmel führen – 2500 Kilometer von der Brandung an der bengalischen Küste bis zum ewigen Eis des Himalaja.

Jetboats sind einfache Fahrzeuge. Die unsrigen waren aus robustem Fiberglas, viereinhalb Meter lang und hatten einen starken V8-Motor. Wenn sie nur leicht beladen waren, erreichten sie Geschwindigkeiten von über 70 Stundenkilometern und konnten auch in seichtem Wasser fahren. Sie waren unglaublich wendig und zeigten ihre Stärken vor allem in reißenden Gebirgsflüssen. Unsere drei Hauptbootsführer kamen alle aus Neuseeland: Jon Hamilton, Mike Hamilton und Jim Wilson, aber auch Max Pearl, Murray Jones, Graeme Dingle, mein Sohn Peter und der australische Kameramann Michael Dillon sowie eine Gruppe von Indern – Harish Sarin, Mohan Kohli, Joginder Singh und unser liebenswürdiger Verbindungsoffizier Bridhiv Bhatia – waren mit von der Partie. Deren gründliche Kenntnisse des Landes und seiner Bräuche waren uns sehr nützlich. Und weil für mich eine Expedition ohne Sherpas nur eine halbe Sache gewesen wäre, lud ich meinen Sirdar Mingma ein, dazu Pemma, der unser Koch sein sollte.

Unsere Pilgerreise begann auf der langen sandigen Landzunge Ganges Sagar, die in den Indischen Ozean hineinragt. Ein uralter Tempelpriester segnete uns und unsere Boote. All India Radio berichtete über unsere Fortschritte, und viele Menschen säumten die Ufer, um uns vorbeifahren zu sehen. Die Menschenmengen, die uns in den Städten empfingen, waren direkt beängstigend. Seit unserer Rückkehr vom Everest hatte ich nicht mehr so viele Inder auf einmal gesehen. Als wir in Nabadwip Station machten, drängten sich dreißigtausend Menschen um das Podium, auf dem wir vom Stadtrat und anderen Würdenträgern samt ihren Familien begrüßt wurden.

Ein Kind hielt mir sein Album hin, und ich schrieb meinen Namen hinein, was sich als unklug erwies, denn ein Raunen ging durch die Menge, und die Menschen dräng-

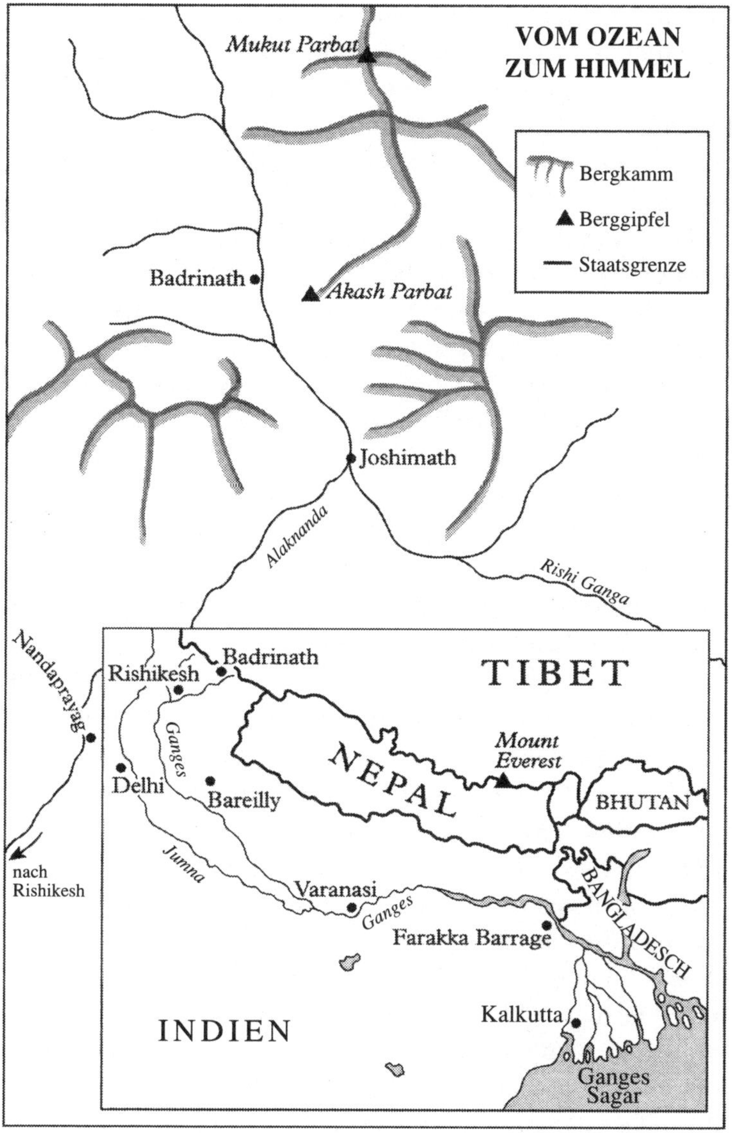
VOM OZEAN
ZUM HIMMEL
Bergkamm
Berggipfel
Staatsgrenze
Mukut Parbat
Badrinath
Akash Parbat
Joshimath
Alaknanda
Rishi Ganga
Nandaprayag
nach
Rishikesh
Badrinath
Rishikesh
TIBET
Ganges
Delhi
Bareilly
NEPAL
Mount
Everest
BHUTAN
Jumna
Varanasi
Ganges
Farakka Barrage
BANGLADESCH
Kalkutta
INDIEN
Ganges
Sagar

ten noch näher heran. Nun wollte jeder Einzelne von ihnen ein Autogramm haben. Die Polizei reagierte sofort und hob die Karabiner gegen die Anstürmenden. Ein Polizist stieß einen jungen Mann mit dem Gewehrkolben vor die Brust; der wurde zornig und wiegelte die Menge gegen die Polizei auf.

Die Lage sah nicht gut aus, und ich hatte mir im Geist schon einen Weg vom Podest zu den Booten zurechtgelegt, falls es noch schlimmer kommen sollte. Der Wortführer des Begrüßungskomitees war auch ziemlich nervös. Er wandte sich zu mir und bat mich, zu dem zornigen jungen Mann hinzugehen und ihm die Hand zu drücken. Ich entsprach seiner Bitte, wenn auch ungern, ging auf den Schreihals zu und schüttelte ihm kräftig die Hand. Sofort verflog seine Wut; er lachte vor Freude und wollte meine Hand gar nicht mehr loslassen. Die Situation entspannte sich, aber ich war doch froh, als wir alle wieder an Bord und auf dem Fluss waren.

Tag um Tag fuhren wir flussauf. Der riesige Staudamm von Farraka öffnete eine seiner einhundertzwei Schleusen, um uns hindurchzulassen, wir tankten in kleinen Städten und schliefen nachts auf den Uferwiesen. Wir waren überrascht, dass es im übervölkerten Gangesbecken so viele hübsche, baumbestandene Stellen gab, wo wir unser Lager aufschlagen konnten. Die Dorfbewohner nahmen uns immer sehr herzlich auf, und als wir einmal neben einem Feld mit reifem Mais nächtigten und den Dorfältesten fragten, ob wir ein bisschen Mais kaufen könnten, schickte er sofort einen jungen Mann vorbei, der uns ein ganzes Bündel Maiskolben pflückte und absolut nichts dafür nehmen wollte.

Am 8. September kamen wir nach 1280 Kilometern Fahrt in Varanasi, dem ehemaligen Benares, an, der ältesten Stadt der Welt. Sie ist ein wichtiges Heiligtum für Abermillionen von Hindus. Wieder wurden wir enthusiastisch willkommen geheißen. Schon vor der Stadt kam uns eine Delegation von Würdenträgern entgegen, und der Regierungskommissar wollte uns in seinem alten Schiff ganz offiziell in die Stadt bringen. Stattdessen luden wir ihn ein, mit uns im Jetboat zu fahren. Und im nächsten Augenblick brausten wir den Fluss hinauf und ließen den alten Kahn weit zurück. Unser Fahrgast war entzückt.

Ich hatte immer gedacht, Hindutempel seien für Ungläubige wie uns verboten, aber am Ganges machten wir andere Erfahrungen. Die Stadtoberhäupter bestanden sogar darauf, eigens für uns eine religiöse Zeremonie abzuhalten. Wir steuerten unsere Boote an eine breite Treppe und vertäuten sie. Eine Menge lächelnder Inder versammelte sich um uns, und dann erschien der Pujare, ein großer, schlanker, muskulöser junger Mann mit wirrem Haar und feurigen Augen. Er stimmte einen zeremoniellen Gesang an, und die Musiker hinter ihm fielen in den Refrain ein. Es war eine sehr eindrucksvolle Szene mit all den brennenden Butterlampen, dem Klingeln der Glocken und den vielen Blüten, die auf dem Wasser trieben. Eine halbe Stunde lang fühlten wir uns in eine andere Welt versetzt, in eine Welt religiöser Inbrunst und ohrenbetäubenden Lärms, in welcher der Fluss die große Mutter war und unsere Reise eine heilige Pilgerfahrt. Der Pujare machte uns ein Zeichen, hinzuknien, und dann drückte er uns die Stirn in den feuchten Sand. Auf unerklärliche Weise schien meine ständige Niedergeschlagenheit schwächer zu werden. Nachts in meinem Zelt klangen Gesang und Gebete noch in meinen Ohren nach, und ich fühlte mich seltsam erregt und wie zu neuem Leben erweckt. Die Traurigkeit der vergangenen zweieinhalb Jahre war von mir abgefallen, und das Leben erschien mir wieder lebenswert.

Die nächste Station nach Varanasi war der Palast

des Maharadschas von Benares, ein imposanter, reich verzierter Bau in Rosa und Terrakotta, der wenige Kilometer hinter der heiligen Stadt am Ufer des Ganges steht. Auf einem großen Balkon vor dem marmornen Thronsaal mit seinen Kristallleuchtern, kostbaren Teppichen und Tigerfellen war für uns der Tisch gedeckt. Der Ausblick auf den Fluss war überwältigend. Unser Gastgeber, der Maharadscha, rührte die Speisen nicht an, denn seine erhabene Stellung erlaubte nicht einmal, dass er mit seiner eigenen Familie zusammen aß, geschweige denn mit uns. Halb im Scherz schlug er vor, wir sollten ihm nach unserer Reise eins der Jetboats schenken.

Bei der bekannten Stadt Rishikesh, in der schon viele berühmte Leute in Ashrams gelebt haben, stießen wir auf die ersten ernst zu nehmenden Stromschnellen. Die ersten beiden meisterten wir ohne Schwierigkeiten. Aber dann, ein paar Kilometer weiter, hörten wir einen gewaltigen Lärm von tobendem Wasser, und als wir um eine Biegung kamen, bot sich uns ein erschreckender Anblick – ungeheure Wassermassen stürzten in riesigen Wellen herab und schossen in Querströmungen durcheinander. Der Gischt sprühte haushoch. Würden unsere Boote damit fertig werden? Es war schon spät am Nachmittag, und so beschlossen wir, uns dieses Problem für den nächsten Tag aufzuheben und auf dem weißen Ufersand unser Nachtlager aufzuschlagen. Wir fanden eine schöne Stelle mit reichlich Treibholz, weitab von allen Menschen. In der Abendkühle saßen wir ums Feuer und sprachen über Berge und Flüsse und alles Mögliche – nur nicht über die Stromschnellen vor uns.

Es war ein sonniger Morgen. Wir hatten beschlossen, dass ein paar von uns einen Teil der Ausrüstung am Ufer entlang bis oberhalb der gefährlichen Stelle tragen sollten. In jedem Boot sollten nur zwei Mann fahren. Jon attackierte die Stromschnelle als Erster, wurde aber von großen Wellen ausgebremst.

»Es gibt nur eine Möglichkeit«, sagte er. »Erst muss man ans rechte Ufer, dann quer über den Fluss und am linken Ufer aufwärts fahren, und schließlich irgendwie durch die Mitte entkommen.«

Wir verfolgten seine Fahrt mit den Augen; manchmal verschwand er zwischen hohen Wellen, dann wieder wurde sein Boot in die Luft geschleudert oder vom Gischt eingenebelt. Und von Zeit zu Zeit übertönte das Brüllen seines Motors das Tosen des Wassers. Schließlich erreichte er ruhigere Gewässer und machte am Ufer fest.

Jetzt waren Jim und ich dran, und mir krampfte sich der Magen zusammen. Jim steuerte am rechten Ufer entlang, bis es Zeit war, den Fluss zu queren. Die gewaltigen Wellen warfen uns in die Luft; Jims Fuß rutschte vom Gaspedal ab, und wir glitten eine riesige Woge seitlich hinunter. Jetzt ist es aus mit uns, dachte ich. Aber Jim konnte den Motor schnell wieder anlassen und das Boot unter Kontrolle bringen. Bald erreichten wir das linke Ufer, ziemlich durcheinander, aber fürs Erste gerettet. Jim steuerte wieder flussaufwärts und hielt sich dabei eng am linken Ufer, um den riesigen Wellen in der Mitte auszuweichen. Die Strömung war so stark, dass er Vollgas geben musste. Jetzt lagen große Felsen vor uns, und wir mussten in die Mitte. Auf einer hohen Welle schwang Jim das Boot dorthin; es schoss in die Höhe, und der Gischt ertränkte uns beinahe. Mühsam kämpften wir uns zur Flussmitte, und jetzt wurden die Wellen seltener, die Wasseroberfläche glättete sich, wir nahmen wieder Tempo auf und steuerten erleichtert das linke Ufer an. Geschafft!

Noch vier Tage lang arbeiteten wir uns flussaufwärts, wanden uns im schäumenden Wasser zwischen Felsen hindurch und kämpften uns durch enge, tosende Schluchten. An jedem Ort, den wir passierten, hatten sich Tausende von Menschen versammelt, um uns zu begrüßen. Sie waren zum Teil bestimmt tagelang marschiert. Der Fluss wurde immer wilder, und am vierten Tag waren wir am Ende unserer Jetboat-Fahrt angelangt. Nur wenige hundert Meter von der Stadt Nandaprayag entfernt, folgten wir dem Fluss um eine Kurve und sahen uns einem über drei Meter hohen Wasserfall gegenüber, der von einem Ufer zum anderen reichte. Den konnten wir mit unseren Booten, so tüchtig sie waren, keinesfalls bezwingen. Unsere Enttäuschung hielt sich in Grenzen; schließlich waren wir weiter gekommen als erwartet. Wir befanden uns in 2400 Kilometer Entfernung von unserem Ausgangspunkt am Meer und 900 Meter über Meereshöhe.

160 Kilometer lagen noch vor uns, und diesen Teil unserer Pilgerreise wollten wir zu Fuß angehen. Wir wanderten und kampierten und wanderten wieder weiter; und oft kühlten wir die blasenbedeckten Füße im Wasser. Über endlose Serpentinen ging es hinauf zur 3000 Meter hoch gelegenen heiligen Stadt Badrinath. Jetzt mussten wir nur noch einen Gletscher hinaufsteigen und einen Gipfel bezwingen, um unsere Reise zum Himmel zu vollenden. Wir errichteten unser Basislager in 4500 Meter Höhe auf einem Felsband, nur 500 Meter unterhalb des Gletschers. Eigentlich hatten wir eine Menge Zeit, aber wir benahmen uns, als hätten wir es furchtbar eilig. Ein paar von uns litten schon unter der Höhe, aber die Kräftigeren drängten vorwärts.

Ich war nicht ganz bei der Sache, deshalb protestierte ich nicht, als wir am 12. Oktober aufbrachen, um das Hochlager zu errichten. Am Anfang kamen wir gut voran, aber dann wurde es steiler, und es gab mehr Überhänge. Es folgte eine lange, steile Eis- und Schneerinne, in der wir ein Sicherungsseil angebracht hatten. Ich hatte mir eine vergleichsweise leichte Last aufgeschultert, aber schon das war mehr als genug. Ich begann zu grübeln, was ein übergewichtiger, niedergeschlagener Achtundfünfzigjähriger hier oben überhaupt zu suchen hatte. Einen steilen Schneehang hinauf und dann eine lange Traverse nach links, sehr exponiert. Und jetzt ein langes Gletschertal, das mit tiefem, weichem Schnee gefüllt war. Es schien kein Ende zu nehmen, ich hatte die größte Mühe, einen Fuß vor den anderen zu setzen, und musste oft Pausen einlegen. Ich war unendlich erleichtert, als ich über einen kleinen Felsrücken kam und den Platz für unser Hochlager erreichte. Trotz meiner Erschöpfung konnte ich den schönen Ausblick würdigen: das breite Schneefeld vor uns und den prächtigen Gipfel unseres eigentlichen Ziels, des Akash Parbat. Aber ich hatte eine sehr schlechte Nacht, und als ich am nächsten Tag aus dem Zelt gekrochen kam, war ich sehr schwach auf den Beinen und krabbelte wieder hinein. Mike Gill, unser Arzt, gab mir irgendeine Spritze, und ich verlor die Besinnung.

Nur langsam erwachte ich wieder zum Leben. Das Licht war schwach, und ich merkte, dass ich in einem Schlafsack steckte. Aber am deutlichsten fiel mir auf, dass ich anscheinend an Felsbrocken stieß. Gedämpfte Stimmen waren zu hören. Ich sagte etwas, und sofort endete die Bewegung. Der Schlafsack wurde aufgemacht, und ein Gesicht erschien in der Öffnung. Das Gesicht sagte so etwas wie: »Meine Güte! Er lebt noch!« Ich schaute mich um. Ich befand mich unterhalb des Gletschers, unterhalb des steilen Schneehangs, ja sogar unterhalb der langen Schneerinne. Ich war an ein paar Felsen gestoßen, und das hatte mich wieder zum Leben erweckt. Mein Schlafsack war mit Kletterseilen verschnürt, und meine Kameraden trugen mich an diesen Seilen zu Tal. Jetzt schauten alle sehr fröhlich drein – ich vermute, sie hatten mich schon aufgegeben gehabt.

Sie schleppten mich weiter, doch als ich wieder ganz bei mir war und wir auf einfacheres Gelände kamen, versuchte ich wieder selbst zu gehen. Ich war jedoch sehr schwach und musste halb getragen werden. Abends, in unserem improvisierten Lager in 4700 Meter Höhe, erfuhr ich dann alles. Sie hatten mich am Morgen kalt und starr in meinem Zelt gefunden. Mike diagnostizierte, dass ich wahrscheinlich ein Zerebralödem hatte, also Wasser im Hirn, was bedeutete, dass ich möglichst schnell hinuntergebracht werden musste. Also ließen sie mich in meinem Schlafsack, banden Seile darum und bugsierten mich den Hang hinab. Ihre Leistung unter so schwierigen Bedingungen war bemerkenswert, und ich war ihnen unendlich dankbar.

Inzwischen war Murray Jones nach Badrinath geeilt und hatte einen Rettungshubschrauber organisiert, der jetzt herunterkam und mit einer seiner Kufen auf einem Felsen aufsetzte. Die Tür öffnete sich, eine Hand winkte, Mike schob mich rasch hinein und sprang dann hinterher. Wenige Sekunden später flogen wir schon in Richtung Badrinath. Von dort schaffte man mich und Mike trotz meines Protestes zur gründlicheren Untersuchung in ein großes Krankenhaus in Bareilley im Tiefland. Als wir endlich nach Badrinath zurückkehren konnten, waren auch die anderen aus dem Gebirge zurück, nachdem sie den Akash Parbat bestiegen und auf seinem Gipfel Wasser aus Ganges Sagar verspritzt hatten. Das sollte der zeremonielle Abschluss unserer Reise vom Meer zum Himmel sein.

Trotz meiner Probleme mit der Höhe war es eine wunderbare Unternehmung gewesen. Wir hatten wieder einmal etwas getan, das vor uns noch keiner versucht hatte. Außerdem waren wir zum Herzen Indiens vorgedrungen und hatten viel über seine Kultur und Religion gelernt. Die geheimnisvolle Welt der Mutter Ganges hatte uns völlig in ihren Bann gezogen.

16

Ehrenvorsitzender

In der Nachmonsunzeit 1979 war ich wieder im Himalaja, und auch mein Sohn Peter befand sich mit einem kleinen Bergsteigerteam dort. Sie wollten die imposante Westwand des Ama Dablam (6856 Meter) durchsteigen. Manchmal fragte ich mich schon, warum er sich unbedingt auf derart schwierige Unternehmungen einlassen musste. Seine Erfolge an der Universität waren eher bescheiden gewesen – da war er ganz der Vater –, aber ansonsten hatte er schon allerhand vorzuweisen. Im Winter arbeitete er als Skilehrer; er war ausgebildeter Pilot, und in den letzten Jahren hatte er als Kletterer immer größeren Ehrgeiz entwickelt und sich in den neuseeländischen Alpen und im Yosemite durch schwierige Touren einen guten Ruf erworben. Aber vor allem lockte ihn der Himalaja.

Während der Einweihungszeremonie für das Krankenhaus in Paphlu erhielt ich die Nachricht, dass es in der Westwand des Ama Dablam ein Unglück gegeben habe. Einer der Bergsteiger sei tot, ein anderer schwer verletzt. Ich musste unbedingt nach Kunde, um zu erfahren, ob

Peter noch am Leben war. Ich bat den Piloten, der den Direktor des nepalesischen Gesundheitswesens zur Eröffnung hergeflogen und mir die Nachricht übermittelt hatte, ob er mich zum Flugplatz von Syangboche bringen könnte. Er tat es und ersparte mir so einen viertägigen Fußmarsch. In der Klinik von Kunde umarmte mich die Frau des Arztes und sagte: »Alles okay, Ed. Peter hat allerhand Verletzungen, aber er lebt. Der Hubschrauber wird ihn gleich bringen.«

Als der Helikopter kam, stieg ich zu Peter hinein, und weiter ging es nach Katmandu, wo er noch am gleichen Abend operiert wurde. Er hatte Glück gehabt, doch er glaubte immer noch daran, dass die Westwand des Ama Dablam bezwingbar sei. Ich sagte nichts dazu. Solche Entscheidungen musste er allein treffen. Und Peter machte tatsächlich weiter. Er bestieg den Everest, das Vinsonmassiv in der Antarktis und den Aconcagua in Südamerika und hatte damit die höchsten Berge dreier Kontinente bezwungen. Am K2 war er dem Tod sehr nahe, als seine sieben Kameraden von einem Sturm in die Tiefe gerissen wurden. Von allen seinen Aktivitäten hat mich aber am meisten beeindruckt, dass er Hunderte von jungen Leuten in den Himalaja geführt hat, um bei unseren Projekten zu helfen.

Peter Mulgrew hatte sich mit seiner Behinderung einigermaßen arrangiert und war geschäftlich sehr erfolgreich. Aber er und June hatten sich auseinander gelebt und schließlich getrennt. June beschäftigte sich jetzt mit der Organisation und Leitung von Treckingtouren in Nepal und Kaschmir. Ich hatte wenig Kontakt mit beiden, weil mich mit Peter keine so enge Freundschaft wie in früheren Tagen verband. Er wäre sowohl zum Mount Herschel als auch zur Jetboatreise auf dem Ganges gern mitgekommen, doch ich hatte ihn nicht dabeihaben wollen. Er erbrachte zwar trotz seiner Prothesen erstaunliche

Leistungen, aber ich wusste, dass er einige der anderen Teilnehmer nicht leiden konnte, und wollte keinen Unfrieden in der Mannschaft haben. Als ich dann doch endlich mitbekam, wie es um die Ehe der Mulgrews stand, suchte ich den Kontakt mit June. Ich war allein und sie auch, und es ging uns allen beiden nicht besonders gut. Und so trafen wir uns öfter, aßen gelegentlich zusammen und unternahmen in Begleitung ihres afghanischen Hirtenhundes lange Wanderungen an der Küste von Piha. Wir wurden gute Freunde.

Air New Zealand unternahm regelmäßig Touristenrundflüge zum McMurdo-Sund. Peter Mulgrew und ich waren abwechselnd dabei, um den Fluggästen die großartige Landschaft zu erklären. Wenn man Glück hatte, konnte man den Mount Erebus und den Mount Terror sehen. Am 29. November 1979 erhielt ich einen Anruf von der Presse: In der Antarktis habe es ein Flugzeugunglück gegeben, und niemand habe überlebt. Mir war sofort klar, dass Peter unter den Toten sein musste. Ich rief bei June an, und sie bestätigte mir die schreckliche Wahrheit. Die Maschine war in den schwierigen Sichtverhältnissen des Whiteout auf dem Sattel zwischen Erebus und Terror zerschellt. Trotz unserer Entfremdung betrauerte ich Peters Tod von ganzem Herzen. Wir hatten viel gemeinsam erlebt – in der Antarktis, im Himalaja und in Neuseeland – und waren gute Freunde gewesen. Niemand würde je seinen Platz einnehmen können.

Der Amerikaner Richard Blum, genannt Dick, war ein erfolgreicher Banker und großer Sportler mit umfangreichen Kenntnissen über China und Nepal. Er unterstützte den Himalayan Trust und verschiedene Projekte des Dalai-Lama. Es gelang ihm, von den Chinesen die Erlaubnis für eine Expedition zu bekommen, die das Ziel hatte, die Ostwand des Everest zu ersteigen – eine Feder, die sich jeder Bergsteiger gern an den Hut gesteckt hätte. Dick lud mich ein, als »Ehrenvorsitzender« mitzukommen, vermutlich in der Hoffnung, mein Name könnte nützlich sein, wenn es darum ging, das nötige Geld aufzutreiben. Aufgrund meiner schlechten Erfahrungen mit der Höhe hätte ich natürlich ablehnen müssen, aber Dick malte mir die Sache in den rosigsten Farben aus, und die Aussicht, Tibet zu sehen, war einfach zu verlockend. Vielleicht würde es diesmal ja gut gehen – und ich wollte sowieso nicht über 5000 Meter hinaufsteigen. Also sagte ich schließlich ja. Manche Menschen lernen eben nie dazu.

Im August 1981 traf ich das Team in Hongkong; es waren lauter erfahrene amerikanische Bergsteiger mit Lou Reichardt an der Spitze. Lou war der typische Wissenschaftler, hatte aber den K2 bestiegen und war bekannt für seine Ausdauer und seine Fähigkeit, sich zu akklimatisieren. Es war das erste Mal, dass ich an einer Expedition teilnahm, die nach dem Motto verfuhr, Entscheidungen demokratisch zu fällen unter der Aufsicht des Expeditionsleiters. Ich bin der festen Überzeugung, dass jedes Mitglied der Gruppe immer die Möglichkeit haben sollte, seine Meinung zu äußern, aber es gibt Situationen auf einer solchen Tour, in der die Entscheidung eines Einzelnen, am besten des Leiters, gefragt ist. Diese Einstellung mag heute unpopulär sein, aber viele Tragödien am Berg wären sicher zu vermeiden, wenn man sie befolgte. Auch unsere Expedition litt immer wieder unter den langwierigen und hitzigen demokratisch geführten Entscheidungsprozessen.

Von Hongkong flogen wir nach Chengdu, wo unser chinesischer Verbindungsoffizier, Herr Wang, und unser chinesischer Koch, Herr Tsao, zu uns stießen. Von dort brachte uns ein einfaches russisches Flugzeug nach Lhasa, das 3600 Meter hoch liegt. Die Höhe machte manchem zu schaffen, aber trotzdem besichtigten wir gleich nach unserer Ankunft den Potala-Palast, der in seiner ganzen Pracht nur von acht Menschen bewohnt wurde. Welch ein Unterschied zu früheren Zeiten, als er Mittelpunkt und Herz des tibetischen Buddhismus war!

Zu meiner größten Freude erfuhr ich, dass sich auch Tensing in Lhasa aufhielt. Wir hatten viele gute Gespräche, und er erzählte mir, dass er mit der Entwicklung, die sein Leben genommen hatte, nicht zufrieden war. Er blieb in Lhasa, weil er hier ein einigermaßen angenehmes Leben führen konnte, aber er vermisste die Freiheit und die Möglichkeiten, die ich zu haben schien und die mein Leben aktiv und interessant machten. Ich versuchte ihm Mut zu machen, die Dinge selbst in die Hand zu nehmen. Diese ernsthaften Unterhaltungen festigten unsere tiefe Freundschaft, und wir schieden in herzlichem Einvernehmen.

Am 18. August 1981 verließen wir Lhasa mit einem Bus und einigen Lkws. Die Straße wand sich steile Hänge hinauf und wieder hinunter in tiefe Täler. Wir kamen durch die trockene tibetische Hochebene, aber es gab auch fruchtbare Gegenden. Schließlich erreichten wir Gyantse, eine große Stadt mit einem gut erhaltenen buddhistischen Heiligtum, das die Chinesen unerklärlicherweise verschont hatten. Zwei Tagesreisen weiter, in der Stadt Shigatse, trafen wir die zwölf tibetischen Träger, die mit uns ins Basislager kommen sollten. Es waren große, starke junge Männer, die sicher viel zu leisten imstande waren, aber nicht die leichtherzige Fröhlichkeit unserer Sherpas besaßen. Ich merkte bald, dass diese jungen Tibeter die chinesischen Besatzer hassten. Und weil wir Schützlinge der Chinesen waren, mochten sie auch uns nicht. Ich kann mich nicht erinnern, dass einer dieser Träger je ein Lächeln erwidert hätte.

Wir verließen Shigatse mit vier Lkws, einem Bus und einem Jeep, kamen über einen hohen Pass und in ein breites Tal, in dem Tausende von Schafen weideten. Wir machten Stopp in einem chinesischen Militärcamp, wo wir mit großer Gastfreundschaft empfangen wurden, tankten auf, aßen etwas und fuhren dann weiter. Wieder ein Pass und wieder ein Tal, und diesmal erblickten wir zahlreiche Yaks und die Zelte der Hirten. Schließlich kamen wir auf ein hoch gelegenes, braunes Plateau. Das war es, was wir von Tibet erwartet hatten, denn nicht fruchtbares Land, sondern karge, öde Ebenen hatten wir so oft von hoch oben in Nepal aus gesehen. In dieser Ödnis lag Shegar, eine typische tibetische Stadt in 4300 Meter Höhe mit niedrigen Häusern, alles ein bisschen staubig und schäbig. Wir bezogen unser einfaches Hotel, und da ich die Höhe zu spüren begann, kroch ich bald ins Bett.

Mit der Abfahrt aus Shegar am 20. August fing das Abenteuer erst richtig an. Die Straße über den hohen Pass nach Kharta war so schlecht, dass der Bus nicht zu gebrauchen war, und so holperten wir in den Lkws durch die karge Landschaft. Die Straße war nur mehr eine Fahrspur voller Schlaglöcher, die sich in Serpentinen in die Höhe wand. Meist fuhren wir im ersten Gang. Anfangs passierten wir noch grüne Gerstenfelder, primitive Dörfer und ein paar Dutzend Maultiere, die mit Wacholderzweigen beladen waren. Dann wurde das Land immer unfruchtbarer und steiler, und das spärliche Gras reichte nur noch für ein paar Yaks. Je höher wir kamen, desto öfter hatten wir Pannen, aber schließlich erreichten wir doch die Passhöhe von 5100 Metern und konnten einen ersten Blick auf die Nordseite des Everest werfen. Der Gipfel war umwölkt, aber die Gletscher waren gut zu sehen.

Jetzt führte die Straße etwa 1200 Meter steil hinunter. Diese Fahrt wird mir immer unvergesslich bleiben. Mit Gerumpel, Geholper und kreischenden Bremsen ging es durch Schlaglöcher und über Felsbrocken, auf einer Sei-

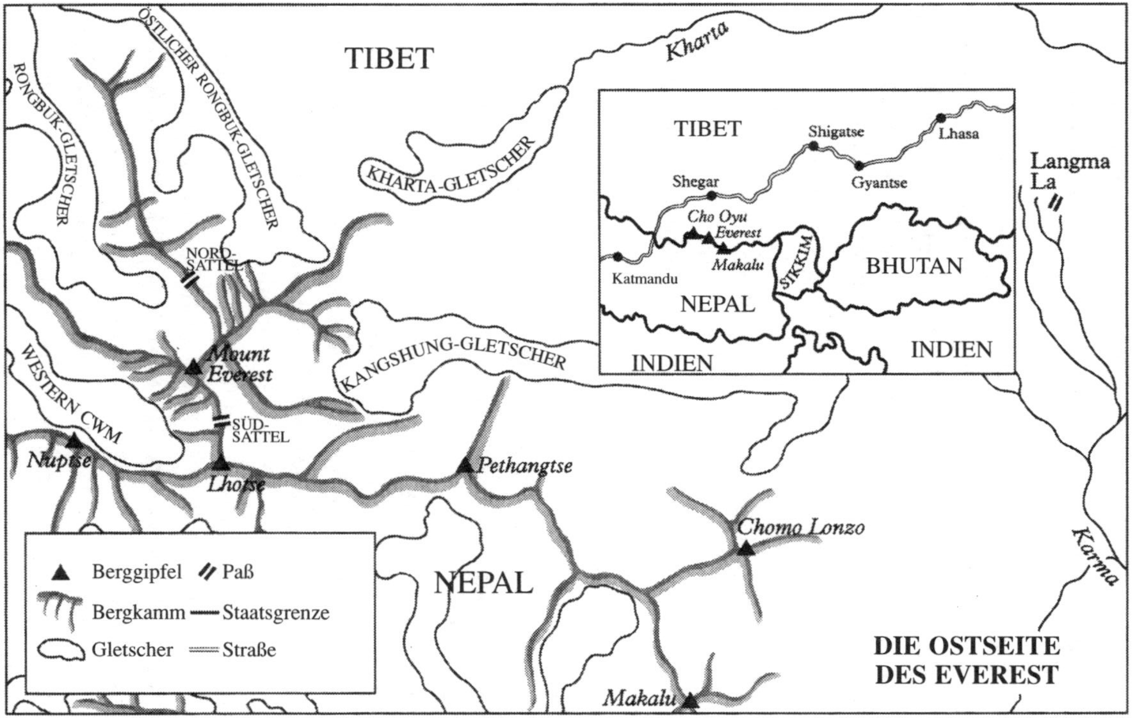
TIBET
Kharta
RONGBUK-GLETSCHER
ÖSTLICHER RONGBUK-GLETSCHER
KHARTA-GLETSCHER
NORD-SATTEL
Mount Everest
KANGSHUNG-GLETSCHER
WESTERN CWM
SÜD-SATTEL
Nuptse
Lhotse
Pethangtse
Chomo Lonzo
NEPAL
Makalu
Langma La
Karma
TIBET
Shigatse
Lhasa
Shegar
Gyantse
Cho Oyu
Everest
Makalu
Katmandu
SIKKIM
BHUTAN
NEPAL
INDIEN
INDIEN
Berggipfel
Paß
Bergkamm
Staatsgrenze
Gletscher
Straße
DIE OSTSEITE DES EVEREST

te die Felswand, auf der anderen der Abgrund. Die Fahrer legten nicht etwa einen niedrigen Gang ein, sondern verließen sich allein auf ihre altersschwachen Bremsen. So manche Spitzkehre schafften wir nur um Haaresbreite. Dicks Wagen blieb einmal mit einem Rad überm Abgrund hängen und konnte nur unter größten Schwierigkeiten zurückstoßen und wieder auf die Straße kommen. Wir waren um ein paar graue Haare reicher, als wir endlich im Tal waren. Es war breit, fruchtbar und baumbestanden und barg eine große Ortschaft. In der Mitte floss ein breiter Strom, der Rongbuk chu.

Für kurze Zeit ging die Fahrt durch Gerstenfelder, vorbei an kleinen Ortschaften und zerstörten Klöstern. Dann wurden unsere Fahrer – und unsere Nerven – erneut auf die Probe gestellt, als sich das Tal zu einer schmalen Schlucht verengte und die Laster zwischen Felswand und tobendem Fluss entlangrumpelten. Die schäumenden Wogen klatschen manchmal bis auf die Straße, und der Gischt nahm uns die Sicht. Aber wenn der schmale Fahrweg weiter oben aus der Felswand herausgehauen war, war uns das auch nicht lieber: Der Blick nach unten war äußerst beunruhigend. Nachmittags verließen wir den Rongbuk chu und fuhren seinen Nebenfluss Kharta hinauf. Die Veränderung der Landschaft war beeindruckend – die schroffe Schlucht weitete sich zu einem wunderbaren Tal mit einem rauschendem Flüsschen und grünen Weiden. Eine halbe Stunde später erreichten wir unser Ziel, die 3800 Meter hoch gelegene Ortschaft Kharta.

Alle waren müde und gereizt, und als die fünf Lkws entladen werden sollten, entspann sich eine hitzige Diskussion. Schon in Lhasa hatte es wilde Debatten über die nächsten Schritte gegeben, und nun bekam ich eine zweite Kostprobe von den Problemen einer gemeinsamen Entscheidungsfindung. Morgen würde es richtig losgehen, wurde lautstark getönt, mit neuem Elan. Dann sollten

Yaks, Träger und die Expeditionsmitglieder selbst die Lasten das Tal hinauftragen. Doch was war mit den Vorbereitungen, fragte ich mich erstaunt. Mit dem Sichten der Bestände, der Verteilung der Ausrüstung, dem Zusammentreiben der Tiere und dem Verstauen des Gepäcks? Am nächsten Tag bekam ich die Antwort. Lediglich sieben der fünfzig Yaks waren aufzutreiben. Ich konnte mir ein Grinsen nicht verkneifen.

Drei Tage vergingen, bis wir endlich wieder starten konnten. Ab jetzt ging es zu Fuß weiter; es war ein langer Anmarsch. Die ersten Tage waren unangenehm wegen der Monsunregen, der ständigen Feuchtigkeit und des Nebels. Aber als die Dunstglocke endlich aufriss, ragten die schneebedeckten Gipfel des Everest, des Lhotse und des Chomo Lonzo in aller Pracht vor uns auf. Die Begeisterung verlieh uns neuen Schwung. Wir erreichten bald das untere Ende des Kangshung-Gletschers, zogen noch ein paar Stunden weiter und errichteten ein Lager, das wir Yak-Lager nannten. Wir waren jetzt auf 4500 Metern, und ich vertrug die Höhe gut.

Aber der nächste Tag war lang und anstrengend. Wir stiegen stetig aufwärts, und ich wurde immer langsamer. Nach sieben Stunden taumelte ich in unser Basislager auf 5100 Metern. Die Aussicht war spektakulär. Direkt vor uns türmte sich die großartige, noch unbestiegene Ostwand des Everest auf, eine Furcht erregende Mischung aus spaltendurchzogenen Eisflächen und tödlichen Rinnen, durch die unablässig Lawinen donnerten. Aber wir glaubten, eine mögliche Route ausmachen zu können. Zwischen den Lawinengebieten ragte eine Felswand bis auf 6000 Meter hinauf – aber sie sah verdammt schwierig aus.

Das Wetter war immer noch schlecht. Während sich unsere Bergsteiger daranmachten, die Route vorzubereiten, hing ich mit ständigen Kopfschmerzen im Lager herum. Am 1. September schickte mich unser Arzt, Jim Morrissey, ins tiefer gelegene Yak-Lager. Dort ging es mir deutlich besser, aber schon nach ein paar Tagen wurde es mir zu langweilig, und ich stieg wieder zum Basislager auf. Die Bergsteiger hatten inzwischen gute Fortschritte gemacht, aber das schlechte Wetter wurde allmählich zu einem ernsten Problem.

Am 13. September musste ich mich plötzlich übergeben. Ich lag den ganzen Nachmittag auf meinem Bett und hatte wirre Halluzinationen. Ich glaubte, an einem eisigen Abhang zu kauern, und rings um mich herum gingen mit großem Getöse Lawinen ab, aber ich hatte keine Angst vor dem Tod. Erst am Abend bemerkte Jim Morrissey, dass ich ernsthaft krank war, und umsorgte mich die ganze Nacht. Ich bekam Sauerstoff, aber das machte es kaum besser. Am Morgen hatte ich furchtbare Kopfschmerzen, sah alles doppelt und konnte nicht mehr deutlich sprechen. Jim entschied, dass ich so schnell wie möglich aus der Höhe gebracht werden musste, und beschloss, mich zu begleiten.

Ich konnte zwar gehen, hatte aber keine Ahnung, wo wir waren und welche Berge uns umgaben. Nach langen Stunden erreichten wir eine Wiese, wo uns fünf Träger von unten entgegenkamen.

Und weiter ging es auf einem schmalen, abschüssigen Pfad hoch über dem Kangshung-Gletscher und dem Karma. Ich war ziemlich wacklig auf den Beinen, aber ich wusste, dass ich hinuntermusste, wenn ich überleben wollte. Allmählich konnte ich wieder normal sehen, aber noch nicht klar denken, und die Kopfschmerzen hielten auch an. Doch vor uns lag noch ein 5500 Meter hoher Pass. Nach Tagen äußerster Anstrengung schleppte ich mich endlich in die Ortschaft Kharta, wo die Straße anfing. Wie ich in meinem damaligen Zustand einen solchen Gewaltmarsch geschafft habe, ist mir heute noch ein

Rätsel, und ich bin Jim Morrissey zutiefst dankbar für alles, was er für mich getan hat.

Die Bergsteiger hatten inzwischen die Felswand überwunden und waren bis auf 6500 Meter vorgedrungen, aber die Wetterbedingungen waren so ungünstig, dass sie das Unternehmen hatten abbrechen müssen.

Gemeinsam mit Dick Blum trat ich die lange Heimreise an und landete an einem warmen Frühlingsmorgen in Auckland. Die Kopfschmerzen verschwanden allmählich, und kaum ging es mir besser, plante ich schon neue Abenteuer. Aber eins war klar: Die Zeit der hohen Berge war für mich endgültig vorbei.

Ich war überrascht, wie sehr ich mich freute, June Mulgrew wieder zu sehen. Aber eigentlich war es ja kein Wunder. Wir waren beide ohne Partner und kannten uns schon eine Ewigkeit. Wir hatten viel gemeinsam, besonders die Liebe zu den Sherpas und unser Engagement für sie. Das heißt nicht, dass ich Louise und Belinda vergessen hätte – das war nicht möglich –, aber Junes Gesellschaft und Kameradschaft bereitete mir große Freude. Meine Depressionen verschwanden allmählich, und mein Leben trat in eine neue, glücklichere Phase ein. Die schrecklichen sechs Jahre, die hinter mir lagen, begannen sich zu verflüchtigen wie ein böser Traum.

17

Als Hochkommissar in Indien

Ich brauchte ein paar Monate, um mich völlig von meiner Höhenkrankheit zu erholen. Schließlich machten June und ich noch einen zehntägigen Urlaub auf der Fidschiinsel Toberua. Dann stürzte ich mich mit neuer Kraft in die verschiedenen Projekte des Himalayan Trust in Nepal. June begleitete mich auf allen Reisen und war mir eine wichtige Ratgeberin. Mein Bruder Rex arbeitete sehr effektiv mit Mingma Tsering zusammen, und es wurden laufend neue Schulen und Krankenhäuser gebaut. Auch andere Trustmitglieder unterstützten den Aufbau tatkräftig. Besonders die Sicherstellung finanzieller Unterstützung verlangte großen Einsatz, denn unser Geldbedarf hatte sich seit den Anfängen vervielfacht; die Anzahl der Projekte wuchs stetig, und die Löhne und Materialpreise stiegen unaufhaltsam, auch wegen der Entwicklungen des Wechselkurses.

Dick Blum gründete die American Himalayan Foundation, eine Organisation, die für den Himalayan Trust eine große Hilfe war und deren einer Direktor ich wurde. Sie veranstaltete jedes Jahr ein großes und teures Dinner mit ausgesuchten Festrednern. Einmal hielt sogar der Dalai-Lama eine Gastrede, und an diesem Abend machten wir einen Gewinn von 150 000 US-Dollar. Im Jahr darauf fragte mich Dick, ob ich nicht den Part des Vortragenden übernehmen wollte. Ich hatte meine Zweifel, sagte aber schließlich zu. Das Publikum war fantastisch, und es kamen 75 000 Dollar zusammen. Immerhin halb so viel wert zu sein wie der Dalai-Lama, empfand ich als große Befriedigung.

Inzwischen hatten wir viele Einzelpersonen, Firmen und Organisationen in aller Welt dafür gewinnen können, uns finanziell zu unterstützen. Im Rahmen dieser Bemühungen statteten June und ich den größten Fundraisern ein- bis zweimal im Jahr einen Besuch ab, und bald hatte es sich eingespielt, dass wir vier Monate im Jahr unterwegs waren. Das war anstrengend, aber auch befriedigend, und wir gewannen viele neue Freunde. Vor allem aber gewährleistete unser Engagement, dass unsere Projekte zu keinem Zeitpunkt vor dem finanziellen Aus standen. Manchmal frage ich mich, was werden soll, wenn ich diese Aufgabe eines Tages nicht mehr erfüllen kann.

Mit jedem Jahr wurden Naturschutz und Wiederaufforstung wichtigere Aufgabengebiete für mich. Ich wurde einer der internationalen Direktoren des World Wildlife Fund, und June und ich nahmen an einem wunderbaren Kongress in Assisi teil. Beim Festmahl durfte June an der Seite des Herzogs von Edinburgh sitzen, was den Abend für sie zu einem großen Erlebnis machte. Und auch mir wurde bald darauf eine große Ehre zuteil, als mich der angesehene New Yorker Explorers Club zum Ehrenvorsitzenden wählte. Ich hatte die Hoffnung, in dieser Position noch mehr für den Umweltschutz tun zu können.

Im August 1984 waren wir wieder zu Hause in Neuseeland, als uns ein bemerkenswerter Anruf erreichte. »Hier ist David Lange. Spreche ich mit Ed Hillary?« Ich wusste natürlich, wer David Lange war – der neue Premierminister Neuseelands –, aber was sollte er von mir wollen? Misstrauisch fragte ich nach: »Wer?« Diesmal klang die Stimme schon recht ungeduldig: »David Lange.« Ich schluckte, er war es also wirklich. Der Premierminister erklärte mir den Zweck seines Anrufs. Die High Commission, wie die Botschaften in den Commonwealth-Ländern genannt werden, in Neu-Delhi war seit mehreren Jahren geschlossen, weil es Unstimmigkeiten zwischen dem damaligen neuseeländischen Ministerpräsidenten, dem etwas mürrischen Robert Muldoon, und der starrköpfigen indischen Premierministerin Indira Gandhi gegeben hatte. Diesen unhaltbaren Zustand wollte David Lange beenden, weil er große Sympathien für Indien hegte. Er fragte mich, ob ich als neuseeländischer Hochkommissar nach Indien gehen wolle. Von selbst wäre ich nie auf diese Idee gekommen, aber sie gefiel mir sofort. Ich machte keinen Hehl aus meinen Gedanken, erbat mir aber zwei Tage Bedenkzeit. Dann rief ich June an.

Zwei Tage später besuchte ich David Lange in seinem bescheidenen Haus in Mangere und erklärte ihm, ich würde den Posten gerne annehmen, könne aber meine vielen Verpflichtungen in Nepal und auch in den USA nicht so einfach aufgeben.

»Tun Sie, was Sie tun müssen«, erwiderte er, »aber sehen Sie zu, dass Sie die meiste Zeit in Indien verbringen können.«

Das war ein Angebot! »Und was soll ich dort eigentlich tun?«, fragte ich.

»Das, was Sie für richtig halten«, antwortete er.

Nur eins machte mir Sorgen: Ich traute mich nicht, June zu fragen, ob sie mitkommen wollte, denn ich wusste, wie sehr sie an ihrer Familie hing. Aber schließlich sagte sie von sich aus: »Da könnte ich doch mitkommen.« So wurde June zu meiner offiziellen Begleiterin.

Wir landeten am 4. Februar 1985 in Delhi, und ich traf mich gleich nach der Ankunft mit einer Gruppe von Botschaftern und Hochkommissaren zum Mittagessen. Ich lauschte aufmerksam dem kenntnisreichen Insiderklatsch über die politischen Probleme des riesigen Subkontinents und hatte abends das Gefühl, dass ich schwierige diplomatische Probleme niemals derart gelassen würde behandeln können. Doch es sollte nicht lange dauern, bis mir klar wurde, dass ich vielleicht kein Meister der diplomatischen Feinheiten war, dafür aber besser als die meisten meiner Kollegen verstand, wie die Menschen in Indien dachten.

Wir waren noch nicht lange in Delhi, als wir schon wieder in den Himalaja mussten und nach einem Fünftagemarsch bergauf und bergab den entlegenen Ort Bung im Osten Nepals erreichten, wo ich versprochen hatte, ein Krankenhaus zu bauen. Wir schufteten schwer, um das Gebäude möglichst schnell zu vollenden, damit ich zu meinen neuen Pflichten in Indien zurückkehren konnte. Das Essen war nicht ganz so abwechslungsreich wie in Neu-Delhi; meist gab es Reis und Hühner-Curry, und als Getränk den selbst gebrannten Rakshi, der in der Kehle wie Feuer brannte. Aber ich fühlte mich bei den freundlichen, gastfreien Menschen wohl.

Zurück in Delhi, musste ich als Erstes dem Präsidenten mein Beglaubigungsschreiben überreichen. Der Protokollchef empfing mich am Tor der Palastgärten und ließ mich in einer riesigen alten Luxuslimousine Platz nehmen. Farbenprächtige Reiter begleiteten das Fahrzeug auf beiden Seiten. Ich wurde auf eine Plattform geführt; ein Trupp Gurkha-Soldaten präsentierte die Gewehre mit preußischer Präzision, und eine Armeekapelle spielte die indische und die neuseeländische Nationalhymne. Ich bin eigentlich kein Nationalist, aber als ich in solch feierlicher Atmosphäre meine Nationalhymne hörte, traten mir die Tränen in die Augen. Dann schritten wir unter Trompetengeschmetter eine breite Treppe hinauf und betraten die Empfangshalle, die mir etwa so groß vorkam wie ein Fußballfeld. Ich bemerkte, dass ein einziger handgeknüpfter Teppich den ganzen Fußboden bedeckte, und rätselte, wie der Webstuhl ausgesehen haben mochte, auf dem er gefertigt worden war. Dann verbeugte ich mich vor dem Präsidenten, wir tauschten schweigend die Dokumente aus, und ich führte alle Formalitäten aus, wie man es mir zuvor gesagt hatte. Es war eine sehr eindrucksvolle Zeremonie.

Ich überließ June, die davon mehr verstand, die Einrichtung unseres Hauses und begab mich auf ein kleineres Abenteuer – eine Reise zum Nordpol. In Delhi waren es 45 Grad, als ich abflog, um in Edmonton in Kanada mit meiner Reisegruppe zusammenzutreffen, zu der unter anderen Neil Armstrong, der Kommandant der Apollo XI, mein Sohn Peter und einige reiche Amerikaner gehörten. In einer Boeing 737 flogen wir gemeinsam über den nördlichen Polarkreis hinaus nach Resolute Bay, wo es sehr kalt war. Nachdem wir mit der entsprechenden Kleidung ausgestattet worden waren, ging es am nächsten Morgen weiter zum Lake Hazen, wo wir in einer Hütte übernachteten. Schon der Flug hatte uns wunderschöne Aussichten über die eisige Landschaft gewährt, die in sanftes Polarlicht getaucht war. Neil Armstrong war mir sehr sympathisch, und an diesem Abend unterhielten wir uns lange über Chancen und Abenteuer. Ich fragte ihn, wieso gerade er ausgewählt worden sei, als erster Mensch auf dem Mond zu stehen, und er antwortete: »Das war einfach Glück.«

Am nächsten Morgen flogen wir in zwei Twin Otters

weiter über Ellesmere Island und dann hinaus über das Packeis des Atlantiks. Nach ein paar Stunden landeten die Piloten, um aufzutanken, und mussten dabei den Treibstoff mit der Hand aus den mitgebrachten Fässern in die Tanks pumpen. Wenige Stunden später wiederholte sich die Prozedur, diesmal bei einer Forschungsstation mitten im Eis. Dann ging es zum Nordpol. Die Navigationsausrüstung unserer kleinen Flugzeuge war besser als für diese Maschinen üblich, und so erreichten wir mühelos unser Ziel. Die Piloten fanden einen einigermaßen ebenen Streifen zwischen Kämmen von hochgeschobenem Presseis und legten eine sichere, wenn auch holprige Landung hin. In großer Erregung stolperten wir auf dem Eis umher. Die Temperatur betrug minus 45 Grad, das waren 90 Grad weniger, als ich noch vor wenigen Tagen in Delhi erlebt hatte. Packeis erstreckte sich in allen Richtungen bis zum Horizont, nur manchmal unterbrochen durch Wälle von Presseis. Es fiel schwer, zu glauben, dass das Eis nur dreieinhalb Meter dick war und sich darunter die Tiefe des Ozeans erstreckte. Welch ein Unterschied zum Südpol, der auf 2830 Meter dickem Eis lag! Eine Flasche Champagner wurde geöffnet, aber bevor wir die Gläser an den Mund setzen konnten, war der Champagner schon fest gefroren.

Eineinhalb Stunden später kletterten wir schon wieder an Bord. Es war nicht gerade das ganz große Abenteuer gewesen, aber ich sagte mir zufrieden, dass ich wahrscheinlich der erste Mensch war, der sowohl auf dem Süd- als auch auf dem Nordpol gestanden hatte, und obendrein noch auf dem Mount Everest.

Ich kehrte nach Delhi zurück und hatte zum ersten Mal in meinem Leben einen geregelten Bürojob. Doch ich war nicht gerade mit Arbeit überlastet, denn es gab eigentlich kaum Unstimmigkeiten zwischen Indien und Neuseeland.

Ich hatte guten Kontakt zu allen bedeutenden Amtsträgern und konnte die Handelsbeziehungen zwischen unseren Ländern schnell verbessern. Besonders zu den Kommissaren der englischsprachigen Länder knüpfte ich enge Verbindungen, und von unseren monatlichen Treffen zum Lunch kam ich regelmäßig mit den wichtigsten Informationen ausgestattet in mein Büro zurück, wo ich sie umgehend per Fax nach Neuseeland weitergab. Meine Kollegen taten es mir mit Sicherheit gleich.

Von größtem Wert war für mich die enge Verbundenheit mit dem indischen Volk, und wenn mich ein Regierungsmitglied um etwas bat, kam ich der Bitte fast immer nach. »Wir wissen, dass Sie Neuseeländer sind«, pflegten sie zu sagen, »aber Sie sind auch einer von uns.« Tensing Norgay und der Everest hatten mich unauflöslich mit Indien verbunden.

Eines Tages erhielt ich die Nachricht, dass Tensing krank war und in Delhi im Krankenhaus lag. Ich besuchte ihn einige Male, und es betrübte mich, ihn schwach und unglücklich zu sehen. Er habe Probleme mit seinen Lungen, sagte er, und fühle sich in Darjeeling sehr einsam. Seine Frau Daku war meistens als Führerin von Treckingtouren unterwegs, und seine jüngeren Kinder lebten alle in Amerika. In Bergsteigerkreisen ging das Gerücht um, Tensing trinke zu viel – aber das verstand ich nur zu gut.

Am Everest waren wir gute Kameraden gewesen, hatten aber keine tiefere Freundschaft zueinander entwickelt. Seine mangelhaften Englischkenntnisse und mein dürftiges Nepalesisch hatten die Kommunikation erschwert. Doch mittlerweile hatte er sein Englisch verbessert und wir waren uns sehr nah gekommen. Auch diesmal führten wir manches interessante Gespräch. Tensing erzählte mir, wie enttäuscht er sei, dass ihn die indische Regierung nicht so behandelt habe, wie Nehru es ihm vor Jahren versprochen hatte. Er war oft in Amerika und England gewesen und hatte gesehen, wie die Menschen dort lebten. So hätte er auch gern gelebt, aber einen solchen Standard konnte ihm die indische Regierung nicht bieten. Er verbrachte seine letzten Jahre in Unzufriedenheit, geplagt von Selbstzweifeln. Er grämte sich, ob er genug für sein Volk getan hatte, und ich konnte ihm trotz meines Bemühens diese Bedenken nicht nehmen.

Im Mai 1986 erhielt ich die Nachricht, Tensing sei im Alter von 73 Jahren gestorben. Ich war sehr bewegt, und June und ich beschlossen, trotz der unsicheren politischen Lage in Darjeeling zu seiner Beerdigung zu reisen. Wir flogen von Delhi nach Bagdogra, wo uns ein Captain der Army, ein Fahrer und ein altertümlicher Jeep erwarteten. Sie brachten uns nach Siliguri und dann die steile, gewundene Straße nach Darjeeling hinauf. Wir kamen in ein Dorf, dessen Straße von einer dicht gedrängten, bedrohlich wirkenden Menschenmenge blockiert war. Unser Captain zeigte sich der Lage gewachsen und teilte der Menge mit, Sahib Hillary sei gekommen, um seinem alten Kameraden die letzte Ehre zu erweisen. Der Name Tensing war in den Bergen berühmt, und die Massen teilten sich und ließen uns durch. In Tensings Haus wurden wir herzlich empfangen und mit Tee und Keksen bewirtet. Dann wurden wir ins obere Stockwerk hinaufgeführt, wo Tensing in seinem wunderschönen Privatheiligtum aufgebahrt war. Zum letzten Mal blickte ich in das stille, wächserne Gesicht des Freundes, mit dem ich vor dreiunddreißig Jahren den großen Augenblick auf dem Gipfel des Everest geteilt hatte. Mit einer zeremoniellen Geste legte ich meine Hände um seine.

Die Bestattung fand am folgenden Tag auf dem Gelände des Himalayan Mountaineering Institute statt, das Tensing lange Jahre geleitet und mit Leben erfüllt hatte. Die Leiche, bedeckt mit weißen Schals und Ringelblumen, wurde auf einen Scheiterhaufen gelegt. June und ich erhielten Ehrenplätze auf einem Sofa, neben Tensings Frau Daku. Wir waren die einzigen Ausländer. Norbu, der älteste Sohn, stand am Kopf seines Vaters. Eine Gruppe buddhistischer Mönche stimmte zeremonielle Gesänge an, begleitet vom Rhythmus der Zimbeln. Es herrschte eine fröhliche Atmosphäre, fast wie bei einem Picknick; Tee wurde gereicht, und die Menschen lachten viel. Als Buddhisten glaubten sie an die Wiedergeburt, und so mischten sich Trauer und Freude beim Abschied von diesem Volkshelden.

Als Norbu schließlich den Scheiterhaufen anzündete, begann es heftig zu regnen, und es musste mit viel Butterschmalz nachgeholfen werden, bis das Feuer ordentlich loderte. Tausende von Menschen standen stundenlang geduldig im Regen und verfolgten die Zeremonie, bis schließlich ein gedämpftes Knacken anzeigte, dass Tensings Schädel geborsten war. Der Gesang der Mönche schwoll zu gewaltiger Lautstärke an und symbolisierte damit, dass der Geist jetzt aus dem Körper befreit war.

Im April 1997 wurde im Park des Himalayan Mountaineering Institute ein Standbild von Tensing Norgay errichtet, und ich hatte die Ehre und die Freude, bei der Enthüllung zu sprechen.

In Indien Botschafter zu sein war eine sehr angenehme Erfahrung. Delhi ist bei vielen Diplomaten als Strafposten verschrien, aber uns gefiel es. Unter Junes kundiger Leitung wurde unsere Residenz ein sehr bequemes Heim mit einem Innenhof, einer großen Veranda, schönen Möbeln und Teppichen und einer Klimaanlage. Auf unserem weitläufigen Rasen konnte man wunderbare Partys veranstalten. June hatte unser Personal hervorragend unter Kontrolle, sorgte aber auch gut für die Leute, kümmerte sich um ihre Gesundheit und um die ihrer Familien, verschaffte ihnen anständige Quartiere und bezahlte sie gut.

Viele Gäste zu bewirten will gelernt sein. Einmal luden wir das neuseeländische Cricket-Team, das auf Tournee durch Indien war, zu uns auf einen Drink ein. Wir bekamen Bescheid, dass es sich um vierundzwanzig Leute handelte und dass sie am liebsten neuseeländisches Bier tranken. Ich überprüfte unsere Vorräte und fand 140 Dosen bestes neuseeländisches Exportbier. Das gab pro Person sechs Dosen, was mir mehr als reichlich schien. Die jungen Männer erschienen, erhitzt nach einem langen Spiel, und innerhalb einer Stunde war das ganze Bier weg. Der kühle Weißwein, den wir ihnen nun anboten, wurde dankend abgelehnt. Sie entschuldigten sich höflich und gingen.

Jedes Jahr zu Weihnachten veranstalteten wir ein großes Fest für alle Kinder der Botschaft, und wir versuchten, ihnen immer etwas Besonderes zu bieten. Einmal ließen wir ein Kamel die Geschenke bringen, was großen Jubel auslöste. Im nächsten Jahr kam ein mächtiger Elefant durch das Parktor, und jedes Kind durfte einmal darauf reiten. Erstaunlich genug, dass das im Land der Elefanten eine Sensation war.

June und ich reisten viel im Land umher, besuchten alte Festungen, Paläste und Tempel. Auch die Tigerreservate faszinierten uns. Im Dezember und Januar ist das Klima in Indien angenehm, und weil um diese Zeit in Neuseeland Sommerferien sind, ließen wir oft Junes Familie nach Indien kommen und unternahmen wunderbare Reisen zusammen. Wir wohnten in dem schönen Lake Palace Hotel in Udaipur, reisten durch die Wüste zu der großartigen, von Festungswällen umgebenen Stadt Jaisalmeer und schwammen im warmen Meer von Goa. Im Khanna-Tigerreservat hatten wir ein erstaunliches Erlebnis. Wir ritten auf Elefanten durch die Gegend und hielten Ausschau nach wilden Tieren. Und plötzlich kamen wir an eine kleine Böschung und sahen direkt unter uns einen prächtigen Tiger. Er hatte offensichtlich gerade gefressen, lag völlig entspannt da und ruhte sich aus. Er war vielleicht sechs Meter von unseren Elefanten entfernt, und wir beobachteten ihn eine lange Zeit. Er aber ignorierte uns völlig.

Wir freuten uns immer, wenn wir mit dem Premierminister Rajiv Gandhi zusammentrafen. Er war witzig und umgänglich. David Lange lud ihn zu einem Besuch nach Neuseeland ein, und er schien sich bei uns sehr wohl zu fühlen. Als er in Auckland die Gangway herunterstieg, hatten June und ich den Eindruck, er habe abgenommen. Aber dann wurde uns klar, dass wir ihn zum ersten Mal ohne kugelsichere Weste sahen. In Delhi wussten alle, dass Rajiv Gandhi trotz seiner eindrucksvollen Truppe von Bodyguards nicht alt werden würde. Er war einfach zu leichtsinnig, und es gab zu viele politische Gruppierungen, die ihn aus dem Weg räumen wollten. Als er schließlich in Tamil Nadu einem Bombenattentat zum Opfer fiel, waren wir zwar sehr betrübt, aber nicht überrascht.

Im Februar 1989 erreichte uns die Nachricht, dass das berühmte Kloster Tengpoche am Fuß des Everest, das wichtigste religiöse und kulturelle Zentrum der Sherpas, bis auf die Grundmauern niedergebrannt war. June und ich flogen sofort nach Katmandu und von dort mit dem Hubschrauber weiter, um die noch rauchenden Ruinen zu besichtigen. Ein alter Lama, den ich seit vielen Jahren kannte, umarmte mich weinend. »Tengpoche muss wieder auferstehen«, sagten die Sherpas. »Werdet ihr uns helfen?« Die Sherpas selbst brachten 50 000 US-Dollar auf – eine fantastische Summe für Leute, die nicht reich mit irdischen Gütern gesegnet waren. Ich reiste um die halbe Welt, um Einzelpersonen und Organisationen um Spenden zu bitten, und stieß überall auf großzügige Hilfsbereitschaft. Zeke O'Connor, mit Larry Witherbee einer der Hauptsponsoren unserer Projekte in Nepal, und ich hielten Vorträge in ganz Kanada und brachten eine Menge Geld zusammen. Auch Japan, Frankreich und Großbritannien leisteten ihren Beitrag. Die Schweiz stiftete ein großartiges Kupferdach. Als besonders großzügig erwies sich die American Himalayan Foundation in San Francisco. Alles in allem hatten wir schließlich 400 000 US-Dollar zur Verfügung. Die Bauzeit betrug vier Jahre, weil alles, sowohl das Bauholz als auch die Steine für die Mauern, mit der Hand zurechtgehauen werden musste. Unser Sherpa-Baumeister war unglaublich tüchtig.

Am 22. September 1993 wurde das Kloster feierlich eingeweiht. June und ich, Dick Blum, Zeke O'Connor und Larry Witherbee kamen mit dem Hubschrauber. Wir fünf hatten das meiste Geld beschafft. Aber natürlich kamen auch eine Menge Politiker und hohe Beamte und Vertreter der internationalen Presse, soweit sie in dem stattlichen Regierungshubschrauber noch Platz gefunden hatten. Im Hof des Klosters standen die Menschen dicht gedrängt und ließen geduldig eine Rede nach der anderen über sich ergehen, obwohl sie genau wussten, dass weder der Premierminister noch die anderen Minister, die so viele Worte machten, irgendetwas zum Wiederaufbau beigetragen hatte. Ich selbst drückte nur mit wenigen Worten meine Freude darüber aus, dass das Kloster Tengpoche wieder lebte.

In den folgenden Jahren wurde das Kloster noch sehr kunstvoll ausgeschmückt. Die religiösen Ornamente, die das Feuer nicht völlig zerstört hatte, wurden sorgfältig restauriert. Die Holzdecke wurde wieder bemalt, und es wurde eine neue, zwei Stockwerke hohe Buddhafigur angeschafft. Die Tafelgemälde an den Wänden wurden in Katmandu restauriert und mit dem Hubschrauber eingeflogen. Heute strahlt das Kloster Tengpoche wieder im alten Glanz.

1989 sagten June und ich Indien Lebewohl. Es waren vier wunderbare Jahre gewesen, aber wir hatten das Gefühl, es sei an der Zeit, nach Neuseeland heimzukehren. Und so zog June in ihr Haus zurück und ich in meines. Aber ich war einsam, obwohl sie nur wenige Kilometer entfernt von mir lebte. Es waren unsere Kinder, die das Problem schließlich für uns lösten. »Warum heiratet ihr nicht endlich?«, fragten sie.

Und so heirateten wir im November, an einem strahlend sonnigen Tag, in meinem Haus in Auckland. Cath Tizard, die Bürgermeisterin von Auckland, vollzog die Zeremonie. Im Haus und auf der Terrasse wimmelte es von Kindern, Enkeln, Verwandten und Freunden. Ich war jetzt siebzig und June zwölf Jahre jünger. June hatte nach langer Leidenszeit wieder Freude in mein Leben gebracht. Ich pries mich glücklich, noch einmal eine so wunderbare Frau gefunden zu haben.

18

Ein Blick zurück

Eines Tages im Mai 1990 saß ich an meinem Schreibtisch zu Hause in Auckland, als das Telefon klingelte. Es war mein Sohn Peter.

»Wo bist du?«, fragte ich ihn.

»Auf dem Gipfel des Everest!«

Peter hatte ein Walkie-Talkie dabei, das über eine Antennenschüssel im Basislager den Kontakt herstellte. Von dort aus ging die Nachricht von Satellit zu Satellit rund um die Erde bis nach Auckland, wo seine Stimme klar und deutlich bei mir ankam. Peter und ich sprachen so ausführlich miteinander wie schon lange nicht mehr, und er zollte mir sogar Bewunderung für die Bewältigung des Hillary-Step, den ich vor über dreißig Jahren erstiegen hatte. Dass mein Sohn von dieser Leistung beeindruckt war, kam überraschend und freute mich sehr. Schließlich sagte Peter, seine Füße würden allmählich kalt, und so beendeten wir das Gespräch. Dieses Telefonat direkt vom Gipfel führte mir den technologischen Fortschritt der vielen Jahre, die seit meiner Himalaja-Tour vergangen waren, deutlich vor Augen.

Mit der Höhe habe ich zunehmend Schwierigkeiten. 1953 war ich außerordentlich gut damit zurechtgekommen, aber im Lauf der Jahre hat meine Fähigkeit zur Akklimatisierung stark nachgelassen. Jetzt kann ich in Höhen über 2700 Metern nicht mehr übernachten. Zum Glück gibt es heute genug Hubschrauber, und so kann ich schnell von Paphlu zum Kloster Tengpoche und zur Schule von Khumjung fliegen und ein paar Stunden in fast 4000 Meter Höhe verbringen – kurzatmig zwar, aber ohne größere Beschwerden.

Jedes Jahr werden neue Bitten an uns herangetragen. Es folgt immer dem gleichen Prozedere: Eine Gruppe würdiger Dorfältester tritt zu uns, begrüßt uns zeremoniell, lässt uns auf einer Bank oder einem bequemen Felsen Platz nehmen, legt uns Schals um den Hals und sorgt dafür, dass wir uns mit dem örtlichen Schnaps stärken. Erst dann wird die Petition überreicht, die entweder vom Lehrer auf Englisch oder von den Einheimischen in Nepalesisch verfasst ist. Dann muss mein Chef-Sherpa Ang Rita übersetzen. In Erfüllung solcher Bitten haben wir im Lauf der Jahre siebenundzwanzig Schulen errichtet, zwei große Krankenhäuser und zwölf kleine und viele Brücken über gefährliche Gebirgsflüsse gebaut. Wir haben Trinkwasser in Dörfer geleitet und beim Wiederaufbau und Unterhalt der von den Sherpas so geliebten Klöster geholfen. Diese Arbeit leistet der Himalayan Trust jetzt seit über dreißig Jahren, und die Leute wissen, dass sie sich auf uns verlassen können. Wenn wir etwas versprechen, dann halten wir es auch. Und wir versuchen, den Bedürfnissen der Einheimischen so weit wie möglich entgegenzukommen. Darauf sind wir besonders stolz.

Neuerdings bekommen wir neben offiziellen Petitionen für Gemeindeprojekte oft auch Bitten persönlicher Natur. June hat sich zu einer engagierten Fürsprecherin für die

Mädchen entwickelt, die, wie überall in Asien, gegenüber ihren Brüdern benachteiligt werden.

Es ist schwierig, über solche Privatwünsche zu entscheiden, und vielleicht sind wir manchmal hinters Licht geführt worden – aber sicher nicht allzu oft. Ich habe große Achtung vor den Bergbewohnern von Solu Khumbu. Sie sind zäh, klug und heiter, und die Zusammenarbeit mit ihnen macht Freude.

Von der Anerkennung, die der Himalayan Trust genießt, fällt ein großer Teil auf mich, aber ohne die tatkräftige Unterstützung anderer hätte ich nichts zustande bringen können. Unsere freiwilligen Konstrukteure, wie mein Bruder Rex, haben viel harte Arbeit in die Schulen und Krankenhäuser investiert, und Trustmitglieder wie Jim Wilson, Murray Jones und Murray Ellis haben mit ihrer Erfahrung als Bergsteiger, der großen Zuneigung zu den Sherpas und ihrem Sinn für das Machbare viel zum Gelingen der Projekte beigetragen. Und nicht zuletzt haben die vielen freiwilligen Ärzte beim Bau der Krankenhäuser geholfen und mit der Behandlung der zahlreichen Leiden, von denen die Bewohner dieser abgelegenen Gegend heimgesucht werden, den Menschen einen großen Dienst erwiesen.

Aber wir Ausländer hätten trotz allen guten Willens nicht halb so viel erreicht ohne meinen Freund Mingma Tsering, den Sherpa-Sirdar. Obwohl er Analphabet war, behielt er mit seinem phänomenalen Gedächtnis jederzeit den Überblick. Sein Talent für Organisation und Ausführung war beispiellos. Er kannte seine Leute ganz genau, und sie respektierten und fürchteten ihn sogar ein wenig. Keiner hätte versucht, ihn zu betrügen. Auch wir vom Himalayan Trust verließen uns blind auf sein Urteil, und als er 1994 starb, trauerten wir von Herzen um ihn.

Aber die Zeiten haben sich geändert, und heutzutage braucht man als leitenden Sherpa einen gebildeten Mann, der in Katmandu genau so angesehen ist wie in den Bergen und der mit Computern ebenso gut umgehen kann wie mit Verwaltungsbeamten. Zum Glück haben wir den richtigen Mann dafür – Ang Rita Sherpa. Ang Rita war einer der ersten Schüler in der Schule von Khumjung; er hatte beim Schulabschluss die besten Noten ganz Nepals und schloss sein Universitätsstudium mit zwei Diplomen ab. Trotzdem ist er dem Volk der Sherpas eng verbunden geblieben und wird von allen respektiert.

Als ich 1951 zum ersten Mal ins Khumbu-Gebiet kam, empfingen mich wunderbare Wälder – mächtige Bäume bis auf eine Höhe von 4000 Metern, und bis auf nahezu 5000 Meter hinauf wucherten Azaleen und Wacholder in üppiger Fülle. Die Schweizer Expedition von 1952 hatte viele der Wacholderbüsche abgeschnitten und als Brennholz im Basislager verwendet, und 1953 taten wir es ihnen nach. So wurden die Hochtäler mit der Zeit so gut wie aller Büsche beraubt, und erst in den letzten Jahren, seit in den Hochtälern kein Holz mehr verbrannt werden darf, erholt sich die Höhenflora nach und nach. Dadurch, dass wir den Flugplatz von Lukla gebaut haben, sind auch wir mit schuld daran, dass die Zahl der Trecker in Khumbu so ungeheuer angestiegen ist; mittlerweile sind es über 17 000 im Jahr. Hinzu kommen etwa 20 000 Träger und Arbeiter – und das in einer Gegend, die vorher nur von 3000 Sherpas bewohnt wurde. Da wird ungeheuer viel Holz verbraucht, teils zum Bau von Hotels, teils zum Kochen und Heizen.

Als die neuseeländische Regierung den Sagarmatha – der nepalesische Name für Everest – National Park einrichtete, wurde mit der Wiederaufforstung begonnen. Der Himalayan Trust beteiligt sich seit vielen Jahren daran, hat einige Baumschulen gegründet und über eine Million Setzlinge ausgepflanzt. In den ersten Jahren wuchsen sie kaum, aber dann machten sie einen kräftigen Schub, und jetzt sind unsere ersten Bäume schon über drei Meter hoch. Vielleicht sind die Wälder in Khumbu in zwanzig oder dreißig Jahren wieder so eindrucksvoll, wie sie vor vierzig Jahren waren. Ich hoffe es jedenfalls.

Inzwischen sind auch zwei Wasserkraftwerke entstanden, eins in Khumbu, das die Österreicher gebaut haben, und eins, das die Schweizer errichtet haben und das in Solu steht. Sie spielen eine wichtige Rolle dabei, den Lebensstandard zu heben, und verringern den Druck auf die Wälder.

Manchmal bekamen wir Unterstützung von unerwarteter Seite. Zwei Schweizer Versicherungen wollten fusionieren, und damit die leitenden Angestellten beider Firmen die Zusammenarbeit lernten, sollten sie gemeinsam zwei Holzhäuser bauen, die dann in Nepal als Schulhäuser dienen sollten. Tatsächlich wurden die Häuser gebaut, zerlegt, mitsamt der Einrichtung nach Bombay verfrachtet, mit Lastwagen nach Katmandu geschafft und schließlich mit Hubschraubern nach Junbesi und Khumjung geflogen. Ein Schweizer Bautrupp kam gleich mit und stellte die Gebäude wieder auf. Wir konnten die Häuser natürlich gut brauchen, aber es würde mich doch interessieren, was das Ganze gekostet hat. Ich hoffe, es hat sich für die Firma gelohnt.

Auch mit Reklame war viel Geld zu verdienen. Einmal machte ich zusammen mit Reinhold Messner Werbung für Rolex-Uhren. Wir wurden zu einem Wintersportort in den bayerischen Alpen geflogen. In der Nähe war ein breites, verschneites Tal, das rings von schneebedeckten Bergen umstanden war; es sah aus wie im Himalaja. Die Werbeagentur hatte George Band, einem Teilnehmer der Everest-Expedition von 1953, seine alte Daunenkleidung abgekauft, und ich zwängte mich hinein. Reinhold dagegen hatte das Neueste und Teuerste an, was es an Bergsteigerausrüstung gab. Aber beide trugen wir eine Rolex.

Das war die Botschaft: ein berühmter alter Bergsteiger in altertümlicher Kleidung, der eine Rolex trug, und ein berühmter junger Bergsteiger im aktuellsten Outfit, der immer noch eine Rolex trug. Wir trotteten also in das verschneite Tal und stellten uns nebeneinander auf. Dumm war nur, dass Reinhold ein gutes Stück kleiner ist als ich. Das gefiel ihnen nicht, aber sie waren nicht um eine Lösung verlegen und gruben ein entsprechend tiefes Loch in den Schnee. Da musste ich mich hineinstellen und schon war das Bild perfekt – der Alte und der Junge auf gleicher Höhe. Diese Anzeige erschien auf der ganzen Welt, und ich amüsierte mich jedes Mal, wenn ich sie sah.

Im April 1995 waren June und ich wieder einmal in Junbesi, um das neue Schweizer Schulhaus zu besichtigen. Junbesi ist ein hübsch gelegener Ort mit Fichtenwäldern, einem plätschernden Bergbach und prächtigen Gipfeln ringsum. Es führt keine Straße dorthin, aber seit ein paar Monaten gab es Telefon. Wir ruhten uns gerade nach einem anstrengenden Tag in Kazi Sherpas kleinem Hotel aus, als an der Tür geklopft wurde. »Telefon für den Sahib.«

Es war ziemlich weit bis zur Telefonzelle, und ich war sehr müde. So bat ich June zu gehen. Sie stieg den Hang hinab und sprach mit dem Anrufer – es war der Britische Botschafter. Er hatte mir eine Nachricht von Königin Elisabeth II. auszurichten. Ob ich bereit sei, den Hosenbandorden anzunehmen? Einigermaßen verblüfft stieg June den Hang wieder hinauf, blieb aber plötzlich stehen. Spielte uns da vielleicht jemand einen Streich? Also ging sie wieder hinunter und rief in der Britischen Botschaft in Katmandu an, um sich die Sache bestätigen zu lassen.

Atemlos kam sie ins Zimmer und berichtete. Ich war sprachlos. Der Hosenbandorden war die höchste Auszeichnung des Britischen Empire, und die Königin selbst entschied, wer ihn bekommen sollte. Eine so hohe Ehre konnte man natürlich nicht ablehnen. Nun stiegen wir gemeinsam den Hang hinunter, um dem Britischen Botschafter telefonisch herzlich zu danken.

Im Juni flogen wir zu den Feierlichkeiten nach London. Zuerst waren wir im Buckinghampalast eingeladen, wo uns Königin Elizabeth in einem kleinen Thronsaal empfing. Es blieb nicht lange förmlich; bald saßen wir beisammen und plauderten über den America's Cup, bei dem Neuseeland stark vertreten war, den Rugby-Worldcup und über den bevorstehenden Besuch der Königin in Neuseeland. Der große Tag der Ordensverleihung war der 9. Juni. Bei wunderschönem Wetter flogen wir nach Windsor. In Windsor Castle traf ich die übrigen Ordensritter, meine künftigen Kollegen – zum größten Teil Herzöge und Grafen und Lords –, und sie begrüßten mich herzlich. Auch John Hunt war unter ihnen.

Ich war nicht der Einzige, der an diesem Tag ausgezeichnet wurde. Der andere Kandidat war eine Kandidatin, nämlich niemand anderes als Margaret Thatcher, die ehemalige Premierministerin des Vereinigten Königreichs. Zuerst wurden wir von der Königin in einer einfachen, privaten Zeremonie offiziell in den Orden vom Hosenband aufgenommen. Anwesend waren weitere Mitglieder der Königsfamilie, die anderen Ritter und unsere Ehepartner. Anschließend gab es Sherry und ein festliches Essen, bei dem ich den Vorzug hatte, zwischen der Königin und der Königinmutter zu sitzen, die beide sehr angenehme Gesprächspartnerinnen waren. Dann war es Zeit für die große Prozession von den königlichen Gemächern hinab zur St. George's Chapel. Großartig herausgeputzt, mit großem Umhang und Federhut, führte ich Lady Thatcher den Hügel hinab. Tausende Zuschauer säumten den Weg, jubelten und klatschten Beifall. Die Zeremonie in der Kapelle war überwältigend, von der Pracht der

Gewänder über den Chorgesang bis hin zu den festlichen Worten der Königin. Es war ein ganz einmaliges Erlebnis, das ich nie vergessen werde.

Ich bin nun neunundsiebzig Jahre alt und führe immer noch ein sehr geschäftiges Leben. Im Januar 1997 bin ich noch einmal in der Antarktis gewesen. Am McMurdo-Sund wurde der vierzigste Jahrestag der neuseeländischen Scott-Basis gefeiert. Am nächsten Tag flog ich mit einem Filmteam zum Pol – den großartigen Beardmore-Gletscher hinauf und dann über das Polarplateau. Die Polstation war gewaltig gewachsen. Das Filmteam borgte sich einen Stuhl und platzierte mich darauf inmitten der Eiswüste. Da saß ich nun bei minus 37 Grad, schlotterte in meinem modernen Thermoanzug und erzählte die Geschichte, wie ich auf einem Traktor zum Pol gefahren war.

Im März 1997 flogen June und ich nach Paphlu zu unserem alljährlichen Besuch in Solu Khumbu, inspizierten einige Schulen und schauten im Kloster Salleri vorbei, dessen Bau wir unterstützt hatten. Gleich in der Nähe lag der Solu Khumbu Multiple Campus, eine weiterführende Schule, die wir auf Bitten der nepalesischen Regierung finanziert hatten. Nach Absprache mit dem Bildungsministerium richteten wir dort eine Ausbildungsstätte für Lehrer ein, um die Qualität des Unterrichts in unseren Schulen zu verbessern.

Seit wir Helikopter benutzen, ist das Reisen im Gebirge einfach geworden. Wir flogen noch das Dudh-Kosi-Tal hinauf und landeten beim Kloster Tengpoche. Wie immer wurden wir dort vom Rimpoche und den anderen Mönchen herzlich willkommen geheißen, und wie jedes Mal waren wir beeindruckt von der wunderbaren Lage des Klosters und dem Anblick des Mount Everest mit der langen weißen Wolkenfahne um seinen Gipfel. Bei allen Projekten, die wir besuchen, gibt es etwas zu besprechen oder zu regeln. Diese jährliche Inspektions- und Besuchsreise ist mir Pflicht und Freude zugleich. Auch in der übrigen Zeit des Jahres mischen sich Arbeit und Spaß. Wir reisen viel, teils um Geld für den Trust zu beschaffen, teils zum Privatvergnügen.

Das Leben hat mir Erlebnisse in erstaunlicher Vielfalt beschert. Von meinen großen Abenteuern am Everest, in der Antarktis und auf dem Ganges abgesehen, habe ich auch sonst noch viel erreicht. Ich habe oft Angst gehabt, aber ich habe diese Angst als Stimulans benutzt und mich nicht von ihr lähmen lassen. Ich bin nicht sonderlich begabt, aber ich habe genügend Kraft und Zähigkeit gehabt, um meine Chancen zu nutzen. Auch Gelegenheiten, bei denen es nicht um Leben und Tod ging, haben mir Aufregung genug beschert – wenn man zum Beispiel einen Vortrag vor mehreren tausend Menschen hält, kann das den Puls ganz schön hochtreiben.

Natürlich gibt es in meinem Leben auch Dinge, die ich bereue. Louise hatte immer Angst davor, in kleinen Flugzeugen zu fliegen, aber ich habe sie dazu überredet. So sind sie und Belinda gestorben. Das werde ich mir nie verzeihen. Einmal kam ich heim und erfuhr, dass meine Mutter ins Krankenhaus gebracht worden war. Ich besuchte sie sofort, und sie begrüßte mich wie immer mit einem herzlichen Lächeln. Ich hielt ihre Hand, und wir plauderten über Familienangelegenheiten. Dann wurde ich wie gewohnt unruhig, und meine Mutter schlug vor, ich solle nach Hause gehen. Ich küsste sie auf die Wange und ging. In der gleichen Nacht ist sie gestorben. Warum hatte ich nicht noch bleiben können, frage ich mich seitdem, wenigstens noch zehn Minuten? Ich hätte oft genug freundlicher sein können.

Ich bin froh, dass meine große Zeit im Himalaja vierzig Jahre zurückliegt. Damals konnte man noch so vieles als Erster schaffen. Wir waren ein gutes Team, fanden neue Routen und überwanden gemeinsam Schwierigkeiten. Nun ist vieles anders geworden, besonders am Everest. Der Berg ist übersät mit Aluminiumleitern und Kilometern von Fixseilen. Dutzende von Füßen hinterlassen Trampelpfade im Schnee. Am Hillary-Step hat man drei Seile zur Auswahl. Bei schönem Wetter sind die Standardrouten auf den Everest mit der heutigen Ausrüstung gut zu schaffen. Auch Leute mit wenig Bergerfahrung lassen sich von professionellen Führern auf den Gipfel bringen. Schon vor Jahren habe ich davor gewarnt, dass es bei einem Wettersturz einmal zu einer Katastrophe kommen könnte. Leider ist dieser Fall ja nun tatsächlich eingetreten.

Der Everest ist im Lauf der Jahre auch zu einer Müllhalde von erschreckenden Ausmaßen verkommen, mit einer Unzahl leerer Sauerstoffflaschen und kaputter Zelte, mit Haufen von Dosen und Flaschen und auch ein paar Leichen. Unsere Expedition ist da leider mit schlechtem Beispiel vorangegangen. Aber jetzt ändern sich die Verhältnisse langsam. Viele Teams nehmen ihren Abfall gewissenhaft wieder mit nach unten; manche räumen sogar den Müll von anderen Gruppen weg.

Im November 1998 erfuhr ich, dass John Hunt gestorben war. Ich hatte viel Mitgefühl mit seiner Familie, empfand den Verlust aber auch persönlich. Ich hatte John sehr geschätzt und respektiert. Viele meiner alten Bergkameraden sind nun schon tot und haben große Lücken hinterlassen. Aber glücklicherweise habe ich mich mit vielen Bergsteigern einer neuen Generation angefreundet, und so geht das Leben weiter.

Es ist noch so viel zu tun. Ich hoffe, dass ich meine Arbeit im Himalaja noch einige Zeit fortsetzen kann. Das Leben hat es im Großen und Ganzen sehr gut mit mir gemeint. Ich habe viele großartige Abenteuer erlebt, wertvolle Arbeit geleistet und die Zuneigung und Liebe vieler wunderbarer Gefährten genossen. Was kann man mehr vom Leben verlangen?

Chronik der Expeditionen

1935	Mount Ruapehu (2797 Meter), Neuseeland, erste Bergtour mit der Schule
1947/48	Mount Cook (3764 Meter), Neuseeland, mit Harry Ayres
1949	Alpen, Besteigung verschiedener Berge (u.a. Jungfrau, Mönch, Finsteraarhorn), Schweiz und Österreich
1951	Neuseeländische Garhwal-Expedition im Himalaja und Besteigung des Mukut Parbat (7240 Meter)
1952	Britische Himalaja-Expedition zum Cho Oyu (8189 Meter) unter Leitung von Eric Shipton
1953	Britische Mount-Everest-Expedition unter Leitung von John Hunt, Erstbesteigung des Everest (8848 Meter) mit Tensing Norgay
1954	Neuseeländische Himalaja-Expedition zum Makalu (8470 Meter) unter eigener Leitung, Bezwingung vieler noch nicht erreichter Gipfel, u.a. Pethangte (6730

	Meter), Chago (6890 Meter) und Baruntse (7180 Meter)
1956–1958	Neuseeländische Expedition in die Antarktis unter eigener Leitung als Teil der britischen Trans-Antarktis-Expedition unter Vivian Fuchs, Erreichen des Südpols mit Traktoren
1961	Himalaja-Expedition unter eigener Leitung, Yeti-Suche und Höhenforschung
1962	Reise nach Alaska mit der Familie
ab 1963	Verschiedene Himalaja-Expeditionen unter eigener Leitung, Hilfsprojekte, u.a. Besteigung des Kangtega (6809 Meter) und des Tamserku (6620 Meter) durch das Team
1967	Antarktis-Expedition unter eigener Leitung, Besteigung des Mount Herschel (3560 Meter) durch das Team
1977	Ganges-Expedition unter eigener Leitung, mit Jetboats von der Mündung bis ins Quellgebiet
1981	»Ehrenvorsitzender« der amerikanischen Himalaja-Expedition zu dessen Ostseite unter Leitung von Lou Reichardt
1985	Reise zum Nordpol mit dem Flugzeug

Danksagung

Es gibt viele Menschen, denen ich danken möchte für den Anteil, den sie an meinen Abenteuern und den Hilfsprojekten gehabt haben. Ihre Unterstützung hat vieles erst möglich gemacht, und ich schulde ihnen aufrichtigen Dank. Aber es sind zu viele, um jeden von ihnen einzeln aufzuführen.

Doch denjenigen, die am Zustandekommen dieses Buches maßgeblich beteiligt waren, möchte ich an dieser Stelle persönlich danken: George Greenfield, mein Freund und Agent seit vierzig Jahren, der auch dieses Mal den Vertrag mit meinem englischen Verlag Transworld zustande gebracht hat; Tom Scott, ein weiterer langjähriger Freund, dessen Verdienst es ist, dass viele Anekdoten, die ich vielleicht übersehen hätte, Eingang in dieses Buch gefunden haben; Averil Mawhinney, der sich mit Geduld und großer Sorgfalt um die Abbildungen gekümmert hat, sowie meine langjährige Freundin Margaret Body und Joanna Goldsworthy von Transworld für die Durchsicht des Manuskripts.

Am wichtigsten aber war sicher meine Frau June, die

meine Aufzeichnungen Wort für Wort gelesen und überprüft hat, ob sie mit den Tatsachen übereinstimmen. Denn sie ist es schließlich, die mehr über mein Leben weiß als jeder andere.

Ihnen allen gilt mein herzlichster Dank.

EH

Heinrich Harrer

Die weisse Spinne

Das große Buch vom Eiger

464 Seiten, DM 39,90

ISBN 3-550-08304-1

Bis in die dreißiger Jahre galt die Eiger-Nordwand im Berner Oberland als unbezwingbar. Nachdem neun Menschen ihr Leben an der »Wand der Wände« lassen mussten, schaffte es Heinrich Harrer mit einer vierköpfigen Seilschaft im Juli 1938, als erster den Eiger zu erobern.

Mit Begeisterung und unübertroffenem Sachverstand erzählt Heinrich Harrer von den Tragödien und Triumphen dieser gefährlichen Expedition in der riskantesten Alpenregion.

»Eine menschlich packende Geschichte der Eiger-Nordwand, ein erregendes Dokument des extremen Alpinismus.«

Frankfurter Allgemeine Zeitung

Ullstein

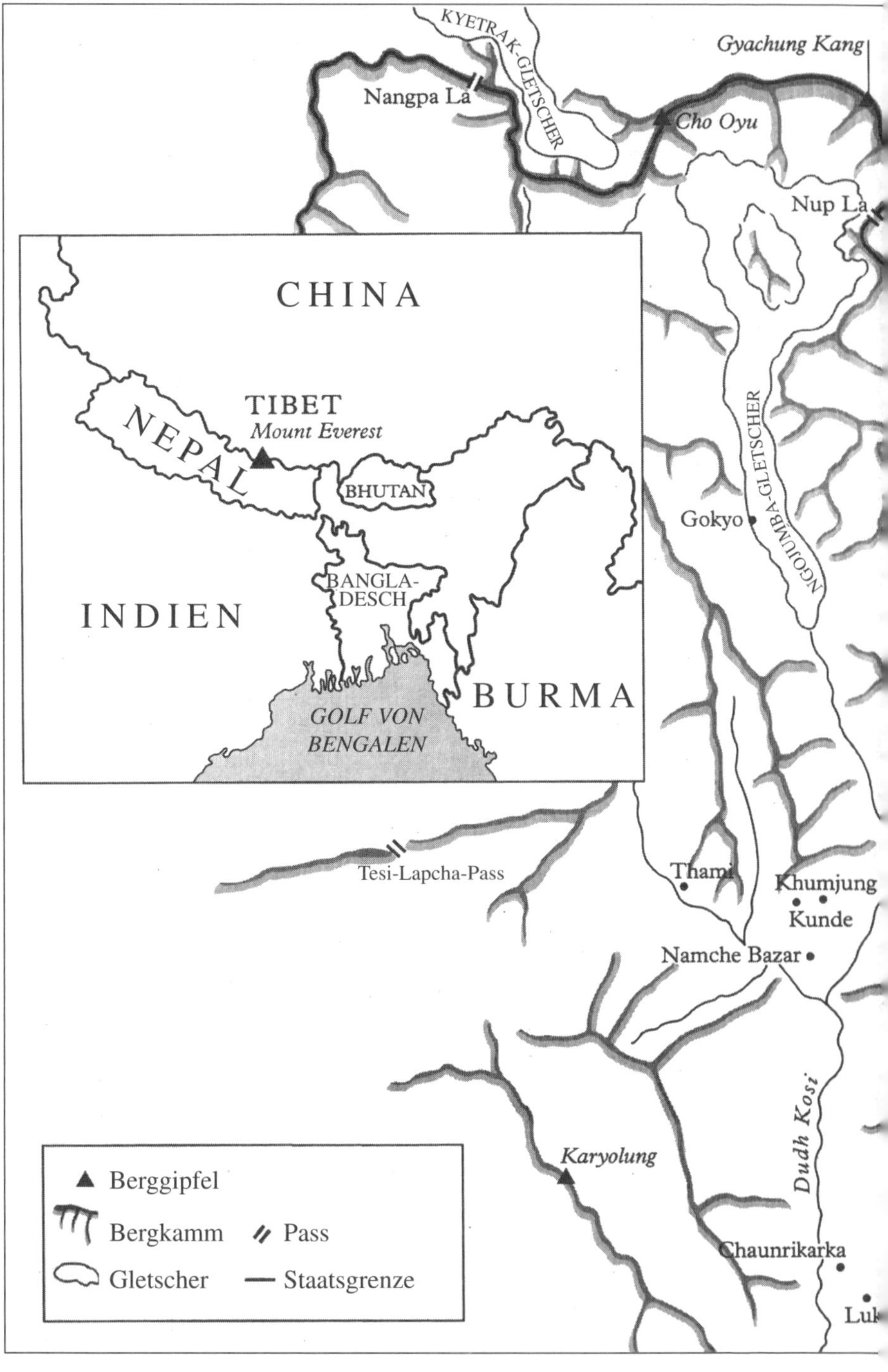

KYETRAK-GLETSCHER
Gyachung Kang
Nangpa La
Cho Oyu
Nup La
CHINA
TIBET
Mount Everest
NEPAL
BHUTAN
BANGLA-DESCH
INDIEN
BURMA
GOLF VON BENGALEN
NGOJUMBA-GLETSCHER
Gokyo
Tesi-Lapcha-Pass
Thami
Khumjung
Kunde
Namche Bazar
Dudh Kosi
Karyolung
Chaunrikarka
Berggipfel
Bergkamm
Pass
Gletscher
Staatsgrenze